HEYNE
BÜCHER

Okt. 00
Fpm

Bodo H. Hauser / Ulrich Kienzle

Bitte recht feindlich!

Schöner leben und streiten im neuen Jahrtausend

herausgegeben von
Stephan Reichenberger und Dorothea Friedrich
Mitarbeit Karl Hoche, Hanjo Seißler

WILHELM HEYNE VERLAG
MÜNCHEN

HEYNE SACHBUCH
19/697

Umwelthinweis:
Dieses Buch wurde auf chlor- und säurefreiem Papier gedruckt.

Aktualisierte Taschenbucherstausgabe 1/2000

Wilhelm Heyne Verlag GmbH & Co. KG, München
http://www. heyne.de
Printed in Germany 1999
Umschlagillustration: Walter Schels, Hamburg
Umschlaggestaltung: Atelier Bachmann & Seidel, Reischach
Cartoons: Rolf Kutschera
Herstellung: U. Walleitner
Satz: Gramma GmbH, München
Druck und Bindung: Pressedruck, Augsburg

ISBN 3-453-16497-0

Cartoon: Rolf Kutschera

5 Saumagen und Fraternitee

Essen und Trinken 2000 – Käfer, Aldi und der liebe Gott

6 Kinder hassen Holzspielzeug

Alltag 2000 – Familie, Wohnung und Büro

7 Nichts wie raus! Nichts wie rein!
Reisen 2000 – Dienstlich, privat und beides zugleich

8 Neues Arschloch gesucht
Etikette 2000 – Drecksack, Handkuß, Handygangs

9 Zwei Stühle, eine Säge

Entertainment 2000 – Schwaben, Juden und Tiroler

10 Bei Königs unterm Sofa

Boulevard 2000 – Diana, Guildo, Prints & Prinz

11 Politik ohne Bauch

Zeitenwende 2000 – Deutschland einig Schröderland?

1 Hauser & Kienzle 2000 – Ein klärendes Vorgespräch der Autoren

Alte Säcke, Neuer Wein

Hauser:
Noch Fragen, Kienzle?

Kienzle:
Ja, Hauser, was sind eigentlich Ihre Vorsätze für das Jahr 2000?

Hauser:
Weitermachen wie bisher, Kienzle.

Kienzle:
Sie haben mich noch gar nicht gefragt, ob ich überhaupt mitmachen will.

Hauser:
Mich fragt ja auch keiner. Aber der Chef sagt, wir müssen noch mal ran.

Kienzle:
Kein Mensch kann uns auf ewig aneinanderketten.

Hauser:
Der Chef ist kein Mensch, Kienzle. Der Chef ist der Chef.

Kienzle:
Das ist ein Verbrechen gegen die Menschlichkeit! Mit einem wie Ihnen, Hauser, hält es kein vernünftiger Mensch so lange aus.

Hauser:
Vernunft war zum Glück nie Ihre besondere Begabung, Kienzle.

Kienzle:
Wir können doch nicht einfach ewig so weitermachen – Woche für Woche, 250 Folgen, 300, 500 . . . Grauenhaft! Spätestens im nächsten Jahrtausend müssen endlich andere ran.

Hauser:
Moment mal, Kienzle, ich bin zwei Jahre jünger als Gerhard Schröder – also deutlich unterhalb der Neuen Mitte.

Kienzle:
Und ich habe schon lange den Alptraum, daß ich eines Tages vor meinen Schöpfer trete, und der liebe Gott fragt mich: Kienzle, was haben Sie mit Ihren wertvollsten Jahren gemacht? Und ich höre mich antworten: O Gott, ich habe immer nur mit Hauser *Frontal* moderiert!

Hauser:
Also ich bezweifel' schon mal, daß der liebe Gott Sie siezt, Kienzle.

Kienzle:
Wieso nicht? Ich hab' weder mit ihm Schweine gehütet, noch sind wir beide in der SPD. Also, warum sollte der liebe Gott mich duzen?

Hauser:
Er kennt Sie halt schon zehn Jahre länger als mich, Kienzle.

Kienzle:
Darum ist es mir besonders peinlich, daß er uns so oft zusammen sieht.

Hauser:
Also, Sie wollen aufhören, Kienzle. Schade eigentlich.

Kienzle:
Nicht gleich, Hauser, aber auch nicht zu spät – wie Kohl zum Beispiel. Der hat den richtigen Zeitpunkt längst verpaßt.

Hauser:
Sie meinen, wenn's am schönsten ist, soll man gehen?

Kienzle:
Schön war es nie, Hauser, mit Kohl nicht und erst recht nicht mit Ihnen. Meine Grenze ist erreicht, wenn ich anfange, mich an Sie zu gewöhnen.

Hauser:
Ich verspreche Ihnen, Kienzle, soweit wird es bestimmt nie kommen!

Kienzle:
Ach, Hauser, zu Ihnen fällt mir einfach nichts mehr ein. Sie haben in all den Jahren nichts dazugelernt. Warum also weitermachen?

Hauser:
Sehen Sie's mal so, Kienzle: Allein sind wir zwei Sackgassen im ZDF. Aber gemeinsam sind wir die Info-Autobahn ins Millennium.

Kienzle:
Wir sind zwei alte Säcke auf dem Rücken eines alten Esels.

Hauser:
Lieber schlecht geritten, als gut gelaufen!

Kienzle:
Ich darf aber nicht mehr reiten, Hauser! Mein Herz. Meine Bandscheibe.

Hauser:
»Panorama« hat 40jähriges Jubiläum gefeiert. Wir haben also noch 33 Jahre vor uns.

Kienzle:
Das überlebe ich nicht!

Hauser:
Wie man im Sender hört, haben Sie sich bei der Chefredaktion um eine Korrespondentenstelle im Ausland beworben. Welches Altenteil schwebt Ihnen denn vor? Als Rotweintester in die Toskana?

Kienzle:
Eher Südfrankfreich. Und Sie liebäugeln angeblich mit dem ZDF-Büro in St. Gilgen. Pro Jahr zwei Interviews mit dem Altbundeskanzler, der Rest Freizeit.

Hauser:
Meine Sendung ohne Kienzle würde heißen: Hausers Alpen-Panorama.

Kienzle:
Nennen Sie es lieber gleich Ötzi-TV.

Hauser:
Ich sagte: *ohne Kienzle.*

Kienzle:
Es wird endlich Zeit, daß wir uns über die wichtigen Dingen des Lebens streiten, statt über Politik.

Hauser:
Meinen Sie das, was der Lebenskünstler Lafontaine einmal elegant mit »fressen, saufen, vögeln« umschrieben hat?

Kienzle:
Es ist nicht von der Hand zu weisen, daß mit Schröder und Lafontaine zwei Genießer ans Ruder gekommen waren, deren geschmacklicher Horizont weit über Kohls Deidesheimer Tellerrand hinausreicht.

Hauser:
Und wo sehen Sie da nun unsere Aufgabe, Kienzle? Den

Wählern der Neuen Mitte den Umgang mit Messer, Gabel und Viagra beizubringen?

Kienzle:
Nein. Wir machen es wie Noah und packen unsere kleine Arche voll mit ein paar schönen Dingen, die wir selber gern ins nächste Jahrtausend retten möchten. Den Rest schmeißen wir weg.

Hauser:
Also eine Art endzeitlichen IN- und OUT-Führer?

Kienzle:
Nennen Sie es, wie Sie wollen, Hauser. Wir haben bereits einen Meinungsführer und einen Marktführer unter die Leute gebracht. Ich finde, es ist höchste Zeit, einen Führer für die rechte und die linke Lebensart aufzulegen.

Hauser:
Wer glaubt denn noch an Führer?

Kienzle:
Die Frage ist falsch gestellt. Muß heißen: Wer glaubt noch an uns?

Hauser:
Und wie lautet die Antwort?

Kienzle:
Bitte umblättern!

2 Lebensart 2000 – Alte Zöpfe, Neue Mitte

Venus im Webpelz, Genosse im Frack

Cartoon: Rolf Kutschera

KIENZLE: STELL DIR VOR, ES IST 2000, UND JEDER GEHT HIN

Und – hat sich was ereignet, das nicht voraussehbar gewesen wäre? Was außergewöhnliches? Nein, nicht das übliche! Also nichts Alltägliches wie: Mord und Totschlag, Lug und Betrug, Krieg und Bürgerkrieg, künstliche und natürliche Naturkatastrophen, Neid und Haß, Dummheit und Dreistigkeit, Anmaßung und Selbstherrlichkeit, Kriminalität und Politik, Weißkragenverbrechen und Geldwäsche, Quälerei und Niedertracht. Also, was war? Gab's was, was so oder geringfügig anders, nicht jeden Tag überall auf dem Erdball passiert? Sind weltweit sämtliche Computer abgestürzt? – Wie sehr wahrscheinlich von Public-Relations-Managern der Industrie in die Welt gesetzt worden ist, um noch mehr der Geräte und noch mehr Zubehör abzusetzen. Nein? Klar! Weshalb auch?

Allerhöchstens 1,5 Milliarden von jetzt 6 Milliarden Menschen nennen sich Christen – dabei sind alle christlichen Sekten und sogenannte Freikirchen mitgezählt. Dieses Viertel der Menschheit setzt bereits mit dem Geburtstagsrummel – »Weihnachten« – um einen Mann, von dem niemand weiß, wann, wie und wo er genau lebte, den Erdkreis in Aufregung. Das allerdings ist nichts, gemessen an der Jahreswendfeier, die irgendwann von irgendwem aus irgendeinem Grund auf die Mitternacht vom 31. Dezember eines Jahres auf den 1. Januar des darauffolgenden Jahres gelegt worden ist. Ihren Namen bekam sie nach einem Papst, um das Volk an die Kirche zu ketten. Sylvester. Hullygully. Erfunden von angeblich frommen, leibfeindlichen, weltabgewandten Verehrern eines bettelarmen, Armut predigenden, in einem Stall im palästinesischen Bethlehem geborenen Mannes. Dieses Fest begeht die weltweite Bigotterie mit Freudenfeuerwerken, die ihresgleichen suchen. Milliarden Mark verpuffen nutzlos – allenfalls, um nicht existierende böse Geister zu vertreiben – in der Luft.

Die finale Knaller des Jahres 1999 aber war der angebliche Beginn des zweitausendsten Jahres nach Christi Geburt. Schon deswegen keine Besonderheit. Und deshalb nicht, weil das 21. Jahrhundert frühestens am 1. Januar 2001 am nächtlichen Himmel emporsteigen wird. ». . . das 20. Jh. n. Chr. hat mit dem1. 1. 1901 begonnen und wird mit dem 31. 12. 2000 enden«, sagt das Lexikon. Peng. Bumm.

Sylvesterfeiern standen von Anfang an auf tönernden Füßen. Der »christliche Ansatz« ist aus der Luft gegriffen. Erfunden, um von heidnischem Brauchtum abzulenken. Und, um damit die unterdrückten Völker – »Ihr wißt, daß die Fürsten ihre Völker niederhalten und die Mächtigen ihnen Gewalt antun«, sagt der Weihnachts-Jubilar Jesus bei Matthäus 20, 25 – wie die Römer, mit einem Brot- und Spiele-Ersatz bei Laune zu halten. Das 2000er-Spektakel war der Gipfel. Es war mehr als eine Büberei. Es war *Spitz*büberei! Monate, nein: Jahre vorm Wechsel von 1999 auf 2000 hatten Spökenkieker und Kaffeesatzleser, Astro*logen* und andere Lügner, Bangemacher und Apokalypsereiter, Wichtigtuer und sonstige Geschäftemacher Hochkonjunktur.

Schaumweine jedweder Abkunft wurden gebunkert und erzielten am Ende – trotz ursprünglich nachlassender Nachfrage – Mondpreise. Hotels *an* den und in einem weiten Zirkelschlag *um* die Knotenpunkte der internationalen Schnickschnackeria herum – New York Times Square, Londons Piccadilly Circus, Parisens Champs Elysées, St. Peterburgs Ostseeufer, Kopenhagens Tivoli, Dortmunds Westfalenhalle oder wie die Nichtigkeiten der Nichtigkeiten sonst benamt sind – waren ausgebucht. British Airways und die Service-Katastrophen-Fluglinie Eier Franke – von Bildungsbürgern Air France gerufen – ließen in ihren, mit doppelter Schallgeschwindigkeit fliegenden Concordes die Ochsenfrösche des Erdballs sich selbst und den Jahreswechsel überholen. Und und und . . .

Und sonst? Frieden? Freundschaft? Gerechtigkeit? Nix! Absolut nix! Ein Tag ist zu einem anderen gekommen. Der Kalender, der von einem Viertel der Menschheit allen Menschen – jedenfalls, wenn's um Geschäfte geht – aufgezwungen wurde, nennt ein neues Jahr. Würde mich nicht wundern, wenn die gerissensten unter ihnen jetzt da capo! rufen und nach der falschen jetzt auch noch die echte Jahrhundertwende zu Geld machen wollen.

HAUSER: VENUS IM WEBPELZ

Einfach idiotisch. Aber politisch wahnsinnig korrekt. Zum Teufel mit der Korrektheit und her mit den kleinen Nutriapelzchen! Schluß mit der Verlogenheit. Schluß mit Supermodels, die sich nackt fotografieren lassen, um gegen das Tragen von Tierhäuten im Namen irgendeiner Organisation zu protestieren, für die Nina Hagen, das Tier schlechthin, als Schutzherrin firmiert. Ausgerechnet! Und dann rauschen die Mädels wieder in ihre Garderobe, schlüpfen in die teuren schweinsledernen Schuhe und Rindslederjacken, ohne auch nur einen Gedanken daran zu verschwenden, daß auch Schweine und Kühe ziemlich tot sein müssen, bevor sie ihre Haut herausrücken.

Wogegen protestieren Tierschützer eigentlich? Gegen das Töten von Tieren, weil das einfach so gemein ist, wenn wir sie anschließend nicht mal essen, oder dagegen, daß allzu eifrig bejagte Tierarten schneller aussterben als solche mit normalem Verschleiß? Keiner weiß das so genau, am wenigsten wahrscheinlich sie selber. Eine krude Mischung aus Vegetariern und Pazifisten hat sich da zusammengetan und treibt eine fanatische Klientel auf die Barrikaden, die sich sowieso keine Pelze leisten kann. An all den Muttchen, die winters bei Käsesahne und Kännchenkaffee hinter dicken Kaffeehausvorhängen hocken, die Pelzkappe auf dem Blauhaar festgeschweißt und den Persianer sicherheitshalber auf den Knien, an denen geht die Debatte eh vorbei. Und Pelzdamen bei den Salzburger Festspielen nehmen notfalls den Hintereingang, wenn sie allen Demonstranten zum Trotz ihre Fendis Gassi führen wollen.

Früher hat Pelz den Mann, den Krieger verschönt. Männer in Pelzen sehen heute aus wie russische Zuhälter oder kanadische Trapper, und das sind sie dann wahrscheinlich auch. Richtige Männer tragen Pelz höchstens als Innenfutter, wo er ohnehin besser wärmt.

Aber ist es nicht höchste Zeit, sich dem Thema wieder vorurteilsfrei zu widmen, seit sogar Leute wie Rudolph Moshammer behaupten, sie hätten dazugelernt? Im bodenlangen weißen Nerz besuchte er Anfang der 70er Jahre die Münchner Oper. Schon am nächsten Morgen standen Ike und Tina Turner vor der Tür und forderten das gute Stück heraus. Moshammer wollte erst nicht so recht, aber schließlich trug die schwarze Kundschaft die weiße Beute doch beseligt nach Hause. Pelze, die Moshammer damals nicht loswurde, hat er nach innen genäht. »Ich bin Tierfreund«, erzählt er nun überall und spaziert mit einem Geparden an der Leine durch die Maximilianstraße. Aber Obacht, Tierfreunde! Diesem Mann darf man nicht trauen. Mosi ist schließlich auch ein begeisterter Anhänger der Monarchie und hat trotzdem mit den Franzosen ihr großes Revolutionsjubiläum gefeiert. Enthusiastisch!

Im Vereinigten Königreich waren letzthin falsche Pelze unterm Weihnachtsbaum extrem angesagt. Was für eine langweilige Offenbarung von Armut! Und womöglich ein noch langweiligeres, nur vermeintlich politisch korrektes Verhalten. Doch der Schuß ging nach hinten los. Denn all diese Pelze von falschen Wölfen, Nerzen, Ozelots, Chinchillas, Leoparden und Tigern werden niemals verrotten, die sind gegen jeden natürlichen Zerfall immun und dürfen so ihren putzigen Teil zur Zerstörung der Landschaft beitragen.

Natürlich ist es ganz, ganz schlimm, daß Nerze auf den Farmen zu viert in kleinen Käfigen gehalten werden, wo sie sich doch in der freien Natur am liebsten lustig verstecken und schon im süßen Alter von vier Monaten zu Einzelgängern werden. Aber sie haben nun mal das Pech, auf einem Planeten zu leben, wo eine höhere Intelligenz das Sagen hat. Und sollen wir uns vielleicht wegen ein paar Pelztierchen dumm stellen?

Die Krokodile dieser Erde teilen ihr Schicksal. In Afrika verzehren sie zwar jedes Jahr ein paar Menschen, aber noch viel regelmäßiger werden sie zu Handtaschen und besonders schicken Cowboystiefeln verarbeitet. Glückliche Rhône-Krokodile! Vierhundert Stück von ihnen leben in Pierrelatte in der Nähe von Montélimar, von wo sie eigentlich Lederfabrikanten und Restaurants mit ihren verschiedenen Bausteinen beliefern sollten. Doch die französische Regierung blieb dabei: Kein Krokosteak darf auf den Teller, und außerdem brachen die Preise für Krokoleder ein – zu viele Farmen in Afrika. Wie kann aber ein verfrorenes Krokodil in der Rhône überleben? Mit Warmwasser aus dem AKW, wie sonst! Die fröhlich grinsenden Echsen haben jeden Angriff auf Haut und Fleisch heil überstanden, und jährlich kommen 200 000 zahlende Gäste, um sie zu bestaunen – zur Freude des PR-Departements der Nuklearanlage Eurodif.

Krokoleder wird schon lange nicht mehr unterm Ladentisch verkauft. Daraus kann man nur lernen. Mal wieder Lieferengpässe bei Elfenbein?! Kein Problem! Schaffen wir mehr Atomkraftwerke! Heizen wir die Landschaft und siedeln Elefanten an. Ob am Ende nur für Fotosafaris oder damit ein paar schwerbewaffnete Jungs auch im nächsten Jahrtausend Hemingway spielen können, das mögen kommende Generationen entscheiden. Auch für Pelz und Kroko gilt: Totgesagte leben länger.

KIENZLE: GENOSSE IM FRACK

Macht ein Frack einen Sozialdemokraten zum politischen Wrack? Wo steht geschrieben, Turnschuhe, Jeans, T-Shirts, zerschlissene Mäntel und Palästinensertücher, kombiniert mit Dreitagebart, Fetthaar und schmutzigen Fingernägeln, machten neue, bessere Menschen? Woher stammt das Gerücht: Wer die Menschheit dazu auffordert, sich zu ändern, barmherzig, gerecht, mitleidend zu werden, muß seine Erdenbahnen in Second-hand-Klamotten ziehen? Wer schaut immer nur auf Äußerlichkeiten, wenn es um die politische oder religiöse Einstellung geht?

Ja doch, es gibt tatsächlich einige verirrte, verwirrte sogenannte Linke und nicht wenige deutsche Protestanten, die solchen Unfug in die Welt schalmeien bzw. posaunen. Die bedürfen unseres Erbarmens. Vor allem deshalb, weil sie zum einen nicht wissen, was sie tun und wovon sie reden, und zum anderen, weil sie einer Cliquen-Propaganda auf den Leim gegangen sind. Denn die Vorstellung, das »gemeine Volk« habe sich schon durch seine Montur unterzuordnen, entstammt den Kleiderordnungen des Adels, der Soldateska und des Großbürgertums. Nur ihnen, den Selbsterhobenen, gebührten »angemessene« (wie es wohl zu dieser Vokabel gekommen ist?) Körperdekorationen aus Samt, Seide und Leder. Seit sie das nicht mehr per ordre de mufti durchdrücken können, verbreiten ein paar Ewiggestrige noch immer die Mär, aufrechte Linke müßten in Sack und Asche, mit Lappen an den Füßen ihren Weg gehen. Alles andere sei Heuchelei. Und da stimmen linke Bußprediger mit rechten Privilegienverteidigern und feisten Statusessern überein. Ihre besonderen Haßtiraden galten der »Toskanafraktion« in der SPD. Genuß sollte ein Vorrecht der Rechten und Reichen bleiben.

Daß sich das der liebe Leser bzw. Zuschauer als

Thema einreden läßt, hat mit dem Selbstverständnis der deutschen Journaille zu tun. In keiner funktionierenden Demokratie finden sich derart viele Günstlinge, Speichellecker und Willfährige wie unter deutschen BerichterstatterInnen, es geht da immer zu wie bei Hofe. Einerlei, ob die an den Tischen Reicher, Adeliger oder an denen von Politikern Platz nehmen dürfen, stets halten sie das für eine Auszeichnung. Meinen die etwa, dadurch würden sie Teil der Gesellschaft, über die sie auftragsgemäß nur zu berichten haben? Sie schreiben jedenfalls, als wäre es ihr Lebenstraum, wenn einer der Beschriebenen sich dazu herabließe, ihnen das Du anzubieten.

Und wenn nun ein »gesellschaftliches Großereignis« im sogenannten Raum steht, kommt von den Katzentischen dieser medialen Dünkelmänner und -frauen garantiert wieder die dumme Frage, ob Sozialdemokraten erstens daran teilnehmen und zweitens, falls ja, ob sie zu solchem Anlaß im Frack aufscheinen dürfen. Selbstverständlich dürfen sie! Sie müssen sich nur darüber im klaren sein, daß ein Gewand keinen Menschen ändert. Georg Christoph Lichtenberg vor gut 200 Jahren: »Man kann einen Hintern schminken, wie man will. Es wird nie ein Gesicht daraus.«

Eine ganz andere Frage ist allerdings, ob sich Sozialdemokraten von unsensiblen Großkapitalisten, hartleibigen Rationalisierern, prassenden Couponschneidern zu so etwas wie dem Wiener Opernball einladen lassen dürfen, sollen oder müssen. Aber das ist eine andere Baustelle. An dieser Stelle geht es um Formen und weniger um Inhalte. Wer sich nicht vorschreiben läßt, was er hören, sehen, riechen, fühlen, kurzum was er denken soll, der wird sich auch von niemandem zwangsweise einkleiden lassen. Es sei denn, der Beruf erfordert es. Oder das dringende Bedürfnis, bei jedem Mummenschanz bürgerlich uniformiert dabeizusein. Einen Frack allerdings braucht kein Mensch im eigenen Schrank, es sei denn, er ist Dirigent oder Kellner. Mithin auch kein Sozialdemokrat. Ein solches Textil kann sich jeder bei Bedarf ausleihen.

Adilettenfussball: Schlappen für Schlappe

Hauser:
Noch Fragen, Kienzle?

Kienzle:
Ja, Hauser, was sind eigentlich Adiletten?

Hauser:
Adiletten? Das waren doch diese spießigen Bequemlatschen von Bertis Balltretern.

Kienzle:
Schlappen für Schlappe.

Hauser:
Französisch ist angesagt, Kienzle: Joghurette. Salzlette. Adilette.

Kienzle:
Adilette heißt auf deutsch Adölfchen. Kein gutes Omen für den Auftritt der deutschen Nationalmannschaft im Ausland.

Hauser:
Kienzle, Sie wittern schon wieder völkischen Fußschweiß. Fehlanzeige. Der Firmengründer von Adidas hieß zufällig Adolf.

Kienzle:
Adolf Dassler hat vor 80 Jahren mit ein paar Pantoffeln angefangen. Inzwischen sind wir ein ganzes Volk von Adilettenträgern geworden. Auch geistig.

Hauser:
Besser, unsere Jungs marschieren auf Adiletten in Frankreich ein als in Springerstiefeln. Wohin das führt, haben wir ja bei der WM erlebt.

Kienzle:
Hier liegt der Schuh begraben, Hauser. Vor den Stadien beschämte uns der gestiefelte Mob, und drinnen blamierten uns Bertis Pantoffelhelden.

Hauser:
Das sind immer noch zwei Paar Stiefel, Kienzle!

Kienzle:
Aber beide stinken zum Himmel.

Hauser:
Na, dann avanti Adilettanti!

HAUSER: MODERNER SANDALISMUS

Weg damit! Wir wollen sie nie wiedersehen! Ein Mann in Sandalen ist eine erbarmungswürdige Figur. Im Kapitel »Vorsätze für das dritte Jahrtausend« sollte in jedes Mannes Tagebuch ganz oben stehen: keine Sandalen mehr! Aber viele werden doch wieder schwach, bloß weil sie ein bißchen schwitzen. In Holland kochte die Diskussion über die »Jesuslatschen« kürzlich wieder hoch, und Trendforscher behaupteten dort allen Ernstes: »Männersandalen sind so etwas wie Erdbeeren vom Biobauern. Einfach und natürlich.« Mag ja sein, aber nicht alles, was einfach und natürlich ist, sollte man anziehen. Zum Beispiel keine

Socken in Sandalen, wenn man am Strand – und nur dort! – doch wieder den inneren Schweinehund von der Leine gelassen hat. Eingebrannt für immer in unser kollektives Gedächtnis: die Fotos amerikanischer FKK-Anhänger: dickliche, nackige Rentner in Strümpfen und Sandalen! Genauso abtörnend sehen Männerbeine mit Sandalen aus, womöglich noch mit Bermudas oder gar Shorts darüber, die uns nicht mal den Anblick käsig bleicher Schenkel ersparen. Wir wissen doch selbst, wie wir unter unseren Anzügen aussehen. Aber das muß doch der Rest der Menschheit (Frauen) nicht erfahren! Bei denen kursiert ohnehin das Gerücht, Männer mit Hang zu Gesundheitssandalen seien zwar mordsmächtig einfühlsam, machten aber bei Vollmond schlapp.

Frauen haben längst kapiert, daß funktionale Körperteile raffiniert verhüllt werden müssen. Nur die Frau mit den zierlichsten Zehen, die zweimal die Woche zur Fußpflegerin stöckelt, entblößt ihre Gehapparate im Sommer. Die anderen arbeiten lieber mit sparsam durchbrochenem Leder. Wozu schließlich wurden die Espadrilles erfunden? Männer in Sandalen signalisieren nur eins: Sie haben sich aufgegeben. Typ Sozialpädagoge, der seinen geschmacklichen Offenbarungseid leistet. Ein Manager in Sandalen? Höchstens im eigenen Park, wenn garantiert kein Besuch droht und der Gärtner frei hat. Sonst allenfalls als Mutprobe, verordnet vom Therapeuten beim Wochenendseminar. Erforsche deine Grenzen! Selten hat sich der Manager danach in seinen handgefertigten Ferragamo-Schuhen so wohl gefühlt, selbst bei 40 Grad im Schatten.

Die Renaissance der Römersandale in den 70er Jahren war selbstverständlich nur für junge Mädchen mit besonders hübschen Waden gedacht. Es lohnt sich einfach nicht, sich einen kurzen Sommer lang fürs ganze Leben lächerlich zu machen. Unsere nackten Zehen können wir der Fergie unserer Wahl noch so lange vorm Gesicht baumeln lassen – das Nuckeln wird von uns erwartet.

Kienzle: Olfaktorische Kriegsführung

Wenn Sie Duftwässerchen zur sexuellen Stimulation einsetzen wollen: vergessen Sie's, Hauser! Zur Erotisierung taugt der Geruchssinn überhaupt nicht, da müssen Sie schon berufenere Organe ranlassen. Das Vomeronasalorgan zum Beispiel. Der große Vorteil gegenüber dem Organ, an das Sie natürlich gleich wieder dachten: Jeder Mann hat zwei davon! Winzig klein, aber immerhin größer als der G-Punkt. Und jede Frau hat sie auch. Nämlich direkt im Nasenloch. Was dieses winzige Organ alles wittert, kriegt der Mensch bewußt gar nicht mit. Es reagiert nämlich auf Pheromone. Und was das genau ist, wissen wir erst seit Anfang der 90er.

Kaum hatten sensationsgeile Wissenschaftler diese Stoffe in der Achselhöhle entdeckt, wurden die Forscher auch schon wieder enttäuscht. Pheromone treiben sich nämlich auch anderswo auf der Haut herum, und sie verleihen offenbar nicht nur sexuelle Anziehungskraft, sondern sorgen für ein grundsätzliches Gefühl des Wohlbehagens. Der amerikanische Anatomieprofessor David Berliner war ihnen als erster auf die Spur gekommen. Rein zufällig, als er wieder einmal Hautschuppen aus abgelegten Gipsverbänden kratzte und in Flaschen füllte, die er unbedacht offen stehenließ. Auf einmal breitete sich im Labor himmlischer Frieden aus. Junge Wissenschaftler, die sich sonst im Wettbewerb zerfleischten, lunchten zum ersten Mal gemeinsam und spielten Bridge. Kaum stöpselte Berliner die Flaschen wieder zu, wetzten alle sofort erneut die Messer.

Inzwischen hat Berliner fünf Millionen Dollar in die Forschung gesteckt – fest überzeugt, mit den Geruchsstoffen auch Krankheiten heilen zu können. Und woher hat er das ganze Geld? Der Professor stieg ins Parfümgeschäft ein und kreierte »Realm«. Es soll seinen Träger in milde Stimmung versetzen, damit er sich völlig streßfrei dem anderen Geschlecht widmen kann. In der ersten Verkaufssaison wurde »Realm« bei Bloomingdale's sofort ein Überraschungshit.

Die Idee, sexuelle Lockstoffe in Parfüms zu mischen, ist allerdings so alt wie die Menschheit. Moschus, Zibet und Ambra: tierische Sekrete, was sonst. Für Moschus muß man den Moschushirsch seines Bauchbeutels inklusive Drüse berauben, für Zibet die Zibetkatze dreimal pro Woche mit einem Holzspatel ausschaben. Und Ambra ist das, was im Meer schwimmt, wenn der Pottwal sich rückwärtig erleichtert hat. Sind Sie nicht auch grenzenlos erleichtert, Hauser, daß heute die meisten Parfüms künstlich hergestellt werden?

Freuen Sie sich aber nicht zu früh, denn Androsteron ist immer noch in fast jedem Eau de toilette – ein Eberpheromon. Beim Menschen wirkt es leider überhaupt nicht. Verschenkte Liebesmüh. Auch wenn No-name-Panscher mit ihren Aphrodisiaka verzweifelt werben: »Bei mir kriegen Sie Androstenon!« Na und? Wo nicht! Woraus das dazugehörige Damenparfüm »Copuline« hergestellt ist, will ich vorsichtshalber gar nicht wissen. Einfach pheromenal!

Hauser:
Gurk mal, wer da riecht!

Why wash when you can spray! Auch bei Männern ist die chemische Keule immer beliebter geworden. Der Kosmetikmarkt hat Probleme, doch der After-shave- und For-men-Anteil steigt und steigt. Seit Männer keine Angst mehr haben, als schwul zu gelten, wenn sie sich ein bißchen um ihr Äußeres kümmern, sind sie in den Parfümerien zu Stammkunden geworden. Nicht unschuldig daran: Joops langjähriger Partner und jetziger Intimfeind Herbert Frommen. Er hatte den genialen Gedanken, Herrendüfte auf den Markt zu bringen, die schon im Namen Männliches versprachen: Aigner (Leder!), Bogner (Ski! Sport! James Bond!), Davidoff (Zigarren!), Ferrari (Ferrari!). Inzwischen gibt es Dutzende von Männerdüften, deren Namen allein Freiheit und Abenteuer suggerieren, von Route 66 über Harley Davidson bis zu Safari.

Und wenn es nicht die Namen sind, sind es die Flaschenformen: Hugo von Boss sehe aus wie eine Eierhandgranate, spottete die Konkurrenz, doch auch bei einem Cartier-Duft war der Kopf des Flakons dem Bügelverschluß einer altmodischen Bierflasche nachempfunden. Autoreifen assoziiert die Flasche eines Bulgari-Parfüms. Folgerichtig werden Kenner Sumatra Rain schon wegen seines Billig-Shampoo-Looks verschmähen, lange bevor ihnen der Geruch ins Bewußtsein dringt, »eine holzig-ozonige Duftnote mit orientalischer, amberartiger Ausprägung«. Nancy nebelte Ronald unverdrossen mit Aramis ein, als die Auswahl an Herrendüften noch eher bescheiden war. Schwule sprühten selber, und zwar Shalimar mit den Akzenten Vanille, Patschuli und Weihrauch, etwas für die verhinderten Priester unter ihnen. Deutsche Soziologen grübeln derweil darüber nach, weshalb die Herren just in dem Augenblick zu Wässerchen und Parfüms griffen, als ihnen Alice Schwarzer den Kampf ansagte.

Industrielle Duftmischer können inzwischen jeden Geruch nachbauen. »Scent-trekker« streifen durch Urwälder und Vorgärten, Kinderkrippen und Müllhalden und fangen in ihren dicken Glaskolben Duftmoleküle ein, die sie im Labor zerlegen. Brot, Schokolade, Wäsche draußen auf der Leine, Erde – alles kein Problem. Weiter so! Neurologen haben nämlich gerade erst festgestellt, daß Frauen beim Geruch frischer Gurken ins Vibrieren kommen – nur beim Geruch, Kienzle! –, und auch Süßigkeiten, Kuchen und Lavendel führten zur erwünschten Reaktion. Normales After-shave aber törnte die Frauen völlig ab. Der

Mann im dritten Jahrtausend sollte also schleunigst den ganzen Unfug, den er in »Men's Health« gelesen hat, vergessen, selbstbewußt vor sich hin miefen, aber immer eine frische Gurke in der Hose tragen, bis sich die Chemiker von Calvin Klein und Cerruti endlich dieser jüngsten Erkenntnis annehmen: cucumber for men. Gurk mal, wer da riecht!

Kienzle: Nabel verpflichtet

Den Tattoo-Studios liefen die Kunden weg. Die goldenen Zeiten waren vorbei. Der Amsterdamer Tätowiermeister Hanky Panky sagt melancholisch: »Es rannten ja schon mehr Leute mit Borneo-Tattoos außerhalb von Borneo herum als auf der Insel selbst.« Tattoo war gestern. Gestrig wie Monacos meistfotografierter Strichjunge (»Stephanie«). Piercing ist heute und morgen und übermorgen auch noch, vor allem, wenn sich der Nabel entzündet. Ein kleiner Notfall, der die Ärzteschaft stets entzückt. Hat sie doch wieder mal recht behalten.

Ihre triumphale Freude kommt nur derjenigen gleich, die Doktoren jedesmal empfinden, wenn Baby-Spice Emma in Istanbul auf ihren Plateausohlen umknickt und sich erwartungsgemäß den Knöchel bricht. Plateaus und Piercing! Es ist ungesund! Gräßlich gefährlich! Es tut weh! Es ist einfach geil. Und von Stund an trägt das frisch initiierte Kind den Beweis für die bestandene Mutprobe für alle sichtbar am Körper.

Tätowierungen trugen früher Männer, vor denen Mütter ihre Töchter nicht mal warnen mußten, so wenig kamen die Typen in Frage. Heute zieren jedes Kitakind Körperbemalung und durchlöcherte Ohren. Altgediente Rocker auf ihren Harley-Davidsons leiden unsägliche Qualen, weil ihrem Oberarm nun kein Mensch mehr ansieht, ob es sich bei dem Drachen und der Blondine auf den Muckis vielleicht doch bloß um die Tattoo-Sticks von Misslyn (schlappe 10 Mark, inklusive Entferner-Pads) handelt.

Heute ist alles anders. Heute geht Mutti höchstpersönlich mit ihrem Sechzehnjährigen ins Piercing-Studio, damit ihm die Stecherin unter den Augen der Erziehungsberechtigten Gewalt antun und Schmerzen zufügen kann (Kosten ca. 130 Mark). SM-Praktiken im Beisein von Mama und Papa. Fakir Musafar schüttelt es. Der amerikanische Werbemanager, der natürlich genausogut Lehrer oder Schuhverkäufer sein könnte, anything goes, preist unter seiner Piercing-Gemeinde nur diejenigen als wahre Jünger, die mit diesem anmutigen Akt der Selbstverstümmelung auf ein Primärbedürfnis antworten. Mit anderen Worten: Sie brauchen's wirklich.

Wie die lesbische Sado-Maso-Szene. »Das erste Mal, als ich am Kopf gepierct wurde, war es, als ob ich auf mich selbst regnen würde. Danach fühle ich mich klein, will geknuddelt und umsorgt werden.« Dann ist es ja gut, wenn Mutti dabei ist. Doch Fakir Musafar bleibt streng. Er haßt alle, die es nur des Kicks wegen tun. (Und die sich dann, kaum sind die Löcher wieder zugewachsen, ein paar Monate später stöhnend vor Wollust und Schmerz neu penetrieren lassen.) Von denen allerdings leben die vielen kleinen Piercing-Betriebe, in denen verhinderte MTAs gewissenhaft ihrem blutigen Broterwerb nachgehen.

Und was diese Studios für hübsche sprechende Namen haben! Maritimes Kosmopolitentum »Endless Pain« in Hamburg, »Pain & Ink Dept.« im witzigen Berlin, studentische »Tätowiersucht« in Münster, schwäbisch Philosophisches in Ulm »No Pain – No Gain«, »Red Dragon« in Neustadt an der Weinstraße und ein treuherziges »Studio by Butz« in Deggendorf. Sage noch einer, die regionalen Unterschiede seien in Gefahr! Aber: utopisches Potential, wie es Fakir Musafar ersehnt? Bewußtseinserweiterung? Was soll das denn sein? Genausogut kann man eine Tchiboverkäuferin fragen, ob sie nicht ihr Gewissen drückt, weil sie arme Rentner gegen teures Geld mit Drogen versorgt.

»Modern Primitives« hieß übrigens die Ausgabe der Zeitschrift »Research«, die sich schon 1989 zum ersten Mal mit Piercing beschäftigte. Scarification ist dann der nächste logische Schritt: Wie stellen wir Narben am Körper her, ohne daß es der Chirurg dringend empfiehlt? Dem unzufriedenen Kunden läßt sich so ein verunglücktes Piercing ideologisch verbrämt näherbringen.

Und morgen? Wir würden die Kennzeichnung mit Brandzeichen wie auf einem Kuharsch vorschlagen, wenn es Branding in der Szene nicht schon lange gäbe. In Europa allerdings nur für kurze Zeit. Gleich nachdem sich das entsprechende Studio in Amsterdam mit dem notwendigen Spezialaluminium versorgt hatte, verbot das städtische Gesundheitsamt die spektakuläre Manipulation. Ach, arme SM-Szene. Immer wieder im Abgrenzungsstreß. Selbst Mel B. fällt nur ein, daß der kleine Ring in der Zunge beim Oralsex eine nette Bereicherung ist. Lenny Kravitz ist gepierct (»Wenn das, was geschehen wird, geschehen muß, dann kannst du dich entspannen«) und Naomi Campbell (»Mache alles mit«) sowieso.

Solange flachbäuchige kleine Dinger selbst bei Eis und Schnee unbeirrt ihre nackte Taillengegend zur Schau stellen, werden wir das Piercing nicht mehr los. Typisch die Jugend von heute. Autoaggressiv, aber zu fein und zu faul, es selber zu machen. Vor allem die Haut um den Nabel ist elend dick; und es braucht Kraft, den gebogenen Stift in den Bauch zu dremmeln. Die Piercer selbst geben zu, daß sie andere Körperteile lieber bearbeiten. Zum Beispiel den sogenannten Intimbereich. Die Haut dort ist einfach unerreicht zart.

Hauser:
Im Westen nichts Neues

Wenn in Männerzeitschriften, die es ja dankenswerterweise inzwischen in ausreichender Zahl gibt, von Mode die Rede ist, dann dreht sich alles um die männlichen Problemzonen: Hals, Po, Fuß. Um die Krawatte, die Unterhose und den richtigen Schuh also. Da haben wir Männer einen ungeheuren Aufklärungsbedarf. Gar nicht oft genug kann man uns sagen, daß Handys oder Tim und Struppi auf Krawatten nicht jungenhaft, sondern infantil wirken. Da erkennt doch sofort jeder, daß Frau und Kinder die Krawatten für diesen Waschlappen ausgesucht haben. Doch vor allem der Krawattenknoten sorgt angeblich bei Männern für helle Aufregung. Ein »How to«-Thema im Zusammenhang mit Bindern auf dem Titel bringt höhere Auflagen als Verona Feldbusch – endlich! – nackt.

Für eine Krawattennadel allerdings wäre sie ein bezauberndes Motiv. Doch nur eine kleine Minderheit von uns ist Pin-up-Themen zugeneigt. Die meisten Männer geben sich ganz lieb, wenn sie ihre Krawatte durchbohren, gell, Kienzle? Alles, was wir als kleine Jungs bei kleinen Mädchen auf deren Broschen gesehen haben, aber nie selbst zu tragen wagten, möchten wir uns jetzt an die eigene Brust heften. Ein Nachholbedarf ohnegleichen. Wollen wir unsere feminine Seite ausleben? Oder betteln wir: »Spiel mit mir!« Was dasselbe wäre. Wollüstige Motive sind gesucht bei Vorstadt-Machos. Sie wollen die schüchterne Brünette provozieren, indem sie ihr die nackte Blondine vor die Nase hängen. Brüder, ihr seid nicht auf dem laufenden. Den Frauen kann man heute die dreckigste Zote der Welt erzählen, die werden nicht mal mehr rot. Die toppen das mit einer noch viel schmutzigeren Pointe. Und danach lassen sie uns sitzen.

Demi Moore sah in Anzug mit Weste und Zigarre hinreißend aus. Tragen deshalb auch wir wieder Westen? Oder nur, weil sie im Preis inbegriffen sind? Daß Werner Baldessarini über Joschka Fischer in Weste gesagt hat, er sehe aus wie eine »ausgezuzelte Dattel«, muß den grünen Hungerkünstler so »amused« haben, daß er seitdem seiner »lieben Freundin Madeleine Albright« nur noch dreiteilig gegenübertritt. Unorthodoxe bunte Westen werden von Männern geliebt, die die ZDF-»Hitparade« moderieren oder »Wetten, daß ...?« oder sich aus anderen Gründen total hip vorkommen. Und wenn schon hip, dann richtig. Konsequent greifen sie zu Blümchenmustern, kleinen blauen Monden auf schwarzem Grund und was das Repertoire von Damenblusen und Kinderzimmergardinen halt so hergibt. Allerdings nicht solche von Osborne & Little. Eher wie von einem Komplettangebot von Möbel Unger. So läuft sonst nur Rod Stewart rum, und das war für seinen Gärtner letzten Endes sogar der Kündigungsgrund: »Für diesen geschmacklosen Arsch arbeite ich nie wieder.« Mit anderen Worten: Vor allem zottelige blonde Männer mit einer gewissen fleischlichen Verschwommenheit tragen lustige Westen, weil sie ihre Identität erst noch finden müssen.

Einige von uns glauben übrigens immer noch, Krawatte, Fliege oder T-Shirt entgehen zu können, indem sie einen Rollkragenpullover tragen. Daß sie ihn »Rolli« nennen, ist schon schlimm genug. Fakt ist, daß alle Männer dieser Erde außer Otto Kern in einem Rolli aussehen wie viagrabedürftige Schwiegerväter, denn nur Otto Kern trägt zum schwarzen Rolli einen dreiviertellangen schwarzen Ledermantel und schwarze Jeans. Dann, und nur dann, ist ein Rollkragenpullover gesellschaftsfähig.

Doch Männer neigen in der Mode zu Illusionen. Eine davon ist das Einstecktuch. Das Einstecktuch ist pures 19. Jahrhundert, und da kam es auch mit dem Sakko in Mode. Ciro Paone von Kiton tut es immer, und der Münchner Max Dietl, der Megastar unter den Maßschneidern, tut es, wenn er darum gebeten wird: Sie sorgen für den konkaven Zuschnitt der Brusttasche, damit das Tuch voluminöser erscheint, als es ist. In den 30er Jahren waren sogar betont lässig heraushängende Zipfel Mode. Frauen beeindruckt beides nicht. Sehen sie ein Einstecktuch, ist ihr erster panischer Gedanke: Das muß ihm seine Betreuerin reingetan haben! Welch unsinniger Kurzschluß! Männer von Welt, also mal ganz unter uns, erkennt man gerade an ihrem Umgang mit diesem Accessoire, am Grad ihrer Perfektion bei der Setzung des Kontrapunktes zwischen Tuch und Krawatte, an der Vermeidung spießiger Akkuratesse beim Falten, am legeren Schwung, mit dem das Tuch in die Brusttasche gepflanzt wird. Aufgepaßt, Kienzle: Nur wer richtig einstecken kann, der kann auch richtig austeilen. Ach, ein ganzes Buch ließe sich schreiben über die Psychologie des Einstecktuches, aber wem sage ich das? Wir Wissenden brauchen es nicht, und der Rest wird es auch in den nächsten tausend Jahren nicht begreifen.

Seit sich nur noch wenige Frauen mal eben so an die Brüste fassen lassen, mußten sich die Männer zur Befriedigung ihrer haptischen Sehnsüchte etwas anderes einfallen lassen. Sie stießen auf Kaschmirpullover. So weich, so samten, so nachgiebig. Luxusexperte Peter Mayle rät jedem Mann dringend, sich sofort einen Tresor anzuschaffen, sobald er die knapp 2000 Mark für einen Pullover aus vierlagigem Kaschmir abgedrückt hat; Frauen könnten die Finger nicht davon lassen. Aber irgendwann merkt auch der treuherzigste Macho, daß sie gar nicht ihn selber meint. Und dann rauht er seinen Pulli doch lieber selber auf. Noch nicht geklärt ist der Sex-Appeal eines Cashmere-Jacketts. Werden Frauen schwach, weil es so weich, so samten, so nachgiebig ist? Weil die Männer darin zum Knuddeln aussehen, gleichzeitig aber angenommen werden darf, daß sie dank ihres überlegenen Geschmacks unter dem Sakko komplett versaut sind? Alles falsch. Frauen sind ja nicht blöd. Sie wissen nur ganz genau, daß mongolische Ziegenwolle sauteuer ist.

Männerbrustmäßig gibt es noch andere klassische Fehlgriffe. Die alberne Schultertasche wird geliebt und peinlicherweise auch getragen von einer gewissen Sorte urbaner Softies. Die müssen schon bei der Lufthansa arbeiten und in ihrer Freizeit mit – schmutzigen! – Reiterstiefeln rumlaufen, damit man sie trotz Umhängetasche für einen ganzen Kerl nimmt. Einmal hat sich Deutschland zu früh gefreut. Jemand zwang Patrick Lindner, die Hosen runterzulassen; na gut, er hatte eine Fernsehwette verloren. Patrick trug wunderbarerweise Calvin Klein, wo doch alle Feinripp erwartet hätten. Die öffentliche Demütigung blieb – Klein! – aus. Patrick Lindner war très, très chic.

Große Überraschung für alle Feministinnen: Je jünger der Mann, desto größer ist seine Unterhose. Daß auf die besten Tricks immer nur die Jüngsten kommen. Boxershorts tragen bloß, aber keineswegs »schlappe« 8,3 Prozent der Männer. Sind 91,7 Prozent der Männer blöd? Offenbar ja. Denn Boxershorts sind die einzigen Männerunterhosen, die Frauen besser gefallen als Männern. An Männern. Das muß man ja heute hinzufügen, wo Frauen nur so zum Spaß die flächendeckende Unterhose Typ »Karlheinz« anziehen. Boxershorts lieben die Frauen, habe ich mir sagen lassen, weil darunter noch eine Überraschung lauert. Der Minislip entspricht dagegen dem transparenten Zellophan bei Blumensträußen. Gähn, gähn. Alles schon mal dagewesen. Und mit schlechten Nachrichten kann man ruhig etwas länger warten, sagen Frauen, die es wissen müssen.

Weiße Socken! Man mag gar nicht mehr davon reden. Fast alle haben es aber inzwischen begriffen, toi, toi, toi. Hartnäckig hält sich das Gerücht: nach 18 Uhr keine braunen Schuhe! Kappes. Ein brauner Wildlederschuh zu einem grauen Anzug ist hochinteressant. Doch wie sagt Gewährsmann Baldessarini über den schwarzen Schuh zum grauen Anzug: »Missionarsstellung.« Man lernt nie aus.

Kienzle: Footix, Twipsy und Lekki

Footix prangte sogar auf Kondomen. Wem das Glück bringen sollte, keine Ahnung. Wirkliche Glücksbringer sind Maskottchen nur für die Lizenzvergeber. Zweieinhalb Milliarden Mark Gewinn räumten die WM-Organisatoren für diesen Trash ab, der jetzt Hunderttausende von Autoablagen, Schubladen und Schränken verstopft. Ein Pariser Bijoutier schuf gar einen fünf Kilo schweren und mit 1150 Diamanten besetzten Footix im Wert von 370 000 Dollar. Wer soll so was kaufen? Aufwachen, Pariser Juweliere! Dodi ist tot!

Footix war nicht das erste Sportmaskottchen, und er wird, Gott sei's geklagt, nicht das letzte sein. Man kann ja noch nachvollziehen, daß die Münchner 1972 mit Waldi, dem Dackel, deutsche Harmlosigkeit in bayerischem Gewand demonstrieren wollten: bei den ersten Olympischen Spielen in Deutschland seit Adolf Nazi. Aber Waldis überwältigender kommerzieller Erfolg ließ die nachfolgenden Städte nicht ruhen. Innsbruck belästigte mit einem Schneemann, Montreal mit Amik, dem Biber, Mischa, der Bär, kam natürlich aus Moskau, Sam, den Adler, ließ Los Angeles auf die Menschheit los. Da waren die Deutschen traurig, denn ihren Nationalvogel, den Reichsadler, hatten sie sich demütig verkniffen. Doch in Calgary entschied man sich für Hidy und Howdy, die netten Eisbären – da war alles wieder gut.

Und die Figuren werden immer hanebüchener. Beim 30. Deutschen Turnfest in München marschierte Maskottchen Wolpi durch die Straßen. Ein erschütterndes Erlebnis für jedes Kind, das dieser Mißgeburt versehentlich in die Quere kam. Eine Kreuzung aus Biene Maja und einem Kürbiskopf à la Halloween, blaues Fell, gelbe Arme, rote Knubbelnase. Mit Zwangseinweisung zu Toys »R« Us nicht unter drei Jahren sollte jeder bestraft werden, der sich so was ausdenkt.

Die Athleten selbst verhalten sich vorbildlich umweltschonend bei ihren Glücksbringern. Freundschaftsbändchen stehen hoch im Kurs. Jens Jeremies verspricht, sie zu tragen, bis sie vom Arm abfallen. Dasselbe beteuert die Snowboarderin Sabine Wehr-Hasler. Für sie und ihren Mann haben die herzallerliebsten Bändchen sogar die Funktion des Traurings übernommen. Ja, Hauser, ich sagte wirklich »Snowboarderin«. Und sie streichelt es vor jedem Wettkampf. Das ist doch echt fett, oder! Und wir wissen jetzt endlich, wer diese abscheulichen, mit Kinderfotos bedruckten T-Shirts trägt: Sportler, allen voran Christian Ziege mit dem Bild seines kleinen Sohnes. Das ist rührend. Sein Kollege David Beckham nützt einen Slip von Spice Girl Victoria (»die Verlobte«) als Maskottchen. So genau wollten wir es eigentlich gar nicht wissen. Immerhin mußte er kein Geld für ein gebrauchtes Höschen ausgeben; bezahlte Glücksbringer taugen nämlich gar nichts.

Bis zu den Abnehmern von Sukki, Nokki, Lekki, Tsukki und Co. hat sich das nur noch nicht herumgesprochen. Schon vergessen? Das waren die Glückseulen von Nagano. Die Japaner verhielten sich viel ungeschickter als die Hannoveraner. Die haben sich vorher abgesichert, daß Twipsy (für die Expo 2000) in keiner Sprache ein Schimpfwort ist. Japans Lekki dürfte wohl nur bei einem eng begrenzten Segment deutschsprachiger Olympiatouristen auf Begeisterung gestoßen sein.

Kommt Japan zu uns, kann das Staunen auch groß sein. Die japanische Autorin Yoko Tawada wundert sich über Metallstückchen in deutschen Frauenohren und hält sie für Talismane. Daß die deutsche Frau jede tiefere Bedeutung der Ohrringe abstreitet, bestärkt sie nur in ihrer Meinung. Wahrscheinlich ist der Akt des Lochstechens das wahre Geheimnis des Initiationsrituals, und nicht das Metall, mutmaßt sie. So sind sie eben, die Deutschen.

Sind maskottchenhörige Sportler dumm? Nicht dümmer als andere. Die Supermarktangestellte, die bei Jauch eine Million gewonnen hat, wird seitdem ständig von Fremden angegrapscht, die das für glücksbringend halten. Und in Modelkreisen ist es heute gang und gäbe, die Konkurrentin als Voodoopuppe zu klonen und bestialisch zu quälen. Kann man alles bestellen, das ganze Zubehör, Puppe, Öl, Pergament, Nadeln. Eine Verfluchung, »unter Umständen todbringend«, kostet nur 240 Mark. Aber es gibt auch gutartige Voodoopuppen, die lediglich vor Knöllchen schützen sollen. Die sind dann auch billiger, 20 Mark frei Haus. Christophorus-Münzen waren genauso wirksam, aber davon will heute ja kein Mensch mehr etwas wissen. Christliche Schutzheilige liegen derzeit einfach nicht im Trend.

HAUSER: KLAMOTTEN-KARL

Geht es zu Ende? Lagerfeld wurde zuerst von Steilmann rausgeschmissen, dann löste ihn die harmlose Tochter von Paul McCartney bei Chloé ab. Doch bei Quelle verkauft er sich gut. Besitzt Lagerfeld denn gar keinen Stolz? Demnächst werden wir dann wohl Kreationen von Klamotten-Karl bei Aldi auf dem Wühltisch finden, statt dort nur hinter Chanel in der Schlange anzustehen. Doch Lagerfeld ist bloß einer von vielen. Der dicke Gianfranco Ferré flog unter Wehklagen seiner Stammkundinnen bei Dior raus, Givenchy ging an John Galliano und wurde kurz darauf von Alexander McQueen ergänzt. Versace ist tot, die Fußballerfrauenhandtaschen von MCM werden verschleudert, und Valentino gibt es auch nicht mehr. Yves Saint Laurent wird von Lagerfeld ständig für tot erklärt, und überhaupt vergeht kein Tag, ohne daß ein parfümierter Herr dem anderen den Kampf ansagt. Lagerfeld nennt Joop eine »lokale

Größe in den Wechseljahren«, dessen neues Parfüm wie Erfrischungstücher im Flugzeug rieche. Daraufhin beschimpft Joop Lagerfeld als einen Entertainer »aus Papperlapapp und Philosophie«. Lagerfeld schmäht Saint Laurent, Saint Laurent geht zum Trotz als erster ins Internet und beweist damit seine frappierende Jugendlichkeit. Gucci kauft Tom Ford ein, während der Gucci-Mord mit einer katastrophal gekleideten Ex-Ehefrau in Italien für Aufruhr sorgt. Was für ein gefährliches Geschäft! Gemeuchelt durch reelle Killer oder skrupellose junge Nachfolger – im Fashion-Business überlebt kaum noch einer.

Von McQueen wissen wir wenigstens endgültig, daß Jil Sander gay ist und daß die schärfsten Models in seinen Shows »harte Lesben« sind. »Würde mich«, fragt McQueen scheinheilig, »Jil Sander anrufen, wenn ich ein Frauenschwein wäre?« Trotzdem verhöhnt er Dolce & Gabbana als Schwuchteln, deren Mode die Persönlichkeit tötet, bloß weil sie den großen Maestro Romeo Gigli kopiert haben, als McQueen dort noch in sehr untergeordneter Funktion tätig war. Heute trägt er Comme des garçons und führt sich auch wirklich auf wie ein Mädchen, das ein Junge sein will. Lagerfeld muß derweil bei Kerner tingeln und seine üblichen Zoten reißen (»Wenn diese Handtasche Sie an Hoden erinnert, sollte Ihr Freund unbedingt einen Urologen aufsuchen, gnädige Frau.«). Karl, der immer Kleinere, lebt noch im Schatten von Prinzessin Caroline, deren Vater ihm ein Schlößchen in Monaco lieh. McQueen hat nicht die leiseste Lust, die Queen in London einzukleiden. »Ich bin doch selber eine.«

DUNKELKIFFER

Hauser:
Noch Fragen, Kienzle?

Kienzle:
Ja, Hauser, wissen Sie eigentlich, was ein CIF-Faktor ist?

Hauser:
Ja, Kienzle. Der CIF-Faktor – geschrieben C, I, F – ist der Cannabis-Influence-Faktor. Damit wird neuerdings die Fahrtauglichkeit von Kiffern gemessen.

Kienzle:
Fahruntüchtig ist man laut Düsseldorfer Institut für Rechtsmedizin ab 10 CIF, das entspricht 1,1 Promille. Leider geht aus der Meldung nicht hervor, wieviel man kiffen darf, bis 10 CIF erreicht sind.

Hauser:
Diesen Richtwert nennt man dort wohl Dunkelkiffer.

Kienzle:
Also mich interessiert schon, ob man beispielsweise nach dem zweiten Pils noch auf einen Joint ausweichen kann.

Hauser:
Nach dem zweiten Pils sollten Sie vor allem dem Gegenverkehr ausweichen, Kienzle.

Kienzle:
Höchste Zeit, daß bei den Düsseldorfern mal der NIF-Faktor gemessen wird, der Nonsens-Influence-Faktor.

Hauser:
Na, dann ist der Fall für mich erledigt.

Hauser:
Ich pfeif' auf Sie!

Der Pfeifenraucher ist dem Zigarrennuckler intellektuell eindeutig überlegen. Modische Stumpenpaffer würden nicht mal erkennen, wo hinten und wo vorne ist, wäre nicht die Bauchbinde hilfreich in Mundstücknähe angebracht. Wer dann noch beachtet, daß man Asche nicht abklopft, sondern abstreift und die Zigarre selbst keinesfalls ausdrückt, sondern im Ascher ausgehen läßt, der weiß alles, was ein Zigarrenraucher wissen muß. Nicht gerade viel.

Der Pfeifenraucher dagegen! Nur grüblerische, tiefsinnige, angenehm introvertierte und hochintelligente Männer sind imstande, eine Pfeife so zu stopfen und zu rauchen, wie es sich gehört. Schon das Einrauchen ist eine hohe Kunst. Es gibt nichts Entspannenderes, als freiwillig langsam zu sein. Das Füllen der Pfeife – nur etwas für Naturbegabte! Die schriftlichen Empfehlungen für den Anfänger – hochkompliziert! Frauen mit Pfeife wird man deswegen kaum je zu Gesicht bekommen. Auch hier wieder im eklatanten Unterschied zum Zigarrerauchen, das unleugbar eine infantil-feminine Note hat. Nuckeln und suckeln – muß ich mehr sagen?

Der Pfeifenraucher aber ist ein Mann mit Biß. Große Intellektuelle, Staatsmänner und ZDF-Moderatoren wurden zu Pfeifenrauchern des Jahres gekürt. Golo Mann und Loriot, Helmut Kohl, Kurt Biedenkopf und Norbert Blüm. Nur die Besten. Herbert Wehner auch einmal, na gut, Schwamm drüber. Zu Recht natürlich der großbürgerliche französische Genießer Claude Chabrol. Simenon wurde leider vergessen. Dabei hat er sogar eine literarische Figur geschaffen, die ohne Pfeife im Mund nicht denkbar ist, Maigret. Brecht, das muß man ihm wiederum lassen, hat kühn die Auswüchse des Rauchens gegeißelt, wenn er eine Frau sagen läßt: »Nimm doch die Pfeife aus dem Maul, du Hund!« Das Aggressiv-Männliche im besten Sinne spiegelt sich auch in der Sprache. »Den rauch' ich in der Pfeife« klingt nach Tatkraft und Mut.

Was haben Zigarrenraucher dem entgegenzusetzen? »Den Typen lutsch' ich in einer Stunde weg« vielleicht?! Der Pfeifenraucher, stellte Ilja Ehrenburg kategorisch fest, muß über die drei höchsten Tugenden verfügen: die Leidenschaftslosigkeit eines Heerführers, die Schweigsamkeit eines Diplomaten und die Kaltblütigkeit eines Falschspielers. Ja, da erkenne ich mich wieder als Mann der inneren Ruhe und des ebenmäßigen Atems. Pfeifenraucher kennen das Leben ganz genau und schrecken daher nicht einmal davor zurück, eine Second-hand-Pfeife zu erwerben. Ein paar kleine Bißspuren – gewiß! Warum nicht? Oder fragen Sie etwa jede neue Freundin nach ihrem Vorleben? Der Pfeifenraucher ist wahrhaft ein Mann fürs Feuer, die Pfeife »ein winziger, lustiger roter Vulkan«, sagt John Dos Passos. Etwas Heißes in der Hand zu halten und nicht gleich wie eine Kartoffel fallen zu lassen – auch diese Souveränität ist für den Pfeifenraucher alltäglich. Und noch etwas: Ist es vorstellbar, daß Kienzle je eine Pfeife geraucht hat? Nein! Wir inhalieren wirklich!

Kienzle: Nur keine Zigarre verpassen

An der Zigarre wird genuckelt. Schon das allein spricht für den Zigarrenraucher. Jetzt nur kein blödes Regressionsgequatsche. Das haben wir hinter uns. Brust, Flasche, Schnuller – alles schon tausendmal durchgekaut. Abendlandrepertoire. Zigarrenrauchen ist Genuß pur, der Psychoheini bleibt außen vor. Es brennt sanft auf der Zunge und wird nicht inhaliert! Nicht nur deswegen hängt auch Bill Clinton an den Stumpen, raucht sie heimlich auf dem Truman-Balkon, seit Hillary das Weiße Haus zur raucherfreien Zone erklärt hat. Und das Magazin »Cigar Aficionado« lichtete genüßlich den Präsidenten an einer kalten Zigarre lutschend im Arbeitszimmer ab. Oral Office, wie gesagt.

Rudyard Kipling hatte die Dinge schon prophetisch eingeordnet: »Eine Frau ist eine Frau, aber eine Zigarre ist etwas zu rauchen.« Klare Verhältnisse. Die schätzt der Zigarrenraucher. Schon John F. Kennedy hatte sich schleunigst einen Vorrat von 1200 Petit Upmanns zu beschaffen gewußt, bevor er Kuba boykottieren ließ. Marvin Shanken, Herausgeber des »Cigar Aficionado«, ersteigerte konsequenterweise Kennedys Zigarrenschrank aus Jackies Nachlaß für 574 000 Dollar (Schätzwert 2000 bis 2500 Dollar). Der Schauspieler Milton Berle hatte ihn Kennedy mit der Widmung »Gute Gesundheit – gutes Rauchen!« geschenkt.

Clinton und Kennedy, Schwarzenegger, Churchill und De Vito – Zigarrenraucher befinden sich in bester Gesellschaft. Winston Churchill soll im Laufe seines Lebens 300 000 Stück konsumiert haben.

Paffende Frauen waren zunächst eher unbeliebt. Shanken bildete versuchsweise eine von ihnen auf dem Titelbild seines vierteljährlich erscheinenden Magazins ab, ein hübsches dunkelhäutiges Model, das nur einen weißen Handschuh und eine Zigarre trug. Die Leserinnen reagierten stinksauer. Zigarre rauchende Frauen würden ohnehin beglotzt wie Außerirdische, man müsse sie nicht auch noch in der Öffentlichkeit ausziehen. Shanken zeigte sich zerknirscht und hob schleunigst Linda Evangelista auf den Titel. Sie gestand, daß sie Zigarrendunst schon immer geliebt habe. Ob sie nur schnupperte oder auch zog, wurde nicht geklärt. Seitdem gibt es jedenfalls in den Vereinigten Staaten nicht nur maskulin geprägte Big Smoke Events (inklusive einer Mahlzeit: 150 Dollar), sondern auch George Sand Societies. Sharon Stone, Demi Moore, Madonna, Whoopi Goldberg und Kate Moss unterwarfen sich pflichtschuldigst ihrem Schlampenimage und pafften drauflos. Claudia

Schiffer schürzte tapfer den Schmollmund und posierte als Cigar Aficionada. Ihre Art, die Zigarre zu halten, war ein letzter Beweis dafür, wie traurig es um ihr Liebesleben mit David bestellt sein muß.

Hierzulande gibt es sie leider nicht, die verwegene Heroine, die als sexy, intelligent und aufrührerisch gilt und an deren Anwerbung unsere bescheidene Zigarrenindustrie Interesse haben könnte. In den Staaten ist die Zigarette mittlerweile so verpönt, daß die Zigarre als geradezu gesundheitsfördernder Ausweg aus der Misere gilt. In Deutschland denkt die Mehrheit immer noch, Zigarren seien ad acta gelegt wie Ludwig Erhard samt Wirtschaftswunder. Da sei Schröder vor! Zigarrerauchen ist hip, Pfeiferauchen etwas für Leute von vorgestern. In diesem Zusammenhang sei erwähnt, daß Bodo Hauser 1994 zum Pfeifenraucher des Jahres gewählt worden ist. Bedarf es eines besseren Beweises für die Bedeutungslosigkeit der Pfeife?

Hauser: Abendland, Sorgenland

Der Deutsche sorgt sich ganz schrecklich. Und mit der Zahl der Heilmittel potenzieren sich seine Ängste, denn mit jeder neuen Lösung kommen wieder neue Probleme. So sorgt sich der deutsche Mann sehr um seine Potenz. Kaum hat er Viagra eingeworfen, schon hat er Angst vor der 48-Stunden-Dauererektion. Die deutschen Krankenkassen fürchten sich vor den Viagrakosten, und die urologisch und nicht weltanschaulich-psychosomatisch Impotenten sorgen sich, wie viele Nummern ihnen ihre Kasse wohl pro Woche zugestehen wird. Die Frauen haben Angst, endgültig zum Sexobjekt degradiert zu werden, wenn der Mann Viagra nimmt. Nimmt er es nicht, fragen sie sich, ob er sich seine 48-Stunden-Dauererektion für eine andere aufhebt.

Sorgen über Sorgen. Gleich nach den überwältigenden Sexualkümmernissen kommt die Angst vor dem Strom aus der Steckdose. Wo laufen sie denn, die Kabel, wo laufen sie denn? Kein moderner Mensch, der noch nicht den Elektrosmogmesser bei sich zu Hause gehabt und den der Begriff Nanotesla nicht schon in die Nähe des Vereins für Elektrosensible gebracht hätte. Überhaupt leidet der Sensible mehr als jeder andere. Und wer wollte da nicht sensibel sein? Der trinkende Mensch sorgt sich vor Leberzirrhose. Trinkt er nicht, sorgt er sich vor dem Herzinfarkt. Ißt er kein Fleisch, sorgt er sich um die Tiere, ißt er Fleisch, sorgt er sich um sich. Ißt er manchmal Fleisch und manchmal keins, sorgt er sich um die Bauern.

Der Deutsche sorgt sich natürlich sehr um die innere Sicherheit und die Arbeitsplätze, am allerliebsten aber um die Umwelt. Wollen die Grünen aber den Benzinpreis erhöhen, was sowieso passieren wird, dann sorgt sich der Deutsche um sein Geld. Er sorgt sich um die FDP, will sie aber trotzdem nicht wählen, und es gab eine Zeit, da hat er sich sogar um den »Playboy« gesorgt, damals, als »Quicky« einging, und er sorgt sich um Mercedes, wenn Deutschland über den Elchtest lacht. Er sorgt sich um aussterbende Pflanzen und Tiere, um den Regenwald und darüber, woher das Mahagoni-Holz für seine Philippe-Starck-Stühle herkommt. Er sorgt sich über die Kinderarbeit in fernen Ländern und ist beleidigt, wenn Ikea die Teppichpreise erhöht. Er sorgt sich darüber, ob ihn wohl einmal ein außerirdisches Raumboot entführen wird, und fragt sich, warum die interessanten Dinge immer anderen passieren.

Er sorgt sich um die Minderheiten, tut aber alles, um endlich selbst einer anzugehören, indem er seine Gesellschaft eifrig ethnologisiert. Wie lange wird es noch echte Punks und echte Spießer geben? Zu welcher Gruppe gehört er? Geht es mit der Love Parade zu Ende, nachdem Ex-Kultusminister Jack Lang sie mit seinem Besuch in Verruf gebracht hat? Der Deutsche sorgt sich, ob seine Baumwollhemden verseucht sind, er sorgt sich um den Aralsee und um die Rückstände von Pflanzenvernichtungsmitteln in seinen Räucherstäbchen. Er sorgt sich nicht mehr ganz so intensiv um Hildegard Knef, um so mehr aber um das Seelenheil von William und Harry. Er sorgt sich um die Zahl der Rettungsboote auf den Schiffen der ganzen Welt und darum, ob seine ganz persönliche Rente hier in Deutschland sicher ist. Er sorgt sich um die Echtheit der Gefühle von David Copperfield für Claudia Schiffer und um das Rätoromanische, obwohl er es nicht sprechen kann. Er sorgt sich um die Wirkungen seines Handys auf sein Hirn, womit er nicht die Gespräche meint. Er sorgt sich um den Ruf der Deutschen im Ausland und darüber, ob ihn nach der Episode mit den Lichterketten nicht sowieso alle für bekloppt halten.

Er sorgt sich um den Castortransport und die Versiegelung der Landschaft, um die Schmetterlinge, die Störche und vor allem um die Bergziegen. Aber auch um die zoologischen Gärten, die Ozonschicht und was um Himmels willen er mit seinem alten Kühlschrank machen soll. Er sorgt sich um den jungen deutschen Film, noch mehr aber um Wim Wenders und um Sabine Christiansen. Er sorgt sich darum, ob Brigitte Nielsens Brüste irgendwann einmal platzen werden, und vor allem, ob sie dann trotzdem noch zu Harald Schmidt eingeladen wird. Und ganz große Sorgen macht er sich um die Sicherheit seiner Kreditkartennummer im Internet. Er sorgt sich um Sylt (na ja, eigentlich nur die Sylter) und macht sich Sorgen um die bücherfressenden Säuren in alten Büchern und um das unaufhaltsame Ausbleichen alter Hollywoodfilme, die Reinheit des deutschen Bieres, das Gewicht von Hillu Schröder und der Ex-Frau von Earl Spencer. Er macht sich Sorgen, ob Joop noch ganz dicht ist und ob Juhnke es je war, und darum, ob er wohl ewig leben wird. Er macht sich ganz große Sorgen darüber, ob es für sie genauso schön war wie für ihn, und damit sind wir wieder bei Viagra angelangt. Vielleicht kann er es erst einmal seinem

Hund zum Probieren geben. Aber ob der Hund das verträgt? Endlich wieder eine neue Sorge.

Hauser & Kienzle: Cool Germania

Tony Blair war kaum eingezogen in Number 10 Downing Street, da erstrahlte das Vereinigte Königreich schon im Glanz von New Labour. »Cool Britannia« hieß das Etikett, mit dem Tony & Co. alles für sich reklamierten, was chic und trendy erschien und zum Lifestyle of the Red & Famous paßte. Designersozialismus. Schröder war noch schneller. Bereits vor der Wahl wußte er, was die Wirtschaft bis heute nicht begriffen hat: »Der Aufschwung bin ich.« Computeryuppies und Buchmanager sorgten für Schlagzeilen und innovatives Image. Aber für welche neuen »Ismen« steht Sozialdemokratie à la Schröder? Hier eine Typologie der »Cool Germania«-Klasse.

1. Der Zigarrist

Sozialdemokratischer Karrieretyp, der rechtzeitig im Umfeld des SPD-Kandidaten durch ostentativen Genuß kubanischer Zigarren auf sich aufmerksam gemacht hat und sich jetzt seiner heimlichen Leidenschaft nicht mehr zu schämen braucht. Kann mit »dem Gerd« über Cohibas Esplendidos besser smalltalken als über den Aufschwung Ost, was ja bekanntlich auf Gegenseitigkeit beruht. Wenn er von Deckblatt spricht, meint der Zigarrist nicht das Cover seines Referentenentwurfs für eine Rede über die Abschaffung der Mitbestimmung, sondern die geschmacksbestimmende Umhüllung seiner Havanna. Die trägt er als stolze Erektion stets griffbereit in der Brusttasche seines Armani-Sakkos.

2. Der Proseccist

Splittergruppe der Toskanafraktion. Seit schwere Rotweine bei jüngeren Genossen als Leistungshemmer im Imageverschiß sind, ist der Siegeszug des mild schäumenden »Sozi-Schampus« nicht mehr aufzuhalten. Der Proseccist steht für Sozialismus-light, signalisiert südländisches Temperament, will aber einen klaren Kopf behalten für den Kampf um den besten Platz am (Kabinetts-)Tisch des Herrn. Kein anderes Getränk ist geeigneter für leichte Konversation – beim ersten Schluck noch für den Euro, beim zweiten dagegen, beim dritten wieder dafür usw. Beim Anblick eines perlenden Proseccoglases fühlt der Proseccist die schönsten Sprechblasen in sich aufsteigen. Rülps – schon stehen sie im Parteiprogramm.

3. Der Grappist

Ebenfalls ein Separatist der Toskanafraktion, etwas älter und konservativer als der Proseccist. Mental näher an Lafontaine und Hamburgs Erstem Bürgermeister Ortwin Runde als an Schröder und Werner Müller. Der Grappist will auf die Lust am Genuß nicht verzichten, bloß weil Regieren mehr Geistesgegenwart erfordert als Opponieren. Mit dem alten Toskanier-Toast »La lotta continua« (der Kampf geht weiter) kippt er tapfer seinen Lieblingsdigestif. Die bevorzugte Grappa-Duftnote »alte Socken« stößt Protagonisten der Neuen Mitte ab. In Schreibtischschubladen frustrierter Altlinker ist die Grappaflasche immer zur Hand, ob nun für den Eigenverzehr oder als Begrüßungsschluck für Konspiranten einer gepflegten Hinterbänklerintrige.

4. Der Coffeeist

Die coolste Art dabeizusein. Das Erkennungsgesöff der neuen Aufsteigerklasse. Der Coffeeist findet nichts Anstößiges daran, pro Woche mehrere 100 Mark für die ausgefallensten Java-Mokka-Sumatra-Macchiato-Mixturen hinzublättern, um den braunen Edelstoff dann samt Rohzuckerbrocken, fettreduzierter Milch und Zimtpuder elegant schlürfend zu zelebrieren. Ganz wie er es in Manhattans Kaffeehäusern als Megatrend des Millenniums erschnuppert hat. Vorbei die Zeiten, als man dankend das Angebot der Fraktionssekretärin – »Käffchen?« – annahm. Der Coffeeist der Neuen Mitte verschwindet mal schnell mit der PR-Assistentin auf einen »kleinen Kubaner« ins »News Café«.

5. Der Endorphinist

Macht und Muskeln gehören zusammen. Endorphine machen Machtrausch noch rauschhafter. Sie sind die bewußtseinserweiternde Droge schlechthin. Deswegen malträtiert der Endorphinist seinen in jahrzehntelanger Opposition erschlafften und verfetteten Body durch Askese und Leibesübungen – süchtig auf den ultimativen Kick, wenn Power und wiedergewonnene Beauty sich endlich zum großen Feuerwerk im Kopf vereinigen dürfen. Von der Oppositionsbank aus hat er für das Recht auf Rausch gekämpft. Jetzt will er die volle Dröhnung. Einmal auf dem Trip, bleibt der Endorphinist abhängig für den Rest seines (dann oft nicht mehr langen) Lebens.

6. Der Mallorcist

Die Queen macht Urlaub in Schottland, der US-Präsident in Martha's Vineyard. Und auch deutsche Kanzler trauen sich kaum vor die eigene Haustür. Boccia in Südtirol, Baden im Wolfgangsee – mehr war bisher nicht drin. Das dürfte sich bald ändern. Die Neue Mitte ist reif für die Insel, Mallorca fest in deutscher Hand und die Finca auf der besseren Hälfte längst politically correct. Scharping hat sich längst als Mallorcist geoutet. Das Volk und seine Führer gehören auch im Urlaub zusammen. Mallorcismus wird Staatsreligion. Das Fernsehen ist vorbereitet, schickt zur Hochsaison ganze Hundertschaften los. Die Berliner Republik wird im Sommer von Mallorca aus regiert.

7. Der Viagrist

»Herr, du nahmst mir das Können, dann nimm mir bitte auch das Wollen.« Der Viagrist ist kein Vertreter der Neuen Mitte, sondern der alten Linken. Very Old Labour. Kurz vor dem Ende seiner aktiven politischen Laufbahn wittert er plötzlich doch noch mal das Parfüm der Macht. Und schon steht er wie eine Eins. Will dabeisein, egal als was, und sei es nur für ein paar scharfe Stunden. Dafür zahlt er jeden Preis. 16 Jahre lang zur Impotenz verdammt, schluckt er sogar die bittere Pille Schröder. Der Viagrist weiß, daß seine Zeit abgelaufen ist, aber das juckt ihn nicht. Der morsche Marschallstab muß endlich aus dem Tornister – auf Biegen und Brechen. Seht her, Genossen, ich kann noch!

Cartoon: Rolf Kutschera

Invasion der Bodyshaper

FIT FOR FUN
Wasndasnfürnscheiss, ey?
Ein schöner Geist genügt nicht mehr. Heute brauchst du als Mann auch einen schönen Körper.
Wer heutzutage gegen weibliche Karrieregeilheit anstinken will, der muß mit gleichen Waffen zurückschlagen.
Hochschlafen?

Cartoon: Rolf Kutschera

HAUSER: SCHWITZBOLDE VERDUFTET!

Sport im Verein – igitt. Stundenlanges Beisammensein mit transpirierenden Fremden, die einem ihre ungustiösen Rettungsringe vor der Nase herumschwenken. Dem Mattennachbarn die käsigen Füße ins Gesicht halten, bis er benommen aus der Balance kippt? Liegestütze sind doch so schon anstrengend genug. Und am Ende würden die verschwitzen Gymnasten vielleicht sogar ein Bierchen mit uns zischen wollen? Horror pur. Sport im Verein kam nicht in Frage. Fortschreitende Erschlaffung war die Folge. Dann die Lösung: ein Personal-Trainer! Kein Fachidiot wie die herkömmlichen Reit-, Ski- und Tennispauker, sondern ein sportliches Allroundgenie. Ganzheitlich.

So ein Typ wäre vielleicht auch Dianas Rettung gewesen. Kein Paparazzo hätte die verzweifelt Kontakt Suchende mit gespreizten Beinen im Fitneßcenter abschießen können. Aber vielleicht wäre sie dann von irgendeinem Carlos Leon schwanger geworden und nicht von Oliver Hoare ... ein weites Feld. Madonna hat ihren Personal-Trainer eben allzu persönlich genommen, inzwischen aber nicht nur als Kindsvater, sondern auch als Trainer in die Wüste geschickt und sich der Meditation, Yoga und Lourdes Maria ergeben. Typisches Frauenschicksal des ausgehenden Millenniums.

Ja, der stets phantastisch aussehende Personal-Trainer – Frauen bevorzugen farbige Aerobicweltmeister – nimmt Hemmungen, stärkt die Zuversicht und stählt Promis genauso wie den gewöhnlichen Geschäftsmann, den es nachts um vier im Hotel spontan nach einem kurzen, aber heftigen Krafttraining gelüstet. Kleiner Service des Hauses! Personal-Trainer joinen ihre Klientel beim Fallschirmspringen, schubsen sie persönlich von der Bungee-Plattform und verziehen keine Miene, wenn ihr Trainee beim Inline-Skaten ständig auf dem Steiß landet. One-to-one-Training wird auch gern vom Orthopäden empfohlen und spart der Kasse den Krankengymnasten, wenn die Bandscheibe mal wieder irgendwohin fällt, wo sie nichts verloren hat. Darum fester Vorsatz fürs kommende Jahrtausend: Schwitzen prinzipiell nur noch mit Leuten, die man wirklich gut kennt.

KIENZLE: BODYSHOPS FÜR MILLIONÄRE

Aerobic war mehr so ein singendes, tanzendes Tralala, typische 80er mit einer gestählten Jamie Lee Curtis als Vorturnerin und einem verfetteten John Travolta. Als was? Als investigativer Journalist natürlich. Jede Berufsgruppe hat ihre eigenen Figurprobleme. Free food, free drinks, free press. Was soll man machen? Aber solange der perfekt geschnittene Designeranzug die zehn, zwanzig Kilo Übergewicht locker wegsteckt – was, Hauser! Aerobic also, singende, springende Löweneckerchen, wohin man sah. Pinkfarbene Hüpfdohlen in Bodys wie Babys, aber mit Strumpfhosen darunter, die das infantile Element des wirren Treibens noch mehr betonten. Das Outfit pointierte den Po – schon wieder ein Hinweis auf Regression – und sah nur an einigen wenigen Exemplaren der Menschheit gut aus, die das Gehopse gar nicht gebraucht hätten. Inzwischen lassen wir Areobic allenfalls noch als Low-Impact-Aerobic durchgehen, eine Variante, die auf niemanden mehr Eindruck macht.

Heute geht es entweder knallhart zur Sache mit Bodybuilding und Gewichtheben, oder man übt sich auf die sanfte Tour mit Stretching hinten und Stretching vorn. Die Invasion der Bodysnatcher war harmlos gegen die Diktatur der Bodyshaper. Wer fett ist, stinkt und ist erfolglos. Früher trainierten nur Proleten und trimmten ihre tätowierten Extremitäten.

Jetzt glaubt jeder Banker, es den Prolos gleichtun zu müssen, und eilt in der Mittagspause mal eben rüber ins Reebok-Sportcenter. Jedenfalls wenn er von gestern ist. Gestern: Frühsommer 1995, als Reebok in New York seine Schönheitskathedrale öffnete. Bescheidene 13 000 Quadratmeter, verteilt auf sechs Stockwerke mit 250 Angestellten, 58 Trainern und 14 Diätberatern. Im Simulationscenter spielte man Golf, fuhr Ski und surfte, und vom Trimmrad aus konnte man Verträge abschließen, Fax und Computer waren in Reichweite des ausgestreckten Armes. Reebok – Vergangenheit! Chelsea Piers, die wahre Offenbarung. 50 000 Quadratmeter! 200 Meter lange Golf Driving Range, natürlich überdacht. Schwimmbecken mit sechs Bahnen! Hallen- und Beachvolleyball-Anlage mit 190 Tonnen aufgeschüttetem Sand! Allein der Herz-Kreislauf-Bereich auf 7000 Quadratmetern! Eislaufbahnen, Inline-Skate-Bahnen mit Halfpipe, Sauna, Yogastudios – alles, was das angegriffene Herz begehrt.

Doch auch hier wieder ein kindliches Element: ein Riesenbecken mit Schaumstoffwürfeln, in das man von einem Trampolin hineinspringt. Endlich ein Bällchenbad für die Großen! Chelsea Piers liegt einen Pistolenschuß von der Freiheitsstatue entfernt und predigt die neue amerikanische Philosophie: the science of success. »Das muß sein. Unsere Jugend braucht Idole. Nur so haben wir eine Chance, unsere Kinder von der Straße wegzukriegen«, sagt einer der drei Begründer, Tom Bernstein. Hereinspaziert, arbeitslose Rapper aus Harlem! Für schlappe 1000 Dollar Jahresbeitrag seid ihr dabei. Die Prolls dürfen wieder mittrainieren und sich den ultimativen Waschbrettbauch erarbeiten, Sixpack genannt, statt ihrer alten und genauso schwarzen Nachbarin mit einer einzelnen Bierflasche eins überzubraten. Nur ein paar reiche Beauties übertreiben ihre Trainingssucht wieder. Das ist dann das große ABC des Body-Sculpting: A wie Aerobic, B wie Bulimie und C wie Chelsea Piers.

Chelsea Piers verspricht seinen Besuchern ein Trainingsprogramm, das Konzentration, Durchhaltevermögen, Selbstvertrauen, Motivation und mentale Härte maximiert. Mentale Härte! Das ist das wirklich Neue. Ein militärisches Element (Marines!) wird hier ins Spiel gebracht, absoluter Überlebenswille, der an gigantischen Kletterwänden und im Outdoor-Kajak-Club ideal geschult werden kann. Ami-Schauspieler haben es begriffen. Wer kann sich heute noch erklären, mit welchen Tricks es Humphrey Bogart gelungen ist, Männlichkeit zu simulieren. Bruce Willis, ja, der trainiert Tag und Nacht und bringt eine mentale Härte rüber, die ihresgleichen sucht. Mickey Rourke hat Sparringspartner Carré Otis. Michelle Pfeiffer schuftete mit Startrainerin Kathy Kaehler, bis sie für »Batman« ins Catsuit (altmodisch für »unitard«) paßte. Deutsche Schauspieler nölen ständig herum, daß nur amerikanische Akteure die Chance hätten, sich gleich dreifach zu profilieren als Spieler, Tänzer und Sänger. Trotzdem können sie es einfach nicht lassen, das Stadttheaterpublikum mit Brecht-Song-Abenden zu belästigen.

Die Amerikaner haben sich Chelsea Piers redlich verdient. 200 Millionen von ihnen waren schon vorher Mitglied in Fitneßklubs. Die Megamillionäre, die Chelsea Piers auf die Beine stellten, brauchten sich über Akzeptanz also keine Gedanken zu machen. Hierzulande müssen sich adrette Schlagersänger mit Gerichtsurteilen gegen Etikette wie »sonnenbankgegerbte Sangesschwuchtel« wehren, eine Bezeichnung, die die ganze Häme deutscher Sofakartoffeln verrät.

Aber warum ist es nur die kleine Mehrheit, die sich den Mühen der körperlichen Definition unterzieht? Ganz einfach: Die Anweisungen sind schrecklich kompliziert. »Rückenlage. Gebeugte Beine anheben und kreuzen. Nacken und oberen Teil der Brustwirbelsäule Wirbel für Wirbel vom Boden abheben. Wieder zurück, Kopf jedoch nicht ablegen, sondern eingerollte Position beibehalten. Ellbogen im Wechsel zum gegenüberliegenden Knie bringen.« Das habe ich mir fast gedacht, Hauser, daß diese Bodyfreaks ihren Kopf öfter mal ablegen. Aber vor allem eins enthüllt diese choreographische Gebrauchsanweisung: die absolute Notwendigkeit eines Personal-Trainers. Er muß einem dieses Mantra wieder und wieder aufsagen, damit sich der vor ihm auf dem Boden krümmende Schüler nicht völlig im Dschungel seiner Gliedmaßen verirrt. Vielleicht sind solche verbalen Verwicklungen der Grund dafür, daß bescheidene Sit-ups auch in den Staaten zu den beliebtesten Übungen gehören.

Hauser: Schneebretter vorm Kopf

Snowboarder haben Millionen von Menschen unglücklich gemacht. Nämlich die Skifahrer. Aber den Schneebrettlern geht dieser fact vollkommen am Arsch vorbei, um im Slang zu bleiben. Denn Snowboarder sprechen ein hochmodernes Deutsch-Englisch, ungefähr wie ein Dreijähriger, der zweisprachig aufwächst: »Snowboarding is not about money and a Statussymbol; snowboarding is fun, party and hiphop-hop!« So ist es. Skifahren ist aristokratisch geworden. Ja, Königshäuser fahren Ski, die Schwedinnen Silvia und Victoria genau wie der Spanier Felipe. Prinz Charles wird nie auf einem Snowboard bonken oder rumjibben, er wird sich weiter in seinen Uralt-Overall zwängen, das Tüchlein um den Hals knoten statt um die Stirnfransen, wie es ihm sein Sohn Harry vorexerziert. Harry wird sicher ein

Snowboarder, sobald er sich vom Vater abgenabelt und Althorp dichtgemacht hat.

Skifahren verhält sich zum Snowboarden wie Wandern zu Free Climbing oder Rudern zu Wildwasserkajak. Die frische Luft ist einfach nicht mehr das Entscheidende. Der Skifahrer outet sich als gestrig und großväterlich. Er kann zwar eine Flasche Champagner geräuschlos öffnen, hat aber noch nie direkt aus einer Bierdose getrunken. Frauen sind für ihn Skihasen, für den Snowboarder sind sie Chicks. Der Skifahrer klemmt sich den Liftbügel nur unter die allerneueste Bogner-Kreation, während der Snowboarder immer noch in oversized Klamotten abfährt, weil ihm noch kein neues supergeiles Outfit eingefallen ist. Der Skifahrer freut sich aufs Après-Ski, der Snowboarder kommt schon völlig high auf der Piste an, denn er ist mit dem Swaxbus gekommen, dem Switzerland Action Express. Dort dröhnt die 200-Watt-Stereo-Anlage von Hamburg bis Saas Fee, dazu Snowboardvideos ohne Ende. Snowboarder verletzen sich doppelt so oft am Kopf wie Skifahrer, aber wir Skifahrer wollen einfach nicht glauben, daß dem Snowboarder an dieser Stelle überhaupt etwas weh tun kann.

Beleidigt haben sich viele Skifahrer inzwischen von der Piste abgewandt und schnüren auf der Loipe davon. Sie fühlen sich als Umwelthelden, machen sie doch keine Wiesen mehr kaputt und brauchen keine Skilifte mehr. Doch auch auf den einsamsten Waldwegen holt der Fortschritt die armen Kerle unerbittlich ein, diesmal in Gestalt des Umweltpredigers Horst Stern, der den Langläufer einen »Wildtöter« schimpft. Das tut weh.

Den Snowboarder ficht die message von der protection seines environments überhaupt nicht an. Er halluziniert sowieso die meiste Zeit. »Bei Vollmond flüstert mir der schlafende Berg seine Träume zu. Meine Wünsche: Powder und noch mehr Powder. Weiß. Jungfräulich. Alles meins. Yum, yum, yum. Pow pow.« Er testet seinen 180° Switch Stance Tail Grab und seinen Fs Rodeo 540°, egal wo. Er shreddet dem Sensenmann entgegen in Chile, bonkt vom

Hausdach in Tschechien und nutzt zufrieden den österreichischen Funpark mit Barrel, Quarterpipe, Rails, Slides und Funbox. Er läßt sich beim Heliboarding verzückt in jungfräulich weißen Powder fallen – jeden Tag an einem neuen Run. Für uns rückständige Skifahrer müssen andere die Loipen erst anlegen. In den Augen des Snowboarders gehen wir an Krücken, nicht nur mental, während er frei wie ein Vogel durch die Lüfte schwebt. Wobei er sich immerhin nur halb so oft wie der Skifahrer die Beine bricht.

Snowboarden ist Poesie. »Haschisch kiffen, Raum versiffen, Bärtchen tragen, Gegner schlagen, Goldmedaille falschrum tragen, all das alles find' ich Style, Snowboard-Fahrer sind halt geil!« Wer wollte dem widersprechen. Und so absolvieren sie ihre cliffdrops vom Felsen runter mit der gleichen Seligkeit, mit der ein Surfer ins grüne Zimmer der Welle eindringt. Siegen oder untergehen. Yum, yum, yum. Pow pow.

Kienzle: Funsport – wie immerwährender Orgasmus

Besonders toll ist Rafting natürlich dann, wenn man einen Flußabschnitt entlangpaddelt, wo schon mal Leute abgesoffen sind. Das ist der ultimative Kick. Risikosportler wollen nicht unbedingt verunglücken. Es verdürbe ihnen aber den ganzen Spaß, wenn ihnen vorher jemand sagen würde: »Hier kann Ihnen rein gar nichts passieren. Alles ist hundertfach kontrolliert und TÜV-geprüft.« Natürlich spricht der Veranstalter genau diese Worte. Aber beide, der Sportler und der Veranstalter, wissen: Er lügt. Und so ist es einfach nur albern, wenn verletzte Bungeejumper in der Öffentlichkeit herumnölen, das Seil sei zu lang gewesen, die Personenwaage falsch eingestellt, die Haken nicht ordentlich verschlossen. Ja, das kann doch mal passieren! Und wenn es nicht passieren würde, hätten die anderen nicht halb so viel Spaß. Keine Religion ohne Opfer.

Fun-Faktor und Sonnenschutzfaktor – aus dem Risikosport nicht wegzudenken. Bungee-Jumping, Rafting (klingt einfach besser als Schlauchbootfahren), Eisklettern, Fallschirmspringen, Paragliding, S-Bahn-Surfen und Skateboarden auf der Paßstraße – unerreichter Kitzel, im normalen Alltag schlicht nicht herstellbar. Es heißt, Funsportler führen ein völlig asexuelles Leben außerhalb ihrer Welt der künstlichen Orgasmen. Mag sein. Angstlust ist eine komplexe Angelegenheit. Die klassische, geradezu beliebteste Perversion, meint der schulmäßige Psychoanalytiker. Aber eigentlich nichts, wofür man noch einen Seelenklempner bräuchte. Denn der Kitzel ist längst gesellschaftsfähig geworden. Wer Befriedigung daraus ziehen kann, indem er sich Hunderte von Metern in die Tiefe stürzt, heilt sich praktisch selbst. Er schadet niemandem damit, im Gegenteil, er hilft einer ganzen Industrie (40 Millionen Dollar Jahresumsatz in den Vereinigten Staaten).

Der Angstvolle leidet für alle und weiß nicht einmal, daß er leidet. Obwohl manche Organisatoren ihn über die Natur seines Zustands keine Sekunde im Zweifel lassen. »Spaß ist eine schöne Sache. Leiden kann Spaß machen. Aber Lachen und Leiden bei derselben Veranstaltung – das bringt den meisten Spaß.« Zufälligen Zeugen bleibt die Luft weg. Doch der angstlüsterne Funsportler marschiert sehenden Auges ins Verderben und freut sich.

Wichtigste Voraussetzungen für jeden masochistischen Akt: Alles muß bis ins kleinste Detail geplant sein, und es muß unbedingt Zeugen geben. Ein einsamer Maso ist ein trauriger Maso. Völlig blöde und logisch zugleich ist die Reaktion des Masochisten, wenn er schlimme Sachen sieht. Das Schlauchboot hat ein Loch, beim Skateboard ist ein Rad ab. »Ich bin doch kein Masochist!« sagt dann der Maso.

Das Ritual der Vorbereitung beherrschen die meisten

Veranstalter meisterhaft. Da müssen Formulare ausgefüllt und Verträge unterzeichnet werden. Fesseln und Gurte werden dem kühnen Sportsmann umgeschnallt. Man hüllt ihn in das priesterliche Gewand, den orangen Overall der Rafter, man setzt ihm einen Helm auf. Genauso wichtig das Warten. Ginge es gleich los, wäre es für den Funsportler nur das halbe Vergnügen. Es ist ihm eine Freude, in der Schlange zu stehen und Gleichgesinnte hautnah neben sich zu spüren. Überall Voyeure! Das ist das Beste. Der Risikosportler will sich von ängstlichen Beobachtern bedauert fühlen, aber noch viel mehr will er bewundert werden.

Aber ist er überhaupt ein Sportler? Ein richtiger Sportler trainiert, müht und spezialisiert sich. Der Funsportler, der eigentlich gar keiner ist, will alles, nur keine Mühe. Darum ist es bei Abenteuerreisen, für die er sich einschreibt, so wichtig, daß keinerlei Vorkenntnisse erwartet werden. Deshalb bringen es die Thrill-Freaks bei einem einzigen Fun-Weekend auf mindestens fünf verschiedene Disziplinen.

Welcher Idiot, fragt sich dennoch der neutrale Beobachter, kam auf die Idee mit dem Seilspringen? Eine Frau. Das ist sicher, aber verbürgt ist es nicht. Eine Frau auf Pentecost Island im Südpazifik band sich eine Liane ums Fußgelenk und sprang todesmutig von der Kokospalme. Ihr Mann war hinter ihr her. Weshalb sich die beiden ausgerechnet auf einer Kokospalme in die Wolle kriegten, wir werden es nie erfahren. Vier Mitglieder des Oxford University's Dangerous Sports Club taten es der Dame nach, schirrten sich an und sprangen von der Clifton Bridge in Bristol. Sie trugen angemessene Ritualkleidung: Tuxedos und Zylinder. Jetzt gab es kein Halten mehr. 1987 sprang A. J. Hackett spektakulär vom Eiffelturm, doch im Grunde war Bungee-Jumping schon Massensport geworden: eine Million Hüpfer bis 1992 allein in den USA. Reebok verärgerte die Szene mit einem bösen Werbespot: Der erste Jumper jumpt mit Reebok, der zweite mit einem No-name-Produkt. Der erste wird sanft aufgefangen, die Schuhe des zweiten pendeln leer am Seil ... Pikierte Bungeejumper erreichten die Absetzung des Spots.

Ist es die Sehnsucht nach dem starken Arm des Vaters, der Menschen in lebensgefährliche Situationen treibt? Nach dem Arm, der sie als Kinder in die Luft gewirbelt, aber immer sicher wieder aufgefangen hat? Manche risikosüchtigen Abenteurer sind sauer, wenn des Vaters Arm in Gestalt von Ordnung und Gesetz nach ihnen greift. Im Juli 1997 steckte eine Gruppe von Amateurforschern vermeintlich hilflos in einer Höhle am Königssee fest. 60 Mann machten sich auf zur Notrettung. Es hätte die Retter stutzig machen müssen, daß es sich bei den Abgesoffenen ausnahmslos um Heil- und Sozialpädagogen handelte. Wie nicht anders zu erwarten, schickten die Abenteurer die ersten Rettungstaucher gereizt wieder weg und waren erst nach viel gutem Zureden bereit, sich bergen zu lassen. So hatten sie sich das Ende ihres »Aufbaukurses Erlebnispädagogik« nicht vorgestellt!

Rafting in Bayern! Man sollte es nicht glauben, aber dieser zupackende Menschenschlag weiß, was heikle Risikoholiker wünschen. Da wird ein bißchen geraftet, dann gibt's eine Brotzeit, dann wird wieder geraftet, eine neue Pause mit Jause, dann etwas raften, Pause mit einer Hax'n, und dann endlich! endlich!! im Wildwasser der Höhepunkt mit den Schwallstücken. Sie erinnern sich an »Chinatown«, Hauser, als Nicholson vom Beischlaf der Chinesen erzählt und davon, wie der chinesische Mann sein Vergnügen kunstvoll in die Länge zieht: I screwed a little, dann den Mond ansehen auf der Veranda, zurück zur Frau, screwed a little ... es kommt immer aufs Timing an. Und außerdem: Alle Lust will Ewigkeit.

Bandscheibe:
Links nicht belastbar

Hauser:
Nach langer schwerer Krankheit ist Kienzle im Alter von 60 Jahren und 7 Monaten heute abend, leider – zu mir zurückgekehrt.

Kienzle:
Nicht zu Ihnen, Hauser, zu *Frontal*.

Hauser:
Und – immer noch Probleme mit dem aufrechten Gang?

Kienzle:
Immer noch die alten Probleme mit Ihnen, Hauser. Ansonsten alles im rot-grünen Bereich.

Hauser:
Ich rate Ihnen trotzdem, Kienzle: Die linke Seite nicht einseitig belasten!

Kienzle:
Rechts habe ich keine Nerven mehr, auf die Sie mir gehen könnten, Hauser.

Hauser:
Links nicht belastbar, rechts kein Gespür – also ganz der Alte geblieben.

Kienzle:
Ach, Hauser, nur eins ist schlimmer, als jeden Dienstag neben Ihnen zu sitzen. Nämlich, wehrlos im Bett zu liegen, wenn Sie auf dem Bildschirm erscheinen.

Hauser:
Sie mußten ja unbedingt aller Welt beweisen, daß Sie noch Rückgrat haben. Jetzt sehen Sie: Mit etwas weniger geht's auch.

Kienzle:
Und wie es ganz ohne Rückgrat geht, dafür sind Sie der lebende Beweis. Also nichts Neues, Hauser.

Hauser:
Dochdoch, Kienzle. Hier ist mehr vorgefallen als nur Ihre Bandscheibe. Kohl war länger im Amt als Adenauer, Lafontaine wird Landwirt, Clinton ist nicht geschieden worden, Jelzin hat fünf Bypässe und regiert inzwischen auf der Milz weiter – und das alles ganz ohne Sie, Kienzle.

Kienzle:
Na, dann ist der Fall für mich erledigt!

Hauser:
Quarz, Urin und Krötengift

Hunde, wollt ihr ewig leben? Ja! Ja! Ja! »Mache alles mit«, wie die Avantgarde sagt. Wenn es mir nur das ewige Leben oder jedenfalls einen Schritt dorthin garantiert. Dafür nehme ich alles in Kauf. 140 Jahre kann ich alt werden, wenn ich mir negativ oder positiv ionisierten

Sauerstoff – egal, Hauptsache ionisiert! – reindröhne? Aber hallo, und her mit der Maske. Mal wieder der Fluch des Marxismus: Jener Dr. Dr. Konstantin von Brunowsky, der als erster das Geheimnis des Oxygens lüftete, wurde während der Oktoberrevolution ins Gefängnis gesteckt. Weg war er mitsamt seiner tollen Entdeckung und hatte nicht einmal mehr Gelegenheit, das entsprechende Zubehör zu erfinden. Sonst wäre er heute noch unter uns. Magnetfeldtherapie? Neuraltherapie nach Huneke? Spagyrik? Petechiale Saugmassage? Keine Frage, Kienzle, ich bin dabei. Her mit den fünf Tibetern! Nein, nein, keine Asylanten, sondern eine messerscharfe Yoga-Übung direkt aus dem tibetischen Hochland, die ein langes, gesundes Leben gewährleistet.

Sie müssen von ganz weit weg zu uns kommen, die neuen Methoden, je mystischer, desto besser. Käme Moxa nicht aus China, ich weiß nicht, ob ich mich dann mit den Brandnarben anfreunden könnte. Ja, Moxazigarren brennen und stinken genauso wie die Beifußkegel, die man alternativ zur Zigarre auf die Akupunkturpunkte setzt und erst dann zum nächsten Punkt weiterschiebt, wenn der Patient zu wimmern anfängt. Chinesen freuen sich, wenn es piekst, denn Akupunktur war und ist für sie die einzige Möglichkeit, als Individuum wahrgenommen zu werden.

Betrüblich nur, daß sich sämtliche chinesischen Akupunkturschulen gegenseitig bekriegen und keinerlei Einigung über die richtige Anzahl von Akupunkturpunkten in Sicht ist: Die einen sagen 200, die anderen 533, die nächsten 695, wieder eine andere Schule spricht von 1054 oder mehreren tausend ... Zahl der Meridiane: 12, 12, 28, 30 ... Maximale Zahl der Nadeln in der Haut während einer Sitzung: 16, 25, mehr ... Vielleicht kommt das Kuddelmuddel daher, daß auch Rinder, Pferde und Hunde gepiekt werden können, und gerade auf Rindern ist ja ungleich mehr Platz für Nadeln als auf unsereinem. »Auch bei Tieren ist die Wirkung von Placebos nachgewiesen«, sagen verdrossen westliche Nörgler. Spricht im übrigen mal wieder für die Katzen, daß sie sich offenbar keine Nadeln gefallen lassen.

Ayurveda hat einen so netten Klang, daß sich schon jedes dritte Ganzheit-Schönheit-Revitali-Relaxhotel mit dem Begriff schmückt. Klingt nach indischer Ärztin im Sari mit zarten Händen und rotlackierten Fingernägeln, einer Hotelterrasse mit Pool und edlen Korbmöbeln, beflissenen Dienern unterm Turban. Bingo! In Indien praktizieren 300 000 ayurvedische Ärzte, die an 50 indischen Universitäten unter dem durchaus wohlwollenden Auge der Weltgesundheitsorganisation ausgebildet werden. Ayurveda-Heilmittel sind in Deutschland nicht zu bekommen, doch westliche Pharmakonzerne arbeiten bereits heftig an der Erfassung der Heilpflanzen für ihre Zwecke. Was die Dinge betrifft, die der Mensch sich einverleibt, vertraut Ayurveda ganz auf die Intelligenz des Körpers. Wenn das mal gutgeht.

Alles Lebendige besteht gemäß dieser 3500 Jahre alten Heilkunst aus den Prinzipien Feuer, Wasser, Erde, Luft und Raum und wird von den drei Doshas Vata, Pitta und Kapha gesteuert. Das leuchtet ja alles noch vollkommen ein. Aber, Vorsicht! Die Bundesregierung warnt vor gesundheitlichen Folgeschäden. Maharishi Mahesh Yogi, indischer Guru der Beatles, der die Form des Maharishi Ayur-Veda im Westen etablierte und nichts dagegen hat, mit »Holiness« angesprochen zu werden, propagiert die Transzendentale Meditation. Und seine gut organisierte Bewegung wird seit 1989 als Jugend- und Psychosekte eingestuft. Immerhin gibt der Yogi selbst zu, daß seine Bewußtseinstechnologien für psychisch auffällige Personen nicht wirklich ideal sind.

Andererseits: Welcher psychisch Unauffällige sitzt schon viertelstundenlang in der Ecke, Mantras murmelnd? Nach einer frugalen Initiation mit Blumen, Obst und einem Taschentuch? Dem Absingen einer Sanskrit-Hymne an Brahma? Wenn der Novize dann mürbe meditiert ist, wird er mit einem festgelegten Fragebogen durchgecheckt, ob er seinen Eintauchwinkel schon gefunden hat, und anschließend für die »Weltregierung des Zeitalters der Erleuchtung« rekrutiert. Da haben George, Paul, John und Ringo ja was Schönes angerichtet.

Natürlich lasse ich auch Schulmediziner noch an mich dran, Kienzle. Wenn es mal gar nicht weitergeht. Aber sowie ich das Antibiotikum wieder absetzen darf, renne ich zu meinem Homöopathen und lasse mir was gegen das Gift geben, das die Pharmamultis in meinem Körper hinterlassen haben. Die Homöopathie hat längst den Segen der Moderne erhalten, und die Kosten werden von den Kassen übernommen. Begründer Hahnemann wagte auch ganz persönlich den Sprung in die Neuzeit. Fünf Jahre nach dem Tod seiner ersten Frau (elf Kinder) heiratete er mit 80 Jahren eine 35 Jahre jüngere Französin, die ihn nach Paris lotste, wo er endlich reich und berühmt wurde. Seine Jünger hinken seiner progressiven Lebenseinstellung hinterher. Manche Anweisungen zur homöopathischen Selbstbehandlung lesen sich wie schwülstige Leidensbelletristik: »Zeitlebens hat diese hitzige, schwitzige, geschwätzige Frau vergebens versucht, sich und ihre Umwelt zu beherrschen. Jetzt können ihre deformierten Gelenke das, was sie an sich reißen wollen, nicht mehr halten. Vor allem das linke Knie spannt nachts und gegen Morgen im lähmungsartigen Bein, das wie die Ganzheit ihres Soseins nach frischer Kühle und nach Lachesis D 12 verlangt. Diese Arznei verhindert ihren schwermütigen Gemütsverfall ...« Und so weiter und so fort, und wenn sie nicht gelebt hat, stirbt sie noch heute.

Tatsächlich wird manchem Patienten zu Beginn seiner Homö-Karriere angst und bange. Er kann nicht glauben, daß man Säuren (Benzol, Blausalpeter, Phosphor) homöopathisch genießbar macht, daß pflanzliche Gifte wie Fliegenpilz und Mönchspfeffer (»Ich denke unwillkürlich an das Bild des Abtes, der seinen Mönchen die getrocknete Pflanze auf den heißen Pimmel streute«, sagt Homöopathie-Dichter Norbert Enders) therapiefähig werden. Kreuzspinnen, Wolfsspinnen, Kreuzotter, Tollkirschen und Maulwurfshaare, potenzmäßig eingedampft – das soll helfen? Die Schulmedizin hat inzwischen die Waffen gestreckt. Zwei Drittel der niedergelassenen praktischen Ärzte verschreiben homöopathische Mittel. Wie sagt der Volksmund: »Wer heilt, hat recht.« Und wenn sich das nächste Mal eine Kollegin vor dem Mikrophon mitteilen möchte, aber seelisch blockiert ist, wie es mein homöopathischer Poet beschreibt, dann gebe ich ihr schnell ein paar Globuli Krötengift, damit sie sich nicht »mit einer aus der Genitalsphäre aufsteigenden Lache ihre Bluse zerreißt«.

»Servus, du!« hieß einer der Smash-Hits von Robert Stolz. Mag sein, daß er dieses kleine Meisterwerk seinem Bruder gewidmet hat. Stichwort: autologe Arzneimittel. Gleiches mit Gleichem vergelten. Kot um Kot, Urin um Urin sozusagen, und im Falle von Robert Stolz' Bruder Speichel um Speichel. Der Knabe war an Gelbsucht erkrankt, und eine Hausangestellte brachte ihn taktisch zum Lachen, um ihm dann wohlgezielt in den offenen Mund zu spucken. Pfui Deibel. Zur Immunisierung, die Großmütter noch Abhärtung nannten, angeblich ein probates Mittel. Oder man denke an Carmen Thomas' unermüdlichen Einsatz für den Eigenharn, trinken, einreiben, was immer Sie wollen. Dieses Hausmittelchen wird von den fernen Chinesen eher entlarvt als gepriesen: Das »Schulfieber«, das Kinder dort vom Unterricht fernhält, versucht man mit dem Genuß des Urins der Schulkameraden zu heilen. Erfolgreich, schätze ich, aber ziemlich chinesisch in seiner souveränen Mißachtung jeder Menschenwürde. Die Kassen zahlen nicht, wie bei den meisten Methoden, die gegen den kulturellen Konsens verstoßen. Heilpraktiker nehmen 25 Mark pro Behandlung. Wofür? Stellen sie den Plastikbecher?

An einem sonnigen, wolkenlosen Tag werden vor neun Uhr die voll aufgeblühten Blüten gepflückt und in eine Schale mit Quellwasser gelegt. Wenn die Blüten zu welken beginnen, werden sie mit einem Zweig derselben Pflanze aus der Schale herausgefischt und dann verarbeitet. Was ist das? Kitakinder bei der Parfümherstellung? Nein, das ist die ganz normale Bachblütenproduktion, nur echt mit walisischen Blüten. Ganz helle Köpfe lassen sich die Essenzen aus England mitbringen, weil sie dort nur halb so teuer sind wie bei uns. Aber vertrauen ganz helle Köpfe der Idee eines englischen Bakteriologen, Edward Bach, der seine Blüten Mißhandelten und Vergewaltigten mit der Begründung andienen wollte, »derartige Ereignisse können durch unbewußte Programmierungen aus der astralen Ebene herangezogen werden«?

Unbestimmte Gefahren werden heiß gehandelt in der alternativen Medizin. Kaum ein Internetsurfer, der vor seinem Computer nicht brav einen Rosenquarz liegen hätte. Von wem war der Tip gleich noch mal, von Hildegard von Bingen oder den amerikanischen Schamanen? Da dreh' ich die Hand nicht um. Hauptsache, mein Türkis schützt mich vor »ungebetenem Besuch aus fremden geistigen Welten, vor Verwünschungen, Flüchen, dunkler Magie«, kurz, vor Kienzle. Und eine wirklich gute Nachricht: Die Primitivkulturen holen auf! Teebaumöl aus Australien ist derzeit der unschlagbare Renner. Teebaumöl hilft gegen Akne, Abszesse, Allergien, Aphthen (zu deutsch Mundfäule), Arthritis und Asthma, und das ist erst der Anfang.

Wollten Sie was sagen, Kienzle? Vielleicht probieren Sie doch ein paar Kügelchen. Damit nicht eine aus der Genitalsphäre aufsteigende Lache Ihr Hemd zerreißt.

Falsch Entbunden

Cartoon: Rolf Kutschera

Kienzle: Geliebte oder One-night-Stand?

In der SPD heiraten sie ihre One-night-Stands immer gleich. Das macht die Definition etwas kompliziert. Auf den Status der Geliebten lassen sich Damen, die Genossen genossen haben, nicht ein. Entweder – oder! Darauf ist der Genosse mächtig stolz, denn es muß für sie ja genauso schön gewesen sein wie für ihn, wenn sie so gar keine Ruhe gibt.

Manchem Sozialdemokraten alter Schule wäre eine Geliebte viel zu diffizil. Sein eingleisiges Denken gestattet ihm nur eine Frau zur selben Zeit. Nicht aus Mut und Ehrlichkeit beichtet er seiner Gattin jeden Seitensprung, sondern in der Hoffnung, daß sie ihn auf der Stelle rausschmeißt und ihm damit die lästige Trennungsarbeit abnimmt. Der Sozi denkt mit dem Bauch oder jedenfalls mit dem Unterleib, und der denkt eher schlicht. Alles oder nichts ist seine Devise genau wie die seiner Frau. Seine Ex-Affäre will er als Gattin zu jeder Landesvertretung mitschleppen können, weil er seine Hormone nicht unter Kontrolle hat.

Willy Brandt soll ja angeblich von anderem Kaliber gewesen sein. Geradezu gutsherrlich in der Art, wie er die Frauen zu sich kommen ließ. Kein One-night-Stand, der ihn die Nerven hätte verlieren lassen. War ja auch die Zeit vor Aids. Und für ganz, ganz viele Damen war es genauso schön wie für ihn. Brandt war Demokrat genug, das zuzulassen. Heute ist diese Art Triebverhalten eigentlich nur noch bei Schauspielern zu beobachten, die das ihrem Ruf und ihrem Beruf schuldig sind. Das geht dann schneller als das Brezelbacken. Warren Beatty oder Michael Douglas machen gerade mal den Reißverschluß auf – und zack, schon fertig und weg. Thanx, ma'm! Eigentlich gar kein One-night-Stand, sondern, wenn's hochkommt, ein Threeminutes-Stand. Völlig hip: Sexsucht. Was ihre öffentliche

Therapierung betrifft, sind wir hier noch nicht ganz so weit wie die Amerikaner.

Die Kunst, eine Geliebte zu halten, ist eine aussterbende. Welche Logistik steckt dahinter! Zwei Kalender, zwei völlig unterschiedliche Persönlichkeiten müssen ständig auseinandergehalten werden. Allein deshalb sind viele ein Leben lang auf den gleichen Typ fixiert. Gut, daß der Konservative im Bett immer auf dieselbe Tour glücklich macht und wird, so kann er sich nicht vertun. Kein Grübeln: Von vorne ? Von hinten? Kreuzweise? Er muß sich auch so jede Menge merken: zwei Geburtstage und zwei Hochzeitstage, einen echten und ein Äquivalent, Blumen und Pralinés muß er verschicken. Ja, doch, von Männern, die sich für diese Regelung ihres Sexuallebens entschieden haben – Konfekt statt Kondome –, wird eine perfekte Infrastruktur erwartet. Es ist absolut primitiv, die Sekretärin zur Geliebten zu machen, bloß weil sie eh immer da ist. Zu faul zum Aufreißen, der Chef!

Mitterrand war ein Mann von Niveau. Natürlich hatte er eine Frau erobert, die dann seine Geliebte wurde und sogar ein Kind von ihm bekam. Welcher Segen für den französischen Buchmarkt! Kaum war der Sarg – hinter dem Frau und Geliebte hertrabten – mit dem illegitimen Papi unter der Erde, schrieb das Töchterlein ein Buch und gab große Interviews, für die sie cool alle Bedingungen diktierte. Für die Öffentlichkeit ist so was immer amüsant. Giorgio Strehler hinterließ zwar wenig Geld, dafür aber zwei Witwen, die sich zur Freude der Italiener fetzen wie Schlammcatcherinnen.

Bill Clinton leistete sich die klassische Geliebte, bevor er Präsident wurde. Hillary paukte ihn raus, aber Bill war gewarnt. Wann immer ihn im Weißen Haus eine Frau sexuell belästigte, bettelte der Präsident: keine Penetration! Bitte, bitte, keine Penetration! So, wie er sich früher eingeschärft hatte: nicht inhalieren, Bill, bloß nicht inhalieren!! Und Lewinsky ging vor Mitleid in die Knie. Schade, daß Ernest Bornemann nicht mehr unter uns ist. Was wären das für Theorien geworden, ob eine herzhafte Fellatio nun Geschlechtsverkehr ist oder nicht. So bleibt die Bewertung amerikanischen Richtern ohne entsprechende Spezialausbildung überlassen, und niemand kann etwas daraus lernen. Sexwut, meint Max Lüscher, will den Partner fertigmachen und habe wie jedes andere Selbstbestätigungsritual ihre Ursache in der Angst. Wie das Essen. Clinton und Kohl sollen in einem schicken Washingtoner Restaurant einmal den kompletten Servierwagen mit den Desserts weggeputzt haben. Wer weiß, was sie sonst noch gemeinsam haben! In einer Republik, in der die ehrbare und darob völlig schockierte Birgit Schrowange immer wieder von Wirtschaftsbossen angerufen wird, ob sie nicht ihre Geliebte werden wolle, muß man mit allem rechnen.

Hauser: Die Blusen der Blöden

Als die Kleindarstellerin Jenny Elvers einmal 20 Kilo abgespeckt hatte, wußte Heiner Lauterbach vorübergehend nicht mehr, wohin mit den Händen. Das pralle Leben hatte er sonst in ihnen verstecken können und derweil mit dem Fotografen, der die beiden Glücksfälle ablichtete, mental innigeren Kontakt gehabt als mit der Blondine vor sich. Waren so kleine Brüstchen nur ... Jenny suchte sich darauf einen Jüngeren, der modern genug war, auch zarten Brüsten Großes abzugewinnen, doch Macho Heiner konnte das so nicht hinnehmen. Einen Heiner verläßt man nicht, allenfalls für die gleiche Sorte Macho (Katja ging zu Eichinger). Es folgte die Versöhnung. Vielleicht legt sich Jenny jetzt unters Messer und läßt sich Silikon implantieren? Geschichten, von Brüsten geschrieben.

In Wahrheit zählen nur die inneren Werte. Ist Silikon drin oder nicht? Ein deutscher Schönheitschirurg hat neulich verraten – war es bei »Liebe Sünde«, »Wahre Liebe«, »RTL2 – Die Redaktion« oder bei »Peep«? Egal! –, wie man als einfacher Mann ohne jede Zusatzausbildung das Silikonpolster aufstöbern kann: Einfach vorne auf die Brust draufdrücken (Rudi Carrells berühmter »Tuut-tuut«-Test), und wenn es sich dann an den Seiten rundherum aufwellt, ist das Ding nicht echt. Allerdings: Wer will es schon wirklich so genau wissen! Von den meisten Betroffenen spricht es sich sowieso schnell herum, weil sie es jedem erzählen. Demi Moore, Melanie Griffith – sie alle haben ihre Brust für die lieben Machos daheim aufblasen lassen.

Je kleiner das Ego eines Mannes, desto größer müssen *ihre* Brüste sein. Pardon, liebe Leserinnen, aber reicht das Wort Brust wirklich aus, die beiden Fußbälle, die Lollo Ferrari mit sich herumträgt, zu beschreiben? Für so was mußte man früher Eintritt zahlen.

Heute reicht es aus, um Karriere zu machen. Thomas Gottschalk lud sich in seine Late-Night-Show »Tittenschlampen« ein, Harald Schmidt schwor, so tief werde er niemals sinken. Nein, er macht sie gleich zu seinen Assistentinnen. Brustoperation Voraussetzung. Pam-Kopie Nr. 1 hat inzwischen schon ihre eigene Sendung, um ihre Nachfolge streiten zwei Super-Ischen, die natürlich superschwierige Intelligenzprüfungen bestehen müssen. (»Wolf, Ziege und Kohlkopf müssen auf die andere Flußseite.« Beide Ischen scheiterten glanzvoll.) Die echte Pam indessen verdient an ihren ehelichen Beischlafszenen im Internet mit, nachdem sie den Gebrauch des Videos nicht verhindern konnte. Wird behauptet. Vielleicht wollte sie aber von Anfang an ihre Portokasse aufbessern, für die Zeiten, in denen sie ihren Mann mal wieder in den Knast schickt.

In den Staaten lassen fast alle Mädels nachbessern. Sogar die aparte Mariel Hemingway wußte, was Opa Ernest gerne gesehen hätte, und trug ihre erste Gage aus einem Film von Woody Allen (wenig brustinteressiert) zum Chirurgen. Auch Brigitte Nielsen würde es jederzeit wieder machen lassen. Obwohl sie Vielfliegerin ist. Krebsgefahr? Na und. Aber wenn im Flieger die Dinger dem Nachbarn um die Ohren fliegen – eher peinlich. Plötzlich erscheinen sie in ganz anderem Licht, die Liebhaber der Stewardessen! Was so viele Flüge ausgehalten hat, muß einfach echt sein. Schlauer Sozialist Papandreou! Die dralle Mimi, alles echt, und schon von gar vielen Piloten der griechischen Luftlinie getestet. Solche qualifizierten Vorkoster können Hinz und Kunz natürlich nicht für sich in Anspruch nehmen. Papandreou war zuvor jahrzehntelang mit einer Lady verheiratet, normbrüstig, nehmen wir an, bis ihn das volle Dekolleté von Mimi in seinen Bann schlug. Typisch alternder Linker? Deutschland, bleiche Mutter! »Laß sie nicht raus!« wimmerte Walter Matthau, als sich die Bikinischönheit in »Keiner killt so schlecht wie ich« zu ihm hinunterbeugte und die Wogen beinahe über ihm zusammenschlugen.

Brandt nahm alles mit, Schröder heiratet immer gleich, Kohl bleibt sich selbst treu. Vorlieben? Immer wieder versuchen Verhaltensforscher, wenigstens den sexuellen Angewohnheiten der Wähler auf die Schliche zu kommen. Vergeblich. Die CDU-Wähler tun es ein- bis zweimal die Woche (»Nur nicht übertreiben!«), die SPD-Wähler ein- bis zweimal die Woche (»Wir tun's dauernd!«), die Grünen ein- bis zweimal die Woche (»Ist doch normal!«), die FDP-Anhänger ein- bis zweimal die Woche (»Das geht Sie nichts an!«). Vielfalt der Parteienlandschaft. Und immer sind die von der anderen Partei die schlimmeren Machos. Von den speziellen Brustgrößen-Vorlieben deutscher Politikerinnen wissen wir fast nichts. Sie färben zwar alle ihre Haare, von der roten Heidi bis zur schwarzen Rita, aber diese ewigen Rüschenblusen decken den Rest gnädig ab. Offenherzig wie ein Nürnberger Callgirl inkognito beim ländlichen Feuerwehrball zeigte sich bisher lediglich Renate Schmidt.

Kienzle: Verona statt Claudia!

Danke, Verona! Sie haben uns die Augen geöffnet für das wahre Wesen von Barbie, Barbies Anstand, Fleiß, ihre Kompromißlosigkeit und vor allem ihre Intelligenz in allen materiellen Fragen. Hörten wir da »material girl«? Wie naiv. Material girl war gestern. Madonna hat ein Kind, nachdem sie ungefähr zehn Monate lang im neunten Monat schwanger gewesen war. Der Muttertrieb hatte wieder eine rekrutiert.

Mattel dagegen hatte schon frühzeitig klug entschieden, daß Barbie keinesfalls ein eigenes Baby haben dürfe. Allenfalls was Geschwisterliches zum Babysitten. Schwangerschaft, so Mattel Inc., domestiziert die Frau, und das wollen wir doch unserer Barbie nicht antun! So hüllt sich Madonna in ihr Muttertum wie früher in teuerste Seide oder teuerste Gaultier-Fummel. Würde übrigens Barbie ihrem Dauerfreund Ken zuliebe jemals auf dem Laufsteg ihre Brüste offenlegen, bloß weil der sie am Abend zuvor nicht von der Bettkante, sondern über die ... Verzeihung! Weil er ein bißchen nett zu ihr war?

Barbie ist unbestechlich, schenkt jedem X-Beliebigen ein freundliches Lächeln, doch bevor es zu mehr kommt, verliert sie lieber ihr Designerhandtäschchen als den Verstand. Wie Sie, Verona! Was haben sich die Feministinnen an Barbie gerieben. Die Figur so toll, die Haare so füllig, die Lippen so lockend – Gott, wie deprimierend! Dann hat noch jemand festgestellt, bis in die 70er Jahre habe die gute Barbie einen Augenausdruck gehabt wie ein herkömmliches Aktmodell, und schon galt die Frauenfeindlichkeit als bewiesen. Achten Männer beim Betrachten von Bildern nackter Mädels immer zuerst auf den Augenaufschlag? Danke, Barbie. Schon wieder was gelernt.

Verona, die Vielgeschmähte. Hat sie sich jemals von

einem Mann erniedrigen lassen? Wir wissen es nicht und antworten deshalb mit einem klaren »Nein«. Sie hat es jedenfalls mit bewundernswerter Deutlichkeit abgelehnt, sich im eher abseits gelegenen Hamburger Häuschen eines Multimillionärs an dessen Herd zu stellen. »Tach, Verona, koch doch schon ma!« – »Nö, nö, nö!« Sie hatte ja so recht. Wie Barbie ist Verona allenfalls bereit, das Schürzchentragen ins Vorspiel einzubauen. Weshalb sollte Barbie-Verona für Dieter Bohlen am Herd Buletten braten. Nach dem ganzen Streß mit der Ausbildung. Bewährt als Tierärztin, Astronautin, Aerobiclehrerin, Cowgirl und natürlich Präsidentschaftskandidatin. Abhängig von einem Mann?! Im Leben nicht. Aber das Bankkonto trotzdem immer prall gefüllt.

Gerade erst hat Barbie eine kleinere Nase bekommen. Und wie Verona macht sie daraus überhaupt kein Geheimnis. Claudia Schiffer wurde schon seitenweise in »Vogue« als Barbiegirl abfotografiert. Was für ein Flop! An einer fehlenden Operation lag es natürlich nicht, aber im Gegensatz zu Verona geht Fräulein Schiffer jede Selbstironie völlig ab. Verona tanzt auf Fußballgalas neben Dirk Bach im Fußballerdress umher und sieht perfekt aus wie Sportbarbie Nr. 38. Die Hersteller von Barbie legen übrigens Wert darauf, daß Barbie uns neben vielen anderen vor allem folgende Botschaft ans Herz legt: Die Familie ist maßgebend!

Alternative Lebenskonzepte sind akzeptabel! Monogamie kann funktionieren! Behinderung und Dysfunktion gehören zum Leben! Nur die letzte Botschaft ist verwirrend. Vielleicht ist damit gemeint, daß Barbie auf der Stelle nach vorne kippen würde, berechnete man ihre Traummaße in reelle Maße um.

Barbie und Verona haben offensichtlicher als jede andere Frau mit Sex zu tun, sprechen darüber auch gerne stundenlang mit Fremden in aller Ausführlichkeit und bleiben dennoch völlig aseptisch. Ganz klammheimlich hat Verona die Parallelität zu ihrem Alter ego schon auf die Spitze getrieben. Die angestrengte Piepsstimme – »Welcome to the Barbie website!« (http://www.barbie.com) – eindeutig Verona! Danke, Verona. Mattels Anspruch, eine bodenständige Puppe für alle Klassen geschaffen zu haben, verstanden wir erst dank Ihres unermüdlichen Einsatzes. Und danke: ein bißchen auch an Dieter Bohlen, der zumindest für eine Weile der Ken an ihrer Seite war.

Hauser: Dünnsein ist politisch unkorrekt

Die schönsten Frauen der Welt! Die Musen der Couturiers! Die Inspiration aller Fashion-Designer! Models – unnötig wie ein Kropf. Geschöpfe, faul wie die Sünde und dumm wie die Nacht. Aus dem Business nicht mehr wegzudenken. Vor ein paar Jahren probte eine Handvoll Designer den Aufstand und tönte, man wolle für diese Kleiderständer keine müde Mark mehr ausgeben, statt zickiger Supermodels nur noch unbekannte Schönheiten für einen Bruchteil des Honorars laufen lassen. Aber in der nächsten Saison waren alle wieder da. Claudia, Linda, Naomi, Nadja, Cindy – es geht nicht ohne. Seit sie den Hollywoodschauspielerinnen an Publicity den Rang abgelaufen haben, verkauft sich Mode nur noch über sie.

Und wenn sie dann das Maul aufmachen, kommen nur Klagen heraus. Jeden Tag früh aufstehen! Immer auf die Linie achten! Immer machen, was der Chef sagt! Ein freundliches Gesicht machen, diszipliniert und pünktlich sein! Mädels, das ist doch normal. Das muß jede Aldi-Kassiererin auch. Sie ist vermutlich nur nicht so hübsch, nölt aber auch nicht so blöd rum. Pro Tag kassiert sie sogar noch mehr als ein Supermodel, aber es landet leider nicht auf ihrem Konto. Cindy, Naomi und Co. sollten sich zusammenreißen. Millionen von Frauen eifern ihnen nach, denn sie haben das Frausein zur Vollendung gebracht. Machen sich ein bißchen nett zurecht und kriegen dafür Kohle ohne Ende.

Ein Leben wie eine Seifenoper. Irgendwann fliegen sie zwar aus Altersgründen aus sämtlichen Shows raus, doch dann eröffnen sie irgendwo in der Welt ein Fashion-Café oder machen einen Magier kirre, die temperamentvolleren unter ihnen lieben Rockmusiker, und weiter geht's. Schnell noch ein Fitneßvideo abgedreht (Schiffer, MacPherson, Crawford), und die Kasse klingelt wieder. Moment! Wieso schnell? Nur keine Hektik. Videos zum Nachturnen gibt es auch von Zsa Zsa Gabor und Golden Girl Estelle Getty. Leider keins von Inge Meysel. Das beweist wieder einmal die deutsche Rückständigkeit. Wobei das Schlampenimage der Beliebtheit keinerlei Abbruch tut. Naomi Campbell zeigt sich alle drei Wochen mit einem neuen Lover oben ohne auf irgendeiner Yacht, Cindy Crawford hat schon wieder geheiratet, Auermann und MacPherson kriegen Kinder, ohne verheiratet zu sein, Helena Christensen hebt gern einen und ist dabei nur selten allein. Einziger Fels in der Brandung moralischer Verworfenheit: Claudia Schiffer. Prompt mußte sie sich von Oliviero Toscani, dem Benetton-Knipser, als »arische Perfektion« veräppeln lassen.

Erst in den letzten Tagen zieht Sturm auf, bläst kalter Wind den Models ins Gesicht. Die Bulimiekranken und Magersüchtigen haben das superdünne Model als ihr Feindbild entdeckt. Die schwedische Kette H&M tauschte in Schweden ein dürres Dessous-Mannequin gegen die füllige Sophie Dahl von der ausgefallenen Model-Agentur Storm aus, als Kronprinzessin Viktorias Problem bekannt wurde. Der Quelle-Versand und Karl Lagerfeld mußten den Kopf einziehen, weil ein besonders bleiches und knochiges Model aus Australien die neue Bademode vorgestellt hatte. Quelle sagte lahm, in Australien gehe eben kein Mensch mehr in die Sonne. Doch empörte Kundinnen stürzten ans Telefon, kaum hatten sie den Finger aus dem Hals gezogen.

Großartig! So kriegen wir sie doch dran im nächsten

Jahrtausend. Dünnsein ist politisch unkorrekt! Und wer abgemagerte Models nachmacht oder in Umlauf bringt, wird mit Psychotherapie nicht unter fünf Jahren bestraft.

Kienzle: Mann kriegt endlich sein Fett ab

So richtig hemmungslos fett sein konnte am Ende nur noch ein pädophiler Österreicher, der von seinen liederlichen Trieben vorangepeitscht wurde, einmal die Talk-Show-Karriere rauf und wieder runter. Der dynamische Businessmann schnallt den Gürtel freudig enger. »Wo bleibt der Nachtisch!« ruft er aufgekratzt. »Ich will ihn unbedingt stehenlassen!« Wer frißt, läßt sich gehen. Die meisten Männer essen für ihr Leben gern, aber es soll ihnen hinterher bloß keiner anmerken. Nur Hermes Phettberg frißt, stinkt und sabbert zierlichen Knäblein hinterher. So gewalttätig er sich in seinen Fesselungs- und Peitschgelüsten auslebt, so wenig käme er doch auf die Idee, einen weißgekleideten älteren Herrn mit zerstörerischer Kanüle an seine unglaublichen Leibespolster zu lassen. Phettbergs Locken sind Natur. Phantasielose Parvenüs finden nichts dabei, sich beim Unisex-Friseur die Haare in aller Öffentlichkeit eindrehen zu lassen, bei einer Tasse Kaffee vielleicht, sehr intim, und vor interessierten Mitkunden über ihren jüngsten Haarausfall zu plaudern. Schamlos! Schamloser jedenfalls als der gute Phettberg, der sich auch gern mal öffentlich Ketten anlegen läßt.

Den Todesmut des Karrieristen darf man natürlich nicht verkennen. Denn gnadenlos groß ist die Angst der Männer vor dem Schmerz. Um die Untersuchungen zur Krebsvorsorge schlagen sie die größten Bogen. Doch größer ist inzwischen die Angst, als häßlich und fett stigmatisiert zu sein. Da legen sie sich wie die Lämmer auf die Schlachtbank, doch im Gegensatz zum lieben Vieh wissen sie genau, was auf sie zukommt. Schnarchend kippt der Kopf zur Seite, während der Schlächter in Weiß dem Absäugling schonungslos unter die Haut fährt, Muskeln, Fett und Sehnen ohne Unterschied zertrümmert und gerade so gründlich wie Harald Schmidts zierlicher Tischstaubsauger alles hinwegschnorchelt. Welche Qualen! Der Mann ist selig. Ein Schmerzensmann. Jetzt darf ihm die Gesellschaft wirklich nichts schuldig bleiben. Lustvoll will er seine Wunden lecken, doch der kasteite Körper verweigert auch die kleinste Bewegung. Die Zunge bleibt tatenlos im Raum hängen.

Die Frauen freuen sich klammheimlich. Hat der große Kleinmachwahn endlich auch die Kerle erwischt. Die Frankfurter Kosmetikerin Ute Naffin amüsiert sich: Früher schlichen sich Männer über die Fußpflege bei ihr ein, heute marschieren sie hocherhobenen Embonpoints durchs Hauptportal. Die Gehirnwäsche hat funktioniert. Das Rudel will hübsche, junge, fitte Kerle an der Spitze, und es kriegt sie. Nur wenige Vorgestrige behaupten noch, sie hätten eine Virusinfektion am Auge gehabt, und der sei das Schlupflid unversehens zum Opfer gefallen. Die meisten sind freimütige Bekenner. Dafür sorgen schon die ganz normale männliche Hypochondrie und der Small talk der Operateure, die der faszinierten Menschheit gern verraten, daß bereits 40 Prozent aller Operierten zum männlichen Geschlecht gehören.

Spätestens nach der Lektüre von »Men's Health« überrascht das keinen mehr. Putzige Illustrationen von der Verlängerung des guten alten Penis! Der danach manchmal noch kürzer wird, wenn es dumm läuft. Das Zauberwort heißt »tieferlegen«. Innen werden ein paar Bänder gekappt, und schon ist das Teil zwei bis fünf Zentimeter länger, allerdings nur im schlaffen Zustand. Die Erektion schluckt dann wieder fünfzig Prozent. Jeden zweiten Zahnarzttermin lassen Männer von ihren Frauen absagen, aber so eine richtig teure Operation – die muß es doch bringen! Schmerzen, die mit Vernunft zu tun haben, finden Männer eher uninteressant. Sobald der junge BWL-Student aber von seinem Kommilitonen darauf angesprochen wird, ob er wirklich glaube, mit einem so lächerlich fliehenden Kinn in die Chefetage zu gelangen, rast er unters Messer. Übrigens: Eigenfettimplantate ersetzen Silikonpolster. Und: Mickey Rourke hat auch eins in der Backe.

Ein Mann von Charakter ist einzig Horst Tappert. Die vielbelachten Tränensäcke seien genetisch bedingt, ließ er an seinem 75. Geburtstag ausrichten, und seine Riesenaugen verdanke er nachlassendem Bindegewebe. Drolliger Fauxpas der Natur! Kennen wir doch schon von Karl Dall. Tappert ungerührt: »So sahen auch mein Vater, Friedrich der Große und Goethe aus.« Na dann! Man stelle sich Goethe vor, wie er auf dem berühmten Aquarell von Tischbein aus dem Fenster hängt: Hätte ihn ein Shapewear-Slip aus Mikrofaser in den einschlägigen Vierteln von Rom und Palermo weiter gebracht als dieser hausbackene Hintern mit klitzekleiner Tendenz zum Hängepo? Vielleicht hätte dann die »Italienische Reise« ganz neu geschrieben werden müssen. So aber galt sein verträumter Blick nur den Knäblein aus Marmor.

Viagra: Die Welt als Pille und Vorstellung

Hauser:

Noch Fragen, Kienzle?

Kienzle:

Ja, Hauser, Viagra – Fluch oder Segen?

Hauser:

Kommt ganz drauf an, was man damit macht.

Kienzle:
Wieso – kann man auch noch was anderes damit machen?

Hauser:
Ja, zum Beispiel Landtagswahlkämpfe. Ich bin sicher, der Populist Schröder verspricht den Wählern bald Viagra als Wundermittel für den ganz großen Aufschwung.

Kienzle:
Das macht Sinn, Hauser, mit Viagra kriegt man alles hoch, auch eine Volkswirtschaft nach 16 Jahren Helmut Kohl.

Hauser:
Ein typisches SPD-Rezept, Kienzle: Statt die Ärmel hochzukrempeln lieber die Hosen runterlassen.

Kienzle:
Sie haben mal wieder nichts kapiert, Hauser. Ich rede von einer Viagra-Steuer.

Hauser:
Was, Kienzle, eine Steuer für eine Potenzpille?

Kienzle:
Stellen Sie sich mal vor, Hauser, man würde Viagra besteuern wie Benzin. Kohls Milliardenloch wäre im Handumdrehen gestopft.

Hauser:
Mit einer Erektionssteuer? Kienzle, das traut sich nicht mal die SPD.

Kienzle:
Eine Verkehrsabgabe, Hauser, sozusagen ein Stabilitäts-Zuschlag.

Hauser:
Sie wollen also Millionen Männer, die unter Impotenz leiden, auch noch zur Kasse bitten.

Kienzle:
Die wären bestimmt sofort bereit, auf so angenehme Weise unser Staatsdefizit zu – decken.

Hauser:
Die Frauen werden sich bedanken.

Kienzle:
Und auf den Viagra-Päckchen stünde der Hinweis: Der Finanzminister warnt: Weniger als zweimal pro Woche schadet dem Aufschwung.

Hauser:
Wo eine Pille ist, ist auch ein Weg.

Kienzle:
Na, dann ist der Fall für mich erledigt!

Kienzle:
Millennium Kondom

Was haben Männer und Frauen verhütungsmäßig nicht schon alles zusammen erlebt. Vom klassischen Coitus interruptus bis zum Keuschheitsgürtel (hilft nur gegen Außenstehende), der Knaus-Ogino-Methode bis zur Einnahme diverser Kräuter, eine Methode mit leichtem Hexentouch. Wie soll es weitergehen? Neue Praktiken sind frisch auf dem Markt. Und was entdecken wir: vor allem Weiterentwicklungen von Knaus-Ogino. Komplizierter, aber auch sicherer.

Doch wer von Tuten und Blasen keine Ahnung hat, der wird mit der neuesten Methode nicht zurechtkommen. Er wird aber vermutlich auch selten in die Verlegenheit geraten, verhüten zu müssen. Pusten statt Pille, freute sich die »Münchner Abendzeitung«. Täglich haucht die Frau in ein Röhrchen, das den Kohlendioxidgehalt ihres Atems mißt. Da bleibt kein Eisprung unbemerkt. Keine Nebenwirkung! Keine Buchführung nötig. Etwas für die schlichteren Gemüter.

Für Intelligenzbestien (Gibt es die? Wir sprechen hier ausschließlich über Frauen ...) paßt auch der Minicomputer. Der Ladycomp liegt genauso angenehm in der Hand wie der Ladyshave, sagt man. Er mißt Fieber, und die sowohl intelligente wie körperbesessene Frau kann zusätzlich noch ihre Zervixschleimdaten und die Ergebnisse der Hormon-Teststäbchen eingeben. Der naturwissenschaftlich interessierte Liebhaber wird begeistert sein, die Daten mit ihr gemeinsam ermitteln und ins Vorspiel einbauen. Das Gerät ist etwas teuer, 200 bis fast 1000 Mark, aber wahnsinnig modern. Das aktuellste Silikonscheidendiaphragma kann ebenfalls spielerisch von beiden installiert werden, doch wenn es dann acht Stunden später ans Auswaschen geht, ist Mann schon über alle Berge. Unbedingt ein Plus!

Die strahlendste Verhütungsperspektive auch für das nächste Jahrtausend: Auf die Pharmaindustrie können wir Männer uns hundertprozentig weiter verlassen. Seit Jahrzehnten wird die Pille für den Mann angekündigt (»Noch fünf Jahre«, heißt es jährlich), aber passieren wird gar nichts. Verhütung bleibt Frauensache. Wer hat eigentlich im Ernst was gegen die Pille einzuwenden? Die Nebenwirkungen treffen doch nur Frauen. Herrliches Ritual beim Frühstück, wenn wir ihr liebevoll das Dragee einflößen. Vertrauen ist gut, Kontrolle ist besser. Die Chinesen verhüten übrigens mit dem Elektroschocker. Der wird eine Stunde lang im Slip getragen, sendet Mini-Stromstöße aus und soll für vier Wochen unfruchtbar machen. Klingt ganz so, als sei er nur für Akupunktur-Gewöhnte tragbar.

Doch die beste Nachricht kommt erst noch: Kondome stinken nicht mehr! Für den One-night-Stand immer noch das Non-plus-Uterus. Das traditionelle Latex wurde durch Polyurethan ersetzt, die Lümmeltüten sind außerdem dünner. Huren mit Latexallergien können erleichtert auf die Matratze zurückkehren. Welcome back! Anschließend Entsorgung des Dings im gelben Sack. Es wird sich dort wie zu Hause fühlen.

HAUSER: EHE, WEM EHE GEBÜHRT

Schwule Ehen – warum nicht? Soll Hape Kerkeling ruhig Hella von Sinnen heiraten, ist mir doch piepe. Was? Was sagen Sie da, Kienzle? Die Sinnen will Fräulein Scheel heiraten? Also das muß ich mir erst noch mal überlegen.

Eigentlich bin ich dagegen. Wo soll das denn hinführen! Wer kriegt denn dann die Kinder? Ja, gut, zugegeben, normale Paare kriegen auch keine mehr. Aber daß Schwule aus der Unlust ihrer verschiedengeschlechtlichen Mitmenschen folgern, sie müßten nun die Flaute in Standesämtern und Kirchen beenden – das geht wirklich zu weit. Und keß werden sie auch noch. »Über das Entstehen der Heterosexualität«, sagen sie, »liegt bisher keine Theorie oder Ursachenforschung vor.« Die wollen uns doch auf den Arm nehmen! Wieso muß das Gottgewollte erforscht werden? Es ist auch kein Gegenbeweis, daß mehr als ein Viertel aller Priester schwul ist. Einfach schrecklich. Kaum sind sie geoutet, belästigen sie ihre Umgebung mit Identitätsproblemen und grübeln öffentlich darüber nach, ob sie nun aus der Kirche austreten müßten. Sie müssen es nicht. »Ich bin ja nicht in den Orden eingetreten, um Männer kennenzulernen«, rechtfertigt sich ein Dominikanermönch. Arbeitsplatzwahl nach sexuellen Vorlieben! Allein schon die Idee. Sind Sie, Kienzle, vielleicht zum Fernsehen gegangen, um Frauen kennenzulernen?

Es gibt wirklich genug Berufe für Schwule. In denen werden sie glücklich genug, daß sie einem nicht mit irgendwelchem privaten Tralala auf die Nerven gehen. Friseur! Schauspieler! Talkmaster! Gerhard Meir, Walter Sedlmayr und Alfred Biolek haben das deutsche Volk noch nie mit dem Wunsch nach einem gesetzlich legitimierten Ehegatten behelligt. Andererseits: Daß es ausgerechnet die spießigsten Schwulen sind, die uns mit dem Wunsch nach einem kirchlichen oder staatlichen Sakrament für ihre Liaison inkommodieren, nicht aber die mondänen, dynamischen, die mit dem Knopf im linken Ohr – das gibt uns verheirateten Heteros doch irgendwie zu denken.

Natürlich sind wir bei Schwulen immer hin- und hergerissen. Sie sind so nett, man kann ihnen einfach nicht böse sein. Und es ist schon so ähnlich wie bei unseren Zwergkaninchen: Wir fühlen uns wohler, wenn wir sie als Pärchen halten können. Die meisten Schwulen sind ja unheimlich lieb, aber manchmal eben doch mehr unheimlich. Wir sehen zwar mit Rührung zu, wie sie ihre Käfige, pardon, Wohnungen einrichten, alles so hübsch zusammentragen, wie sich die beiden so putzig freuen, wenn sie nicht nur ein Lieblingsessen, sondern sogar die Seife gemeinsam haben! Da freuen wir uns alle mit.

Wenn es allerdings bedeutet, daß sie die gleichen Ansprüche anmelden in bezug auf Zeugnisverweigerungsrecht, Ehegattenerbrecht, Steuersplitting, Besuchsrecht im Krankenhaus oder Gefängnis (aha!) undsoweiter – ja, dann weiß ich nicht so recht. Hatte Stoiber doch recht? »Da kann ich ja gleich über Teufelsanbetung diskutieren!« rief er erschrocken, als seine permissiveren Parteikollegen über eine teilweise Legitimierung schwuler Lebensgemeinschaften nachdachten.

Da hatten sie allerdings nicht mit der Intelligenz der Szene gerechnet. Teilweise? Kommt nicht in Frage, empörten sich schwule Aktivisten. Bloß keine Aufweichung der konservativen Wertvorstellungen von der Ehe, kein Grau-Bereich! Die Ehe nicht erodieren lassen! 73 Prozent aller Deutschen sind angeblich für die schwule Ehe. Aber das ist eine Umfrage der Zeitschrift »Psychologie heute«, und wer die liest, kann man sich denken. Selbst der offizielle deutsche Schwulenverband (Sprecher ist natürlich ein grüner Bundestagsabgeordneter) spricht nur von einer Zustimmung von 48 Prozent.

Scheint so, als würde die EU noch ganz andere Dinge gefährden als die Reinheit des Bieres. Die Reinheit der Ehe. In Dänemark, Norwegen und Schweden ist die schwule Ehe seit einigen Jahren erlaubt. Und in Israel dürfen schwule Paare wenigstens den gleichen Nachnamen annehmen. Na ja, von dort kommen sogar transsexuelle Grand-Prix-Sieger. Und sie fangen schon an, für Nachwuchs zu sorgen. Künstliche Befruchtung soll in schwulen Kreisen unglaublich en vogue sein. Zwei schwule Männer, zwei schwule Frauen, eine künstliche Befruchtung, und schon hat so ein armes Wurm vier Elternteile.

Was ich nicht kapiere – warum läßt sich eigentlich immer nur eine der beiden Frauen aus dem Quartett befruchten? Ach so! Die zweite möchte doch lieber Papi spielen.

Kienzle: Kirchliche Trauung – Fluch oder Segen?

Wenn Sie katholisch sind und trotzdem keine guten Beziehungen zum Papst haben, sollten sie unbedingt ausschließlich und nur dann kirchlich heiraten, wenn Sie wirklich verheiratet bleiben wollen. Aber wer will das schon. Doch jedes Wort der Vernunft verhallt ungehört in diesem Land, in dem Eheverträge den Ruf des Hochverrats an der Liebe haben. Annullierung der Ehe erreicht allenfalls eine Caroline, deren angeblich infertiler erster Ehemann sich gerade als vielfacher Familienvater von seiner zweiten Frau scheiden läßt. Und wie gerne hätte Caroline ihren Italiener in Weiß geheiratet! Jenen Stefano, der in vorcarolinischen Zeiten ganz dringend auf der Suche nach einer reichen Frau war, aber nur die ausgehaltenen Affären wohlhabender Männer aufgegabelt hatte; er hielt sogar Callgirls für vermögend. Warum eigentlich hat Matthias Prinz das Buch, in dem solche doch wirklich hochinteressanten Sachen stehen, noch nicht einstampfen lassen?

Niemand weiß so recht, was das für Menschen sind, die heute in Deutschland überhaupt noch heiraten. Schwangere vielleicht und arbeitslose AlkoholikerInnen, die für die Eheschließung mit so einer/m Pakistani sehr viel Geld bekommen. Eine kirchliche Heirat wird in solchen Fällen eher selten drangehängt. Schickimickis dagegen heiraten, wenn sie heiraten, ausschließlich wegen des Fototermins im Votivkircherl oder der schmucken friesischen Kapelle.

Wer eisern entschlossen ist, die knapp einstündige kirchliche Zeremonie mit seinen Spezis durchzuziehen, tut gut daran, einen Warm-upper zu bestellen, der vorher ein bißchen mit den Gästen übt und während der Show, pardon, der Messe die verabredeten Handzeichen gibt. Sonst gibt das ein furchtbares Herumgehampel. Wer weiß heute schon noch, wann er knien darf!

Trotz kompletter Ahnungslosigkeit Heiratswilliger in Hinblick auf das Sakrament der Ehe wird uns das folkloristische Element »kirchliche Trauung« noch so lange erhalten bleiben, wie es Pfarrer gibt. Die werden bald ebenso viel Aufsehen erregen wie heute Elvis-Imitatoren in den Chapels von Las Vegas, allerdings auch nur noch bei ihren europäischen Kunden. Heiraten im exotischen Ausland wird ohnehin immer beliebter. Allein schon, weil es die Zahl der Gäste drastisch reduziert.

HAUSER: FALSCH ENTBUNDEN

Das politischste Ereignis im Leben einer Frau. Aber wie es halt so ist mit den Frauen und der Politik: Sie wissen nichts damit anzufangen. Sie machen einfach nichts aus ihrem Monopol. Dem Bibeldiktum »... du sollst mit Schmerzen Kinder gebären ...« haben sie sich willig unterworfen und plumpsen schicksalsergeben in die Rückenlage. Männer waren es, die auf die glorreiche Idee kamen, Geburten schmerzfrei zu gestalten. Schlechtes Gewissen? Aber nein. Sie mochten nur das Gebrüll aus dem »Kreischsaal«, wie Gynis gerne sagen, nicht länger anhören.

In den vierziger Jahren propagierte Grantly Dick-Read die schmerzfreie Geburt (die Mädels erst aufklären, dann werden sie schon entspannen). Das taten sie auch brav. Da wollten die jungen Väter natürlich nicht hintanstehen, das heißt, sie wollten es unbedingt, umklammerten mit Feuereifer den Kopf der Partnerin, feuerten sie zum Pressen an, schnitten die Nabelschnur durch (natürlich erst, wenn sie ausgepulst hatte! Ehrensache) und hyperventilierten mit der Gebärenden um die Wette. Die natürliche Geburt – das war ihr Ding. Begeistert unterstützten Männer ihre Gefährtinnen bei ihrem Kampf gegen die Rasur der Schamhaare (»Soll aus erwachsenen Frauen wieder kleine Mädchen machen«, tobt Entbindungspäpstin Sheila Kitzinger) oder verhinderten den bei Gynäkologen allseits beliebten Einlauf (drauf gesch . . .!).

Und wieder ein Mann, Frederick Leboyer, reiste dorthin, von wo die ersten Hippies schon wieder zurückkamen, nach Indien. Dort sind Söhne womöglich noch erwünschter als in Europa, und Mütter haben *nach* dem Gebären eines strammen Stammhalters ziemlich schlechte Karten. (Die Mohrin kann gehen.) Es hätte also keine Überraschung sein müssen, daß bei indischen Geburten nicht die Mutter im Mittelpunkt steht, sondern das Baby, jedenfalls solange es sich nicht als Mädchen entpuppt. Doch nicht einmal dieser Leboyersche Kernsatz vermochte die Gebärfreudigen dauerhaft zu irritieren. War der Kopf schon fast draußen, wollten die Hebammen von schmerzstillenden Mitteln nichts mehr wissen – rein versehentlich legten so Tausende von modernen Frauen eine vollkommen natürliche Geburt hin. In einem gemütlich abgedunkelten Raum unter dem obligatorischen Wabern meditativ-sphärischer Klänge, während die Apparate hinter einem Vorhang diskret auf eventuellen Einsatz warteten.

Paradebeispiel schlechthin: Eine, nein *die* Starnberger Entbindungsklinik – immer noch ein absolutes Must für jede Avantgarde-Frau gesegneten Leibes! Dort ersetzte man das nüchternheiligweiße Klinikbett durch eine »Entbindungswiese«, bei deren Anblick manchem Mann suhlige Gedanken kamen, bis ihm dämmerte, wofür sie wirklich da war. Naturvölkische Romantik, sanfte Geburt. Wenngleich aus fernen Ländern immer wieder Details zu uns drangen, mit denen nicht mal in der Reißwolle gefärbte Naturschwärmer klarkamen: Gebären prinzipiell im Garten der Schwiegermutter (Uganda), Schaukeln in den Dachbalken (Westafrika), Zigarettenrauch in die Nase des Neugeborenen blasen, wenn es nicht freiwillig zu atmen anfängt (Jamaika). Und allen Bachblüten und Shiatsu in Starnberg zum Trotze ein klares Manko: keine Wassergeburten!

Dabei sind Waterbabys immer noch absolut angesagt. Vom Fruchtwasser in einen lauwarmen Tümpel gespült zu werden, dies dünkt Igor Tjarkowski die logischste Konsequenz der Tatsache: Wasser ist Leben. Bei rückständigen Medizinstudenten war es eine Zeitlang en vogue, sich in drolligen Sketchen mit Taucherbrille und Schnorchel über solche weiblichen Gebärwünsche lustig zu machen.

Warum aber heißen Tjarkowskis Babys »Waterbabys« und nicht »rebjata wody«? Waterbabys klingt einfach moderner, und die russische Geburtshilfe war durch Herrn Pawlow ziemlich ins Gerede gekommen (ja, der Mann mit den Speichelreflexen). Unter einem Porträt von Karl Marx wurde den Schwangeren die »Psychoprophylaxe« eingetrichtert, Einatmen und Ausatmen mit militärischem Drill geübt, während man ihnen Bilder von sabbernden Hunden zeigte. Im richtigen Kreißsaal lagen sie dann still und ruhig wie die Sandsäcke, atmeten korrekt und stöhnten leise, so gruselt sich wieder einmal Geburtstouristin Kitzinger. Bewußte Kontrolle der Beckenbodenmuskulatur wurde geübt, indem Männer in Gummianzügen den Frauen, die in Reih und Glied und bis zur Taille nackt dasaßen, mit Schläuchen gezielt eiskaltes Wasser zwischen die Beine spritzten. Da zieht sich jede Muskulatur unwillkürlich zusammen. Bei der Verabschiedung aus dem Hospital wurde die Nationalhymne gespielt. Und da wundern wir uns noch, daß es immer noch Leute gibt, die die PDS wählen? Gehirnwäsche seit Fötentagen.

Die Geburt – Privatsache?! Schluß mit dem Quatsch. Männer, raus aus den Kreißsälen. Laßt die Hebammen die Arbeit erledigen. Hier ein Spritzchen, dort ein Zäpfchen und im Hintergrund von mir aus musikalische Untermalung mit dem urigen Gesang der Wale. Dann flutscht es nur so. Und wenn nicht, dann gibt es ja immer noch die gute alte Chloroformmaske aus den 50ern, macht garantiert taub bis in die Zehenspitzen, oder die Epiduralanästhesie aus den 80ern, denn so eine Zangengeburt ist für die Ärzte einfach spannender. Männer! Wollt ihr wirklich Cheerleader im Kreißsaal sein? Es lohnt sich erst dann, wieder einzugreifen, wenn die Frauen aus ihrer Machtposition etwas zu machen versuchen und sich nicht mehr willig dem Zeitgeist unterordnen, der ihnen derzeit so sanft um sämtliche Muskeln streicht.

Kienzle: Happy Rebirthday!

Eindeutig ein Sport- und Freizeitangebot unserer aufgeklärten Gesellschaft und keine alternative Heilmethode. Entspricht in seinem anspruchsvollen Wesen etwa dem Bungeejumping (»Dops an deine Grenzen!«), ist intellektuell aber wesentlich delikater, da man aus dem Bottich ja jederzeit aussteigen könnte.

Aussteigen? Ja, sicher. So praktisch geht es zu bei den Jüngern von Leonard Orr. In den warmen Wassern des Colorado saßen sie und saßen sie und gebaren sich wieder und wieder. Rebirthing im Mondenschein, lau die Brühe, gedämpft der Ton, gerade so, wie Leboyer es seinen Kundinnen empfiehlt.

Rebirthing – warum? fragte sich natürlich jeder unbedarfte Wanderer am Colorado, der beinahe in so ein Faß mit einem verklärt blickenden Menschlein gestolpert wäre. Blöde Frage. Wenn er schon nicht weiß wohin, will der aufgeklärte Mensch doch wenigstens wissen: woher. Früher lag Muttern aber meist bewußtlos im Kreißsaal herum (siehe oben) und konnte nachträglich zu den bohrenden Fragen ihrer Leibesfrüchte nicht viel beisteuern. Was man nicht alles im Rebirthing über sich selbst erfahren kann! War ich eine leichte Geburt? Eine Steißlage? Ah so! Daher diese Fixierung! Nicht nur viele Fragen, noch viel mehr Antworten schenkt das Rebirthing seinen Getreuen.Gern am Chiemsee oder in Bad Münstereifel in der Nähe kleiner wilder Bächlein.

Absolute Highlights natürlich, wenn einer in Rebirthing-Trance die Uhr aus dem Kreißsaal von damals abliest und feststellt: Die Hebamme hat sich geirrt! Da müssen ganze Horoskope neu gestellt, Tarots neu gelegt, Handlinien neu gelesen werden. Und da dürfen auch die Hopi-Indianer nicht fehlen, das grenzenlose Bedürfnis nach den erloschenen Kratern von Lanzarote, Ashrams heilige Männer, die philippinischen Geistheiler sowieso nicht. Und es ist selbstverständlich total normal, beim Rebirthing Astralreisen zu machen. Das erklärt dann auch die Preise.

Höchste Gipfel intensiven emotionalen Erlebens erreicht man ausgerechnet dann, wenn man mit dem Gesicht nach unten im Wasser hängt. Nein, Hauser, nix Titanic, man darf dabei einen Schorchel tragen. Und es gibt einem trotzdem unendlich viel! Ist auch vor allem für die hartnäckigen Fälle gedacht, für Leute, die vor diesem Erlebnis ihre Gefühle ganz besonders stark unterdrückt haben. Anfänger überkommt schon mal ein Fluchtimpuls, meist ziemlich genau nach drei Stunden. Doch in Weiterbildungsseminaren bleiben die Kursteilnehmer auch durchaus acht

Stunden im Wasser. Nein, nein, einmal Rebirthen im Leben reicht keinesfalls. Könnte ja sein, daß man beim ersten Mal vor lauter Aufregung die Uhr im Kreißsaal nicht entdeckt hat.

Kaltwasserrebirthing reinigt die Aura ganz besonders gründlich. Dann zischt man nur so ab auf der astralen Umlaufbahn. Dieses phantastische Eintauchen Zentimeter für Zentimeter in eiskaltes Wasser nennt sich Instant Bliss. Ekstase ohne Wartezeit. Sofortaustreibung schlechter Laune. Anschließend, Hauser, erklärt Ihnen der Urologe den Unterschied zwischen Instant Bliss und Inkontinenz. Ach! Den kennen Sie schon?

5 Essen und Trinken 2000 – Käfer, Aldi und der liebe Gott

Saumagen und Fraternitee

Ohrenschmaus
Noch Ohren, Kienzle?
Ja, Hauser, warum haben Sie eigentlich noch nie versucht, mir ein Ohr abzubeißen, Sie als der Mike Tyson des schwarzen Journalismus ...
Ich beiße lieber Möhrchen als Öhrchen.
Da entgeht Ihnen aber ein echter Ohrenschmaus.
Der Arzt hat mir rotes Fleisch verboten.

Cartoon: Rolf Kutschera

Hauser: Essen wie Gott im Alten Testament

Wie ein Volk ißt und trinkt, offenbart eine Menge über seine Kultur. Auch über seine Religionskultur. Auf keine andere Weise kommt einem das Wesen anderer handgreiflicher nah als beim Essen und Trinken. Freude am Kochen und am Tafeln – besonders am gemeinsamen Tafeln – hat nichts mit Prasserei oder Völlerei zu tun. Es geht dabei um Wohlgeschmack, Gesundheit, menschliche Nähe und Lebensfreude. Das beweisen unter anderem die Passagen der Bibel, in denen von Gastmahlen, vom Zubereiten und vom Zusammenstellen der Speisen die Rede ist.

Zugegeben, die göttliche Drohung, der Mensch werde wegen seines Fehltritts im sogenannten Paradies bis ans Ende aller Tage sein Brot »im Schweiße seines Angesichts« (Genesis 3, 19) verzehren, ist nicht unbedingt eine appetitanregende Verheißung. Die Gerichte jedoch, von denen später im »Buch der Bücher« die Rede ist, sind der Beweis dafür, daß der Fluch so nachhaltig, wie einige Buchstabenfromme ihn gern hätten, nicht gemeint gewesen sein kann. Da wird von Köstlichkeiten ohne Ende erzählt. Köstlichkeiten, die weit übers Jahr 2000 hinaus Genießern Freude machen werden.

Beginnend mit der Geschichte von Noah stehen Fleisch, Hausgeflügel und Fisch auf diesen Speiseplänen. Das wissen nebenbei bemerkt nur wenige: Adam, Eva und deren Kinder ernährten sich ausschließlich von den Früchten der Erde. Sie waren Vegetarier! Noah und seine Söhne dagegen durften Fleisch essen, jedoch nicht das darin enthaltene Blut. Die Gesetze, die Moses den Kindern Israels übergab, verboten es, das Fleisch bestimmter Tiere zu sich zu nehmen: vor allem das des Schweins. Verboten waren ebenfalls die meisten Meeresfrüchte, bestimmtes Wild wie Hasen, Geflügel und Greifvögel.

Was das Volk – die Armen – aß, war Galaxien entfernt von dem, was die Reichen täglich in sich hineinstopften. Das hat sich bis heute kaum geändert. Die Erntearbeiter zum Beispiel, die mit Ruth der Moabiterin schafften, werden nicht mehr gehabt haben als das, was wir aus der Geschichte wissen: hauptsächlich Brot und Essig. Das Menü der Massen bestand aus Brot, Gemüse, Trockengemüse, Kräutern, Milchprodukten, frischem und gedörrtem Obst sowie Essig und Öl. Fleisch gab es nur an Feiertagen. Jeder Gern-, Gesund- und Grünesser wird es voll Wonne hören: Die biblischen Völker aßen instinktiv gesund, weil sie spürten, daß das hervorragend schmeckt. Vorausgesetzt, es wird mit Liebe und nicht mit Ideologie gekocht.

Wer die Vollwertköchin Doris Katharina Hessler im hessischen Maintal kennt, unmittelbar vor den Toren Frankfurts, der weiß, Vollwertesser müssen nicht gelbgesichtig und schmallippig aussehen. Also so wie die meisten verkniffenen Gutmenschen. Nicht wenige dieser »Edelleute« überschütteten die Redaktion einer Kirchenzeitschrift mit haßerfüllten Leserbriefen, weil ein Autor es gewagt hatte, ein in der Bibel erwähntes Gericht – mit Linsen gefüllte Wachteln – nachzukochen und das Ganze als »leckeres Mahl« zu empfehlen. »Tierschinder« und »Dich sollte man auch massakrieren« waren die freundlichsten Formulierungen, die den Amateurkoch erreichten.

Nicht allein das Kapital vagabundiert über den Globus. Glücklicherweise tun es die Zutaten zu den Speisen des Alten und des Neuen Testaments heute auch. Das war nach der Zerstörung des Tempels in Jerusalem und der Zerstreuung des Volkes Israel nicht so. Weshalb viele biblische Rezepte verlorengegangen sind.

Im Hohelied Salomos ist nachzulesen, was aufgetragen wurde, als dieser Machthaber die Königin von Saba zum ersten Mal bewirtete: gegrillte, marinierte Wachteln, Rehrücken mit scharfer Aprikosensauce, Lammseite mit Mostrichsauce, Safran-Pilaw, Rotkraut mit Rosinen, Aprikosen-Rosinen-Brot, grüner Salat, frischer Feigen-Trauben-Salat, Safrankuchen und Glühwein mit Zimt. Die Babylonier ernährten sich ähnlich wie die Hebräer. Sie waren stolz auf ihr Bier, ein Getränk, das in der Bibel nicht vorkommt. In nachgelassenen Aufzeichnungen finden sich: gebratene Hähnchen gefüllt mit gerösteten Zwiebeln und Nüssen, Milchlamm am Spieß, Flußbarsch mit Tahini (eine Sesampaste), sumerische Wasserkresse, Tabbouleh-Salat (gekochter, gekörnter Weizen), Palmherzen mit Joghurt-Sesam-Sauce, Dattel-Nuß-Brot, Pistazien-Mandel-Paste, in Sesamöl gebratene Datteln mit Quark gefüllt, erlesene helle und dunkle Biere.

Die Essener – eine jüdische Glaubensgemeinschaft, der Jesus und einige seiner Jünger möglicherweise nahestanden – waren vorwiegend Vegetarier. Sie kleideten sich zu ihren Mahlzeiten in weiße Gewänder. Keimbrote und Wein gehörten zu jedem ihrer Essen. Und das waren: Gemüsesuppe mit Getreide, Suppe aus drei Sorten von Hülsenfrüchten, ein Sortiment von Keimbroten mit Feigen, Rosinen, Nüsse und Körner, Lauch und Kohl, heißer Ziegenkäse mit Kräutersalat, süße Hirsekugeln, Wein, Granatäpfel und frische Feigen.

Im Neuen Testament wird ein Mahl erwähnt, das wohlhabende Mitglieder der urchristlichen Gemeinde finanzierten – das Agapemahl. Ursprünglich war das mit der Feier des Abendmahls verbunden. Später entwickelte sich daraus die geschwisterliche Speisung Bedürftiger. Es gab dazu beispielsweise: gegrillte Sardinen in Weinblättern, Gersteneintopf mit Linsen, Bratfisch mit Honig, gegrillten Petrusfisch, Koriander-Beilage, Sauerteig aus Weizen und Gerste, Rosinenkuchen und frische Trauben.

Das Passahmahl soll an den Auszug der Kinder Israels aus der ägyptischen Sklaverei erinnern. Jesus bat, so steht es im Lukas-Evangelium (22,8), um eine solche Mahlzeit. Sie ist unter dem Begriff »Das letzte Abendmahl« überliefert. Das Passahfest war und ist ein Frühlingsfest, zu dem ein Lamm als Speiseopfer geschlachtet wurde und wird.

Dazu werden Matzen (ungesäuertes Brot) und bittere Kräuter gegessen und Wein getrunken: hartgekochte Eier in Salzwasser eingelegt, Rohkostplatte mit Petersilie, Staudensellerie und Oliven, mit einem Dip aus geriebenem Meerrettich und Essig, eingelegter Fisch, Lammseite mit Mostrichsauce, grüner Salat aus bitteren Kräutern, Chicorée mit Oliven und Rosinen, Haroseth (gehackte Äpfel, Mandeln, Walnüsse, Datteln, Rotwein, Zimt und Rosinen; die Masse symbolisiert den Mörtel, den jüdische Sklaven zum Bau der ägyptischen Pyramiden brauchten), Passah-Gewürzkuchen, Wein oder Traubensaft.

Das Lichterfest Chanukka, das zur Zeit der Wintersonnenwende stattfindet und das an das Lichtwunder der Befreiung der Juden von der griechischen Besatzung unter Antiochus Epiphanes gemahnen soll, wird im 1. und 2. Buch der Makkabäer in den Apokryphen (religiöse Literatur, die nicht in den Kanon heiliger Texte aufgenomen wurde) erwähnt. In Öl zubereitete Speisen erinnern an das wenige Öl, das im zerstörten Tempel das Ewige Licht acht Tage brennen ließ: als Vorspeisen Oliven, eingelegte Gurken und Rettich, sodann gebratene Gans mit Rosinen und Gerste gefüllt, Ziegenkäse-Pfannkuchen mit Fenchelsamen, Mandelpaste, Zwiebel-Krüstchen, Feigen in Rotwein, Honigkuchen. Zum Sabbat wird nach dem Schöpfungbericht – 2. Mose 31, 7: »Der Sabbat ist ein ewiges Zeichen zwischen mir (Gott) und den Israeliten…« – ein Tag vollkommener Ruhe gefordert, um Gott zu loben. Das bedeutet, daß auch die Speisen für diesen Tag am Abend zuvor – noch vor Sonnenuntergang – zubereitet wurden und immer noch werden. Auch Jesus besuchte am Sabbat die Synagoge und las dort aus den Schriftrollen vor (Lukas 4, 16).

Mittägliche Sabbatspeisen sind: Sabbat-Fischbällchen (mit Öl und Wasser; weder Butter noch Milch verwenden), Hühnchen mit Salbei, gekochte Gerste (Graupen), Feigen in Rotwein, Challah (Sabbatbrot) und Fenchelkuchen. Am Abend gab und gibt es: Sabbat-Eintopf, Challah und Fenchelkuchen.

Allein aus dieser kleinen Auswahl ist zu lernen, daß es beim Essen und beim Trinken – wie auch sonst – kaum Neues gibt auf der Welt. Die gesundbetenden Körnerfresser der heutigen Zeit liegen indessen weit hinter dem Volk Israel zurück. Die Juden in aller Welt – einst so widerwillig aufgenommene Flüchtlinge, wie es an dieser Jahrtausendwende die Völker der von den reichen Nationen ausgeplünderten Regionen sind – haben aus der Not eine Tugend gemacht. Die göttlichen Speisenge- und -verbote bereiten ihnen Vergnügen, weil sie sie in den vergangenen Jahrtausenden verfeinert haben.

Derart verfeinert, daß sie den Menschen des neuen Jahrtausends – gleichgültig welchen Glaubens – Spaß machen werden und sie gesund bleiben lassen.

KIENZLE: BUDDHAS SAUMAGEN – EINE EHRENRETTUNG

Eigentlich sieht er ganz harmlos aus. Ein bißchen wie Mortadella. Aber er ist durch und durch deutsch. Eine Art Wurst mit Kartoffeln drin – früher mal ein schlichtes Arme-Leute-Essen. Wenn er dann angebraten ist und auf einem Sauerkrautbett thront, macht er schon ein wenig mehr her, der Pfälzer Saumagen.

Daß er mal als politische Waffe galt, sieht man ihm wahrlich nicht an, wenn er braungebrannt und ein bißchen ölig und fett aufgetischt wird. Und doch war der Saumagen lange die fieseste Geheimwaffe gegen den Gourmand, den Vielfraß Helmut Kohl. Journalisten mußten es nicht selbst aussprechen, das Präfix Sau erledigte alles für sie. Derb, primitiv, grob – all diese Eigenschaften assoziierten sich wie von selbst mit dem angeblichen Saumagenliebhaber aus Oggersheim. Man schlug die Sau und meinte den

Kanzler. Zur Ehrenrettung des Pfälzer Saumagens sei aber gesagt: Er schmeckt ganz vorzüglich, und nicht nur im Deidesheimer Hof zu Deidesheim.

Der Saumagen war wirklich nicht allein schuld daran, daß sein eifrigster Vertilger so völlig aus der Fassung geriet. Das hatte wohl mehr mit der allgemeinen, ungebremsten Freßlust des Kanzlers zu tun, mit seinem Lieblingsitaliener und mit dem Frust von 16 nicht immer glücklichen Regierungsjahren. Schließlich hat Kohl sich bei der Vereinigung um schlappe 2000 Milliarden Mark verrechnet und danach die Steuern 20mal erhöht. Die angefutterte Leibesfülle, sie wurde für Kohl zu einem Herrschaftsinstrument, mangels anderer Ausstrahlung. Der junge Ministerpräsident, noch schlank und rank. Der Alt-Kanzler dagegen, aufgeschwemmt wie Elvis Presley in seinen letzten Tagen. Der Koloß von Oggersheim. Da ist zusammengewachsen, was wirklich nicht zusammengehört. Alle Versuche der Hofberichterstatter, den damaligen Kanzler unter die 130 Kilo herunterzuschreiben, waren vergeblich.

In Wirklichkeit schleppte die »regierende Masse« (Günter Grass) schon längst drei Zentner und mehr mit sich herum. Und mit dem Mauerfall scheint er die letzte Hemmung verloren zu haben. Ein Dammbruch. Kohl ist danach noch einmal horizontal gewachsen, wie die vereinigte Bundesrepublik. Ewiger Kohldampf hat den Alt-Kanzler von Rekord zu Rekord getrieben, und von einer Frühjahrsfastenkur zur nächsten hat er sich dicker gehungert. Er quoll überall gleichermaßen aus der Form, nicht etwa nur bäuchlings, Buddha in Bonn.

Und was kann schließlich der Saumagen dafür, daß der dicke Pfälzer ihn bei jeder passenden und unpassenden Gelegenheit seinen Staatsgästen aufnötigte? Der Gourmet Mitterand – so wissen Eingeweihte zu berichten – soll eine Deidesheimer Saumagen-Passion durchlitten haben. Vielleicht war es die vorweggenommene Strafe für den Euro. Wird der, was zu befürchten ist, eine Camembert-

Währung, bleibt von der deutsch-französischen Männerfreundschaft immerhin ein historisch-kulinarisches Verdienst: Helmut Kohl hat den Saumagen populär gemacht. Weltweit.

HAUSER: BIOLECKER

Als die erste deutsche Kuh im Norden der Republik mit BSE daniederlag, sprach einer der zuständigen Politiker: »Ich kann doch nicht neben jeden Kuharsch einen Veterinär stellen!« Der Kuh würde das auch gar nicht gefallen, denn so eine Kuh ist viel lieber mit ihren Freundinnen zusammen. Verhaltensforscher und Biobauern haben es herausgefunden. Wer seine Kühe verwöhnen möchte, läßt sie mit ihrer ganzen Clique in einer geräumigen Liegehalle lagern. Der Boden des Geländes für den Abendspaziergang sollte nicht schlammig und nicht glatt sein, erklärt Professor Engelhard Boehncke, denn Rinder können sich mit der Zunge an der Schwanzwurzel lecken. Ja, und? Sie können es halt nicht nur, sie wollen es auch dauernd machen, und müssen dazu ihre vier Beine in die richtige Position bringen. Das klingt kompliziert, macht den Kühen aber so viel Freude, daß es für die artgerechte Haltung unabdingbar ist.

Und Bioschweine laufen zu ganz großer Form auf. Hält man sie im Freien, geraten sie vor lauter Lebenslust außer Rand und Band. Vor allem die Schwäbisch-Hällischen entwickeln ungeahntes Temperament. Sie werfen ihr Stroh in die Luft und lieben im Winter sogar das Herumtollen im Schnee. Die sind viel intelligenter als Schafe, loben die Bauern. Nach einem halben Tag haben sie schon kapiert, wie der halbautomatische Brunnen funktioniert. Schafe raffen das ein Leben lang nicht.

Biofleisch herzustellen ist doppelt so teuer wie die Fleischproduktion in der Massentierhaltung. Die Tiere brauchen nicht nur Bewegungsfreiheit, auch das Futter muß erlesen sein. Wiederkäuer schätzen Heu von verschiedenen Wiesen, lieben Futterrüben und knabbern gerne auch mal ein paar Mohrrüben. Und haben sie nicht ein Mordsglück, die Viecher: Im Gegensatz zum Menschen müssen sie sich bei der Essensmenge keinerlei Zurückhaltung auferlegen. Und wenn eine Kuh ein Kälblein geboren hat, darf sie sogar mit dem Kleinen in einem Extrastall allein sein. Ein paar Tage lang jedenfalls.

Aber dann. Auch die behaglichste Bio-Tierhaltung endet mit dem Tod, wenn der auch noch so freundlich daherkommt. Gut, das Frühstück fällt ein bißchen mager aus. Es gibt nur etwas Wasser. Aber immer noch besser als kein Tropfen Wasser bei tagelangem Viehtransport. Und dann bittet der Metzger einzeln herein.

Paul McCartney überzeugt das nicht. Er ißt nichts, was Augen hat. Eine strenge Maßregelung für alle, die noch immer Fisch essen. Fische sterben immer so diskret und leise auf dem Förderband. Doch inzwischen kommen auch Fischesser ins Grübeln, seit sie ihre trügerische Hoffnung aufgeben mußten, Fischen könnte selbst der cleverste Züchter keine Chemie einflößen. Lachse leben in Wahrheit wie Kälber, nur unter Wasser. Der Angler in Norwegerpulli, Südwester und grünen Gummistiefeln am Bachlauf eines norwegischen Fjords – reine Illusion. Linda McCartney war der Überzeugung, daß die Fleischesserei eines Tages genauso überholt sein würde wie die Sklaverei oder die Unterdrückung der Frau. Fleischesser nannte sie »Speziesisten«, Menschen, die alle Spezies außer der eigenen essen. Wilhelm Busch machte nicht soviel Federlesens. Für ihn waren Fleischesser ganz einfach Kannibalisten.

Doch aus der sektiererischen Ecke haben sich moderne Vegetarier längst gelöst. Prince, Madonna und Michael Jackson aßen schon damals kein Fleisch mehr, als sie noch richtig gut im Geschäft waren. Kinder ihrer Zeit. Auch bei ihnen war die Ablehnung von Fleisch eine Mischung aus Altruismus (Gruseln über die Bedingungen der Massentierhaltung) und Eigenliebe (die Farmer sollen ihre Antibiotika doch selber essen). Nicht verwunderlich, daß auch Christian Morgenstern (»Fisches Nachtgesang«) und Bertha von Suttner (Friedensnobelpreis) Fleisch ablehnten. »Wie viele unter uns gibt es schon jetzt, die niemals Fleisch äßen, wenn sie selber das Messer in die Kehle der betreffenden Tiere stoßen müßten!« mahnte Frau von Suttner. Ein ehrenwertes Argument. Aber trotzdem: Es würde auch kaum jemand Lederschuhe tragen, wenn er dem Kalb persönlich die Haut abziehen müßte. Es bleibt ein Dilemma.

Aus gutem Grund identifizierte sich Whitney Houston mit geschlagenen und gequälten Kreaturen. Eigentlich wurscht, ob das auf einem Transporter oder im Penthouse geschieht. Erhoffte sie sich eine Verbesserung der eigenen Situation, wenn sie auch Ehemann Bobby davon überzeugen könnte, kein Fleisch mehr anzurühren? Schöne Pläne, aus denen nun wohl nichts mehr werden wird.

Die erste deutsche BSE-Kuh soll übrigens von einem Biohof stammen.

Kienzle: Willkommen im Club der Aldianer

Die Deutschen fressen zwei Brüdern aus der Hand. Früher haben sich dazu nur die Underdogs herabgelassen, Penner, Ausländer, Alleinerziehende. Sie pilgerten zur Futterkrippe, als ob dort alles umsonst zu kriegen sei. Und das war es ja fast auch. Diese Illusion wußten die Brüder erfolgreich aufrechtzuerhalten. Denn es sprach sich schnell herum. Als erste kamen die Gymnasiasten auf den Geschmack, sich mit demselben Sprit zu versorgen wie die Penner. Deutsche Schüler im Lambrusco-Rausch! Die Einskommafünfliterflasche fand im Hobbykeller genauso dankbare Trinker wie unter der Brücke.

Dann wurde es unter jungen Kosmopoliten Mode, dort einzukaufen, wo die Ausländer einkauften. Das frischeste Obst! Das beste Gemüse! Das herrlichste Brot! Bis der erste seinen hochverehrten Griechen zu Aldi hineinschlüpfen sah. Erst der Schock, dann die Neugier. Man wird ja wohl noch gucken dürfen. Und das ein oder andere kaufen, testweise. Schließlich der Höhepunkt, ein Geheimtip, den man weitergab, als handle es sich um die Adresse eines absolut kultigen Winzers: Aldi hat phantastischen Champagner! Jetzt gab es kein Halten mehr. Der Champagner war der genialste Coup. Champagner konnte ja nicht für Krethi und Plethi gedacht sein! Der war für uns! Die besseren Kreise.

Der Kleinkrämer im Großformat Käfer ging genau den umgekehrten Weg. Die Schönen und die Reichen, die Demi-Monde und der Adel, das angesagte Flittchen und der Millionär, dazu jede Menge bajuwarische Originale – sie alle fühlten sich im rustikalen Ambiente (noch heute gibt es dort diskrete »Stüberl«!) wie zu Hause. München war noch Deutschlands heimliche Hauptstadt, Graeter berichtete beflissen, welcher Promi sich in der Schänke hatte volllaufen lassen, denn er hatte noch keine eigenen Lokale: Käfer war in! Und was für ein niedliches Emblem. Ein Glückskäferchen. Süß und keß zugleich. Das Käferchen schmückte natürlich auch die Gartenschirme des Partyservices, alle kriegten Canapés satt. Manchmal rechnete dann irgend so ein humorloser Großindustrieller hoch und nach, wie viele Häppchen seine Gäste wirklich gehabt hatten, und fing gar zu prozessieren an. Millionäre können so kleinlich sein. Doch mit einer Käfer-Tüte gesehen zu werden war wie eine Auszeichnung und erforderte im Gegensatz zur Aldi-Tüte keinerlei Rechtfertigung. Käfer war moderner als der Delikatessenhändler Dallmayr, lag in der Prinzregentenstraße und hatte damit schon wieder Glück, denn hier passierte Münchens berühmtester Bankraub. Käfer lieferte »Feinkost« dazu und war und blieb in aller Munde.

Die Albrecht-Brüder haben Deutschland unter sich aufgeteilt. Was für ein harmonisches Familienleben! Bis vor kurzem fühlten sich die Süddeutschen durch die strikte Trennung böse unterdrückt und überlegten bei jedem Ferienaufenthalt in einer Filiale nördlich des Weißwurstäquators, ob sie dort um Asyl bitten sollten. Was versetzte die Süd-Aldianer so in Rage? Die Nordlichter unter Regent Theo hatten Tiefkühltruhen!!! Eine einsame Sauerei. Doch endlich zeigt der südliche Bruder ein Einsehen und stellt in Läden, deren Kunden sich besonders gut geführt haben, Tiefkühltruhen auf. Gefüllt natürlich. Endlich Aldi-Fischstäbchen! Käsekuchen! Frozen Pizza!

Ach, die Dankbarkeit der Gourmets wird wieder keine Grenzen kennen. Sie werden Karl Albrecht nicht nur aus der Hand fressen, sie werden diese Hand voller Dankbarkeit auch noch küssen wollen. Doch sie werden nicht wissen, wo diese Hand zu finden ist. Aldi ist überall und nirgends. Aus der Zentrale kein Kommentar. Geheimnisvoll wie Howard Hughes geben sich die Aldi-Brothers, die auch in ihren selbstironischsten Minuten niemals ihren Geschäftssinn, den knallharten, verlieren. Beispiel »Aldidente«! Das halbaugenzwinkernde, halbdevote Kochbüchlein verkaufte sich 200 000mal, und weil es so gut ging, orderte Aldi gleich noch mal 500 000 Stück. Dieter Brandes, ein langjähriger Geschäftsführer bei Aldi, bewunderte seine alten Arbeitgeber: »Vielfach ist die Beziehung der Kunden zu Aldi eine Beziehung von Dankbarkeit, eine fast freundschaftliche, sehr emotionale Beziehung.« Ein solches Verhältnis hat man eben zu lieben Onkels. Erinnern wir uns nur, wie rasch Aldi die versauten Eier von diesem bösen Eierbaron aus dem Sortiment genommen hat, kaum war die Sache ruchbar geworden! Vielleicht hätten Karl und Theo ja vorher schon mal darüber nachdenken sollen, weshalb die so preiswert zu kriegen waren, aber das ist eine andere Geschichte.

Trotzdem sind es die Käfer, die zur Imagepflege eine Werbeagentur beauftragen müssen, die wiederum mit dem Job gleich überall herumprotzt, während sich Aldi-Fans für »ihren« Laden auf einer völlig selbstlosen Homepage stark machen. Senior Gerd Käfer muß seine Kochbücher selbst schreiben, während auch diese Arbeit bei Aldi die Kunden kostenlos übernehmen. Nach »Aldidente« gibt es Aldi für Gourmets, Aldi für Kinder, bald sicher auch Aldi für Hunde und Aldi für Katzen.

Derweil etablierte Michael Käfer, Gerds Nachwuchs, der einst geschmacklose Jesus-Partys in seiner Münchner Nobeldisco P1 feierte, clever den Geschäftszweig, der heute den größten Umsatz macht: die Lizenzvergabe. Ganz im Stil der Haute Couture, die Klamotten nur noch kreiert, damit niemand den Namen des Parfüms vergißt, läßt der Sprößling den Senior im Münchner Austragshäusl weiterwursteln: um mit Käfer-Wein, Käfer-Lachs, Käfer-Pizza und Käfer-Spaghettisauce via Kaufhof, Tengelmann & Co. die von Aldi eroberten Marktanteile wettzumachen. Seit 1999 bewirtschaftet Käfer in Berlin Kantine und Dachgartenrestaurant im Reichstag. Reservierungsgebaren, Service und Essensqualität wurden 1:1 aus alten DDR-Zeiten übernommen. Damit die Volksvertreter aus Ost und West nie vergessen, wie es früher einmal war?

Hauser:
Libertee, Egalitee, Fraternitee

Teetrinker sind mental Benachteiligte, die sich nicht entscheiden können. Allein die Tatsache, daß sie je nach Tageszeit ganz unterschiedliche Sorten zu sich nehmen müssen, wenn sie nicht in der eigenen Gemeinde als komplette Idioten dastehen wollen, beweist ihre geistige Instabilität. Sie entspricht der inneren Struktur des Teetrinkens. Kakuzo Okakura, der große alte Teekenner, erklärt einen Teil des Problems: »Tee macht seine Anhänger zu Aristokraten des guten Geschmacks.«

Nicht jeder ist zum Aristokraten geboren, nicht jeder versteht mit Herrschaftswissen intelligent umzugehen. So empfiehlt der Berliner Teeprofi Werner F. J. Schmitt eine Darjeeling-Mischung als Early Morning Tea, zum Frühstück eine Ceylon-Assam-Mischung, um 11 Uhr einen Earl Grey auf der Basis einer Ceylon-China-Blattmischung, nach dem Essen einen Grüntee mit Jasminblüten, Jasmine Chung Hao oder Pon Chong, zum Five-o'clock-Tee eine Ceylon-Hochlandmischung und abends einen Lapsang Souchong. Das kann sich doch kein Mensch merken! Darum wirkt der Teetrinker, der naturgemäß eher SPD-Wähler, noch wahrscheinlicher aber Grüner ist, den ganzen Tag verwirrt. Einmal den Genossen um 11 Uhr einen Temple-of-heaven-Spezial angeboten, und er ist für immer erledigt.

Der Kaffeetrinker dagegen! Ein Mann des Entschlusses, umgeben von Frauen, die seine Entschlüsse in die Tat umsetzen. »Kochen Sie uns einen Kaffee, Frau Müller!« Ja, das ist ein Befehl. Frau Müller gehorcht begeistert. Wie aber reagiert sie auf die zaudernde Frage »Frau Müller, wenn es Ihnen nichts ausmacht, wären Sie so nett, sobald Sie Zeit haben, mal nachzusehen, ob noch etwas von dem köstlichen Yong Xi Huo Quing da ist?« Da kriegen die Frau Müllers dieser Republik ganz schnell einen Nervenzusammenbruch, mag die Bitte auch noch so lieb vorgetragen worden sein.

Balzac trank mindestens 50 Tassen Kaffee am Tag. Als Teetrinker wäre er vor lauter Grübeln über die angesagte Sorte gar nicht mehr zum Schreiben gekommen. »Coffee, tea – or me?« Der Trottel, der mit »Tee« antwortet, entlarvt sich auf der Stelle als nicht stewardessentauglich. »Schwarz oder weiß?« bellt der Macho, bevor er zur anderen Sache kommt. Kaffee ist ein Männergetränk. Mögen sich die Genossen und ihre Innen beim Nachmittagstee vertütteln – am Teegebäck mümmelnde Kerle sind und bleiben ein degoutanter Anblick.

Eine Zeitlang sah es so aus, als infizierten die Teetrinker die Kaffeetrinker mit dem Virus der Kompliziertheit. Eine-Welt-Läden (was für ein blödsinniger Name! Wenn es zwei Welten wären, wie sollte es dann mit den Kartellen klappen?) brachten das närrische Thema auf, wieviel denn nun die Plantagenarbeiter am Kaffee verdienen würden (Nicaragua!). Prinzipiell natürlich zuwenig. Aber wir alle verdienen prinzipiell zu wenig! Und deshalb müssen wir mit unserer Kohle auch so sorgfältig umgehen, die Preise vergleichen, und da kommen dann die TransFair-Produkte einfach nicht mit. Außerdem: Haben Sie schon mal die Tchibo-Werbung gesehen? Da werden sie doch alle gezeigt, die glücklichen KaffeepflückerInnen, wie sie tanzen und lachen in Kolumbien, Uganda, El Salvador und Costa Rica. So schlecht kann's denen doch gar nicht gehen!

Was den Kaffeetrinker politisch erbitterte, war der Versuch von Jacobs, ihm als schlauem Verbraucher die 400-Gramm-Mogelpackung unterzujubeln. Das haben wir denen nie vergessen. Und wie der gut unterrichtete Autofahrer weder bei Esso (Exxon! Alaska!) noch bei Shell (Quatsch Greenpeace! Nigeria!) tankt, hat der aufgeklärte Kaffeetrinker seit diesem Verrat an seinen heiligen Gewohnheiten keinen Jacobs-Kaffee mehr angerührt.

Ist Ihnen schon mal aufgefallen, Kienzle, daß die Teeindustrie nicht mal für ihre Produkte wirbt? Außer natürlich für diese lächerlichen Teesäckchen. Immer, wenn er jemanden sieht, der einen Beutel Tee wie eine Maus am Schwanz in lauwarmes Wasser hängt, sagt ein Romanheld Graham Greenes, weiß er, daß er in Paris ist. Nein, für richtigen Tee wird nicht geworben, denn seine Anhänger sind so zerstritten wie die ganze linke Bewegung, da erwischen Sie nie eine nennenswerte Zielgruppe. Kaffeewerbung spricht natürlich vor allem Frauen an und verbindet mit dem Werbezweck auf ideale Weise die Berufsberatung. Grün gekleidete Blondinen trinken aus grünen Tassen auf ihren grünen Balkonen ihren schwarzen Kaffee, bevor sie in ihre grünen Autos steigen und den fabelhaften Alltag einer grünen(?) Rechtsanwältin oder Reporterin vorführen. Tränke das Mädel Tee, wüßte jeder, daß sie dem Streß der männlichen Berufswelt niemals gewachsen wäre.

Okay, zugegeben, natürlich gibt es Kaffeetrinker auch unter Linken. Bei Gastgebern sind sie verhaßt. Denn selbstverständlich transportieren sie ihren unablässigen Anspruch auf Ideologie auch in diesen harmlosen Teil des Alltags. Espresso akzeptieren sie nur aus einigen wenigen ausgewählten Maschinen, Kaffee muß per Hand aufgebrüht werden, es sei denn, man befände sich im Besitz einer dieser raren Schwallkaffeemaschinen. Ja, ja. Wo geschwallt wird, da ist der Linke zu Haus.

Kienzle: Rätselhafte Wassersucht

Wessis trinken es hektoliterweise, die Ossis sind gerade mal bei 37,5 Litern pro Kopf und Jahr angekommen. Und haben wahrscheinlich keinen blassen Dunst, wie sich Mineralwasser, Quellwasser, Tafelwasser und Heilwasser voneinander unterscheiden. Na gut, Tafelwasser kann aus jeder Brühe bestehen, Meer- oder Leitungswasser, ganz egal. Heilwasser gilt in abgefülltem Zustand als Fertigarzneimittel, und ansonsten gibt es eigentlich keinen Unterschied.

Da jaulen sie auf, die Mineralwasserfetischisten, die uns schon die herrlichsten Beaujolais-Partys mit ihrem Gelaber über ach so schmackhafte Aquen verwässert haben. Volvic! Spa! Perrier! Teinacher! Hildon! San Pellegrino! Oder das unerreicht irdisch-irische Ballygowan. Unablässig prickelt und kribbelt es den Liebhabern auf der Zunge, uns die Vorzüge ihrer Wässerchen schmackhaft zu machen. Aber das perlt an uns ab. Wir verlangen nur eins: Das Zeug muß durch einen ziemlich tiefen Stein. Aus dieser Quelle trinkt die Welt? Na und. Was alle Welt säuft, lassen wir stehen.

Sucht man im Einzelfall die Ursache für all den missionarischen Eifer, stellt sich meist heraus, daß es sich um das Mineralwasser des letzten oder liebsten oder einzigen Urlaubslandes überhaupt handelt. Die Deutschen haben sich schon immer gern im Hauruckverfahren zu Experten gemacht. Wer das schon so ungustiös klingende Ramlösa – wie mag das Zeug erst schmecken! – zu seinem Lieblingsgetränk erwählt hat, war vielleicht gerade bei Ikea zum Einkaufen.

Wohl um der vom Kellner meist gebellten Rückfrage »Rot oder weiß?« zuvorzukommen, bestellen die Heroinen amerikanischer Seifenopern in vorauseilendem Gehorsam gewöhnlich ein Glas Weißwein. Instinktiv errät der Ober stets den richtigen Tropfen, und schon ist die Blondine bedient. Ach, wenn es im Hamburger Hotel Vier Jahreszeiten doch auch so schlicht zuginge! Früher sagte man »Ein Wasser, bitte!« Heute jagt einem dort die Mineralwasserkarte den gleichen Schrecken ein wie die Weinkarte. Wieder eine Gelegenheit für den Chefkellner, sich innerlich schlappzulachen. Wer weiß, daß Chlorid das Mineralwasser leicht salzig schmecken läßt, Calcium dagegen die Geschmacksnerven erdig-trocken beeindruckt, hat die Unschuld schon verloren. »Gazeuse?« fragt der Maître. Jugendlich bewegt riefen wir freudig »Oui, oui!« beim ersten Frankreichurlaub, doch als dann keine aufregende Grisette, sondern nur eine Pulle Selters an den Tisch bugsiert wurde, sank die Stimmung merklich.

Überraschend selbstkritisch ist die Branche bezüglich ihrer trist designten Flaschen: Grund für die biedere Form sei, daß Hunderte von Abfüllern das neue Design annehmen müßten, wenn man das umweltfreundliche Mehrwegsystem quer durch alle Firmen beibehalten wollte. Mit anderen Worten: Man kann's vergessen. Wer je einen Gast im Hause hatte, der angesichts blauer, als optische Augenweide eigens für ihn angeschaffter Seltersflaschen fast den Verstand verlor – Höhepunkt der Debatte: »Für Blauglas gibt's ja gar keinen Container!« –, der wird sich dem Fatalismus deutscher Brunnenbesitzer anschließen. À votre santé!

MILCH:
JUHNKE AUF MOLKE 7

Hauser:
Bundestrinker Harald Juhnke macht Werbung für Milch!

Kienzle:
Gerührt oder geschüttelt?

Hauser:
Rechtsdrehend.

Kienzle:
Dann müssen einige Juhnke-Klassiker in weiten Teilen neu getextet werden. Zum Beispiel »Der Säugling«, Fernsehspiel nach Hans Fallada.

Hauser:
Oder »Der Milchmann von Köpenick«.

Kienzle:
Ja, und vor allem Juhnkes Lieblingslied: »I did it milky way«.

Hauser:
Auf alle Fälle heißt die gute Nachricht des Tages: »Harald Juhnke auf Molke 7«

Kienzle:
Na, dann bis zum nächsten Koma!

Hauser: Raus aus der Fress-Zelle!

Eine der größten Legenden dieses ausgehenden Jahrhunderts: Das deutsche Familienleben soll sich weitgehend in der Küche abspielen. Geboren wurde diese »ente à la sociologique« von unverdrossenen 68ern, ein paar Wohnzeitschriftsredakteuren – die auf der Stelle das Gegenteil behaupten, sobald genug Küchenaltäre und Messerblöcke verkauft worden sind – und dem unermüdlichen Soziologen Alphons Silbermann, dessen streng wissenschaftliche Untersuchung vom Wohnerlebnis der Deutschen (vom deutschen Küchenfachhandel in Auftrag gegeben) für Furore sorgte.

Natürlich propagieren die Freunde der Nouvelle cuisine mehr Quadratmeter für eine Einbauküche als die schlappen sechseinhalb, die die Küchenpäpstin der 20er Jahre, Grete Schütte-Lihotzky, für moderne Sozialwohnungen vorsah. Sie hatte damit das offenbar traumatische Erlebnis einer Eisenbahnfahrt bewältigen können, während der sie unversehens mit einer Küche auf Rädern konfrontiert worden war. Typisch Frau: Kaum sitzt sie mit ihrem albernen Doppelnamen in einem Wunderwerk der Technik, hat sie doch nur Augen für die Küche. Auf zwölf, fünfzehn oder zwanzig Quadratmetern lassen sich natürlich wesentlich mehr Eck-, Unter- und Oberschrankelemente unterbringen.

Beliebtester Stiltrend nach wie vor: rustikal. Ja, da treffen sie sich, die Kleinbürger mit ihren Eicheneckbänken und die WGler aus der Gruft mit ihren Büfettschränken im Gelsenkirchener Barock. Oder die edle Countryvariante, viel Steingut, Bauernblumen ein Must und das ein oder andere tote, selbstverständlich ungerupfte Huhn dekorativ über den Tisch geworfen. Ein bißchen Provence, eine Brise Friesentum, etwas Schwedenholz und bei den Kleinbürgern dann wieder die dicke karierte Decke aus purem Polyester. Da klappern die Holzpantinen, die Küchenhilfe spricht deutschen, keinen philippinischen Dialekt, und Nußecken essen wir doch alle gern!

Empfang der Gäste in der Küche statt in der guten Stube, pardon, im Salon: ein ganz besonders heißes Ondit unter den Allmilmö-Propheten. Bei den Linken müssen dann die Bebrillten die Zwiebel schälen, haha, die müssen nicht so weinen, doch bei Mutti ist alles schon fertig. Ja, wo soll man denn sonst hin mit seinen Gästen! In mein Arbeitszimmer oder in deins? Küchenempfänge sind Signale neuer deutscher Armut, und als solche sollten sie auch benannt werden.

Ein erfolgreicher deutscher Modedesigner zieht sich gern ins normannische Schlößchen zurück, und wo ißt er? In der Küche! Kein Problem, wenn die 30 Quadratmeter mißt, einen offenen Kamin, einen Farbfernseher und vor allem einen Koch zu bieten hat, der in fünf Jahren noch nie zweimal das gleiche serviert hat. Dafür würde jeder seine Couchgarnitur links liegen lassen und mit fliegenden Fahnen dem Bratenduft entgegeneilen. 30 Prozent der Deutschen sollen bereits in ihrer Küche telefoniert haben – schon mal nach dem Klo gefragt, seit jeder sein Schnurloses zu

Hause hat, vom Handy ganz zu schweigen? Wohnerlebnis Küche: Eine neue Untersuchung hat festgestellt, daß sich auf den Schneidebrettchen ungleich mehr Bakterien tummeln als auf jeder Klobrille.

Und sonst. Kaum ein Schwein liest überhaupt noch, aber davon tun es angeblich 34 Prozent in der Küche. Nach wirklich interessanten Ereignissen in Herdnähe hat mal wieder kein Aas gefragt: Frontalvereinigungen à la »Das große Fressen« (lecker Mädchen Andrea Ferreol), ein Postmann, der nicht nur dreimal klingelt, sondern sogar noch öfter kommt, und eine verhängnisvolle Affäre – davon hätten wir Gourmets brennend gern mehr erfahren. Telefonieren! Lesen! Gähn, gähn.

Statt dessen: abstruse Mutmaßungen über befreite Frauen, die angeblich überglücklich sind, weil sie nun »Ran!« mitansehen müssen, während sie die Pizza heiß machen oder sonstwie an ihrer dekorativen Kochinsel herumwerken. Das Wehklagen über die vereinsamte Gattin hat ein Ende. Jetzt hat der Mann sie endgültig unter Kontrolle. Frauen aller Länder, befreit euch! Stellt eure eigenen Fernseher in die Küche! Dann könnt ihr problemlos zur magersüchtigen »Brigitte« rüberzappen. Es fällt dann gleich viel leichter, die Finger von der kleinen Extra-Portion Mozzarella zu lassen.

Alle Gäste um die Hausfrau versammelt, während sie ihre Salatsauce anrührt? Ein Alptraum. Seit nicht mehr der Hunger, sondern jeder dahergelaufene Bekannte der beste Koch ist, tut sich die herkömmliche Köchin mit Zeugen schwer. Lauter Wisecracker, die prinzipiell nur Olivenöl benutzen, bei dessen Pressung sie persönlich anwesend waren. Was? Du nimmst noch Apfelessig? Du kochst noch Eiernudeln? Champignons aus der Dose? Die Tomaten häutest und hackst du nicht selbst? Zelebration des Kochens: nur was für selbstherrliche Autodidakten, die zu allem ihren Senf dazugeben müssen. Aber ein Teil des Erlöses von Bios Büchern tröpfelt garantiert klümpchenfrei einem guten Zweck zu. Mahlzeit!

Kienzle: Erst das Kochen, dann die Moral

Ein geistig, seelisch und körperlich intakter Mensch braucht mindestens einmal am Tag ein gutes Essen. Eine der wichtigsten Zutaten ist das Gespräch – fernab von jeglichen Geschäften. Diese Mahlzeit muß nicht Stunden dauern, braucht weder Damast noch Porzellan, Tafelsilber, Kristallglas, Kandelaber und Jahrhundertweine. Statt dessen aber Sorgfalt, Können, Liebe, Friedfertigkeit und – eine große Küche. Eine Küche, in der der Kochende nicht allein steht und rackert, während die anderen sich im Wohnzimmer amüsieren, sondern eine, in der alle helfen, um am Ende gemeinsam genießen zu können.

Aber der deutsche Mensch versingelt. Er lebt allein und stirbt einsam. Was niemanden wundert, der die Küchen in deutschen Wohnungen kennt. Die Räume, in denen hierzulande gekocht wird, sehen so aus wie das, was die meisten hinterher auf dem Teller haben. Es ist effizient und leistungsgerecht unter automatischer Überwachung aller Koch- und Garzeiten hergestellt. So schmeckt es dann auch. In Deutschland ist Kochen Küchen-Management. Es dient ausschließlich der Erhaltung des Körpers, seiner Funktionen und seiner Leistungsfähigkeit. Kochen und Essen sind zweckdienlich. Beides hat mit Spaß und Abschalten (abgesehen vom selbsttätigen Abschalten der Mikrowelle) nichts zu tun. »Iß und halt den Mund« lautet dementsprechend das Kommando, wenn an deutschen Tischen Kinder einsortiert werden. Was in anderen Kulturen den besonderen Reiz eines gemeinsamen Essens – neben Appetit und Wohlgeschmack– ausmacht, das Tischgespräch, wird bei uns meist als störend empfunden. Es sei denn, es dient dem Businеß.

Jedes Volk bekommt die Küchen, die es verdient. So wie der Durchschnittsdeutsche über seine Mahlzeiten und die dafür notwendigen Vorbereitungen denkt, so gestalteten die Architekten im Nachkriegs-, Wiederaufbau- und Freßwellen-Deutschland die Kochplätze. Nur die Bäder sehen noch schlimmer aus. Küchen in Neubauwohnungen, und nicht in Häusern des sozialen Wohnungsbaues, messen – leer – zwischen fünf und acht Quadratmeter. Vollgestellt mit Geräten und Schränken bleibt darin gerade soviel Platz, daß zwei frisch Verliebte einander beim Zubereiten ihrer Speisen nicht totstechen.

Besonders gern plazieren professionelle Häuserbauer den Herd vor fensterlose Wände. Da tränen die Augen nicht nur vom Zwiebelschneiden. Wie deutsche Architekten es außerdem immer wieder schaffen, in ihren tristen Kochnischen die Geräte so voneinander entfernt aufzustellen, daß Hausfrau bzw. Hausmann bei der Arbeit weitere Wege zurücklegen müssen als Streckengänger der Eisenbahn, bleibt ihr ewiges Geheimnis. Wer in solche Folterkammern auch noch zum Essen bittet, will entweder ins »Guinnessbuch der Rekorde« oder eine Partnerschaft beenden.

In diesen Räumen vereinzelt der Mensch. In ihnen kocht er allein. Durch sie stirbt er einsam.

Hauser: Ständige Verdrehung

Der ist ein Jenachdemer, wie ihn sich Wilhelm Busch nicht besser hätte ausdenken können. Der paßt in die Zeit. Der liegt genau richig. Der ist geschäftig in Geschäften. Der versteht sich auf Mimikry, als ob's tatsächlich um sein Leben ginge. Der ist ein Wanderer zwischen zwei Welten. Der ist der typische Spezialdemokrat. Der ist nach allen Seiten offen. Der ahnt nicht, daß, wer so ist, nicht ganz dicht sein kann. Friedel Drautzburg, der Wirt eines Berliner Gasthauses nahe dem »Theater am Schiffbauerdamm«, das den schönen Namen »Ständige Vertretung« (StäV) trägt, hat den militanten Widerstand gegen die Erhebung Berlins zur Bundeshauptstadt mit ins Leben gerufen. Das »Ja zu Bonn« könnte dem Rheinländer mit dem Parteibuch der einstmals ruhmreichen Sozialdemokratischen Partei Deutschlands (SPD) eingefallen sein. Er hat diesen Slogan nicht nur mitgesungen, er hat den Chor, der dieses Motto rheinischer Provinzialität täglich, stündlich monatelang skandierte, dirigiert. Friedel Drautzburg hat sich – als er spürte, daß das alles vergebliche Mühe war – heimlich in Berlin umgetan, um dabei Ausschau nach einem Standort für eine Berliner Dependance seiner Bonner Kneipe »Haus Daufenbach« zu halten. Das hat ihn nicht daran gehindert, in den Pausen von der Suche, mit Ballonmütze auf dem Kopf und Bonner Fahne in der rechten Hand, auf rheinländischen Barrikaden den Aufstand gegen die vormalige Preußenzentrale proben zu lassen.

Friedel Drautzburg, ein Typ, der von unten nach oben tauchen kann. Einer, der, wenn er in warmes Wasser gefallen ist, beschließt, daß er ohnehin baden wollte. Ein sogenannter Altlinker. Einer, dem es nix ausmacht, wenn er 68er genannt wird. Einer, der sich 1969 und 1972 für den Kanzlerkandidaten Willy Brandt ins Zeug legte. Einer, der Günter Grass und Norbert Gansel zu seinen Gästen zählt. Einer, der in seinem Berliner Etablissement, ohne mit der Wimper zu zucken, Bilder von Konrad Adenauer und Helmut Kohl neben solchen von – »meinem Idol« – Willy Brandt aufhängt. Einer, der im Lokal an der Spree einen Stuhl aus dem ersten Deutschen Bundestag installierte. Einer, der von einem Künstler aus dem Osten 37 Scheiben eines Fensters aus dem Bonner Wasserwerk mit der Geschichte der Deutschen Demokratischen Republik (DDR) bemalen ließ und sie in der »Ständigen Vertretung« ausstellt. Einer, der offenkundig den Publikumsgeschmack trifft, wenn er einen alten Zuschneidetisch aus der Bonner Fahnenfabrik – »darauf sind die Staatsfahnen genäht worden« – ins Lokal rückt. Einer, der von sich behauptet, er wolle mit der »Ständigen Vertretung des Rheinlandes in Berlin« eine Brücke zwischen Ost und West, zwischen Bonn und Berlin, schlagen. Was wohl der einstige Ständige Vertreter einer sozialdemokratischen West-Regierung, Günter Gaus – Botschafter durfte der sich nicht nennen, das hätte die Anerkennung des »Phänomens DDR« (Kurt Georg Kiesinger) bedeutet – von diesem Titelklau hält?

In der »Ständigen Vertretung« wächst zusammen, was nach Meinung Willy Brandts schon immer zusammengehört hat: »Typische Soljanka mit Sauerrahm« und »Himmel un Äad« – »Rheinisches Nationalgericht«; »Kölsche Hämchen auf Sauerkraut und Püree« und hausgemachte »Brandenburger Kohlroulade mit Speck-Tomaten-Sauce«; »Elsässer Flammkuchen«, »Spaghettini piccanti-StäV« und »Gebratene Kalbsleber Berliner Art«. Dazu gibt's einfache Weine der besseren Herkunft und – selbstverständlich – verschiedene Biere. Der Laden ist fast immer gerammelt voll. In ihm trifft aufeinander, was sich früher aus dem Weg gegangen ist. Nicht nur bei den Gästen: Das Haus, in dem Friedel Drautzburg ständig das Rheinland vertritt, gehört einer Stiftung der Evangelischen Kirche in Berlin-Brandenburg. Es ist nach dem Fall der Mauer dennoch – so wird gemunkelt – von »alten Seilschaften« aus dem »Ministerium für Staatssicherheit« verwaltet worden. Was für Drautzburg zur Folge gehabt haben soll, daß die Restaurierung »ziemlich teuer« geworden sei – »wegen kameradschaftlicher Zusammenarbeit« zwischen »Verwaltern« und »Renovateuren«. Drautzburg, der »Prominentenwirt« aus Bonn, will sich dazu nicht äußern. Der Mann weiß, wie vielen wohl- und niemandem weh getan wird.

Das ist ein Talent, das ein Mensch braucht, wenn er sein altes Lokal in Bonn erfolgreich weiterbetreiben will – was klappt, wie der Anschein bestätigt – und gleichzeitig das Geschäft mitten im Regierungsviertel von Berlin laufen soll. »Können Augen aus dem Rheinland lügen?« hat Friedel Drautzburg in seinen ersten Berliner Tagen nach der »Wende« – zuvor hatte er 1959 in Berlin studiert – Kontrolleure der Berliner Verkehrsbetriebe (BVB) gefragt, als die meinten, sie hätten ihn »ohne gültigen Fahrausweis« geschnappt. Die Kontrolleure waren der Überzeugung, »Ja, sie können«, weshalb ihn nur das Wiederfinden des Tickets vor einem Bußgeld bewahrte. Seine Stammgäste sehen das mit an Sicherheit grenzender Wahrscheinlichkeit anders. Ob »bei Friedel« im »Haus Daufenbach« am Rhein oder an der Spree in der »Ständigen Vertretung«, die an ihn gewöhnten Politiker und Journalisten werden sich je nachdem bei dem Jenachdemer die Beine vertreten.

Kinder hassen Holzspielzeug

Cartoon: Rolf Kutschera

Kienzle: Raum ohne Volk

Wer hat den Größten? Den größten Arbeitsplatz im ganzen Haus? Hierarchie ist machbar. Autos, Klamotten, Frauen haben als Statussymbole ausgedient. Sehen eh alle gleich aus. Es ist wirklich eng geworden. Wenn alle das gleiche essen und in denselben Geschäften einkaufen gehen! Aber im Büro funktioniert es noch. Einzelhaft im Strafvollzug ist merkwürdigerweise verpönt. Doch im Job ist die Versetzung ins Großraumbüro immer noch die größte Strafe. Teamwork hin oder her – kein normaler Mensch arbeitet gern in einem Hasenstall. Tierfreunde gönnen übrigens sogar ihrem Stallhasen einen kleine Holzkiste, eine Art Stall im Stall, in die sich das Tier unbeobachtet zurückziehen kann. Doch die Gewerkschaften verlieren über ihre großen Vorhaben das wichtigste Ziel aus den Augen: die artgerechte Haltung von Bürohengsten. Anthroposophisch orientierte Firmen treiben es natürlich gleich wieder auf die Spitze: Dort hockt der Vorstand im erdfarbenen Großraumbüro mitten unter seinen Untergebenen. Vor Gott und Rudolf Steiner sind alle gleich.

Der herkömmliche Angestellte muß im Großraumbüro nicht nur die ganz normale Angst haben, daß man ihm den Stuhl unter dem Hintern wegzieht. Viel schlimmer ist die Furcht, jemand könne plötzlich die Trennwände hochheben und davonschweben lassen. Darum wird an diese Wände auch genagelt, was nur dranzunageln ist. Sie sollen nicht unbedingt schöner, aber auf jeden Fall viel, viel schwerer werden. Grausamer waren nur die Büros in den sechziger Jahren. Jack Lemmon saß als C.C. Baxter unter vielen Dutzenden kleiner Angestellten in einem Riesenraum, den Saal zu nennen angesichts der niedrigen Decke hoffnungslose Übertreibung gewesen wäre. Und dann durfte der arme Wurm nicht einmal mehr nachts nach Hause, weil ihm sein Chef den Apartmentschlüssel abgenommen hatte, um in seinem Bett die Sekretärin zu vernaschen ... »Armseliges Individuum in der kapitalistischen Welt« nannte ein DDR-Filmlexikon Jack Lemmon in dieser Rolle. Völlig zu Recht. Wer allerdings je ein altes DDR-Büro gerochen hat, wundert sich über die Chuzpe, andere Arbeitsumstände zu kritisieren.

Noch armseliger ist das Individuum, das Fotos der Daheimgebliebenen auf den Schreibtisch stellt. Entweder eine unverzeihliche Aufdringlichkeit von Spießern, die jeden Fremden in ihr muffiges Familienidyll hineinziehen wollen. Viel häufiger ist das Motiv für das Aufstellen von Fotos der Wunsch, unverblümt auf die sexuelle Orientierung hinzuweisen. Schon Susan Sontag mokierte sich über den talismanartigen Mißbrauch der Fotos von Frau und Kind, die sie in einem Atemzug mit Fotografien nannte, die auch Jean Genet an seine Wände hämmerte: seine Familie – lauter andere Kriminelle, denn die Wände waren die seiner Gefängniszelle. Diese »Familie« wachte über seine alltäglichen Verrichtungen, sagte er. »Träumen, masturbieren, schreiben.« In Großraumbüros darf man noch weniger.

Seit Frauen in die Berufswelt nicht nur als Sekretärinnen eindringen, sind Familienfotos auf den Schreibtischen allerdings etwas seltener geworden. Von Mann zu Mann galt die Ehefrau noch als unentrinnbares Schicksal. Die süffisanten Blicke von Geschäftspartnerinnen treffen den Ehemann um so härter. Traurig stimmt die unausrottbare Vorliebe von Sekretärinnen für Ansichtskarten. Eine völlig unpassende Unterwerfungsgeste heutzutage, weil Sekretärinnen längst fernere Länder anpeilen als der Chef, der dann mühsam versucht, wenigstens mit Dienstreisen gleichzuziehen.

Ästhetische Trostlosigkeit vieler Büros brachte in den 80er Jahren die Wirtschaft auf den Einfall, die Bildenden Künste zu sponsern. Viel lieber jedenfalls als die Literatur. Bücher lassen sich so schlecht an die Wand nageln. Gemälde geförderter Künstler verraten nicht nur, daß sich die Firma Originale leisten kann, sondern auch, daß sie karitativ tätig ist. Beamte haben es in dieser Hinsicht leichter. Die holen sich einfach ein paar Dauerleihgaben aus dem Museum, regen sich aber gern darüber auf, wenn die Museen das Zeug bei der Pensionierung zurückwollen.

Abteilungsleiter? Referatsleiter im Kanzleramt? Zählen Sie einfach die Zahl der Fenster, dann wissen Sie es. Fenster um Fenster dazuzugewinnen ist der erklärte Ehrgeiz jedes Beamten. Berlin-Gegner wenden gegen die neue Hauptstadt vor allem eines ein: Die Büros in den alten Reichsgebäuden werden riesig sein. Raum ohne Volk. Größenwahn ist das einzige, womit man in Berlin ganz sicher rechnen kann.

Unser Mann im Vorzimmer

Hauser:
Was gibt's Neues, Kienzle?

Kienzle:
Für den Job in unserem Vorzimmer hat sich ein Mann beworben. War zehn Jahre Redaktionsassistent bei »Mona Lisa«. Sehr gute Zeugnisse.

Hauser:
In der Kantine geht das Gerücht, er mußte gehen, weil er sich geweigert hat, für die Chefin Kaffee zu kochen.

Kienzle:
Von allen Bewerbern ist er am besten qualifiziert.

Hauser:
Kein Wunder – nach zehn Jahren ohne jede Aufstiegschance.

Kienzle:
Und – gewähren wir ihm Asyl?

Hauser:
Wir sollten die Unterlagen noch mal durchsehen. Vielleicht finden wir ja doch eine Frau, die genauso gut ist wie er.

Kienzle:
Nein, bloß keinen Ärger mit der Männergleichstellungsstelle im ZDF! Die wollen uns den Kerl unbedingt ins Vorzimmer drücken.

Hauser:
Tja, und wer nimmt ihn auf seine Männerquote: Sie oder ich?

Kienzle:
Vielleicht ist er ja Feminist. Dann wäre er wenigstens ideologisch eine Frau, und wir könnten ihn quotenmäßig halbieren.

Hauser:
Männer im Vorzimmer! Geil auf Karriere statt auf Rechtschreibung. Und wenn man sie am dringendsten braucht, werden sie Vater und nehmen sich Babyurlaub.

Kienzle:
Jaja, Hauser, und an allem ist »Mona Lisa« schuld.

Hauser:
Ohne »Mona Lisa« hätten wir heute eine Frauenquote und keine Männerquote.

Kienzle:
Dann säße aber einer von uns beiden jetzt nicht hier.

Hauser:
Na und? »*Frontal* – das Magazin mit Hauser und von Welser oder so« klingt doch auch nicht schlecht.

Kienzle:
Funktioniert bloß nicht. Hauser und von Welser, Hauser und Illner – keine Frau hält es lange bei Ihnen aus.

Hauser:
Im Vorzimmer schon.

Kienzle:
Dann können wir aber genauso gut einen intelligenten Mann ranlassen.

Hauser:
Ist er wenigstens blond?

Kienzle:
Nach zehn Jahren bei »Mona Lisa« tippe ich eher auf weiße Haare.

Hauser:
Na, dann ist der Fall für mich erledigt!

HAUSER: AUSSEN PFUI, INNEN FENG SHUI

80 Prozent aller chinesischen Kinder werden regelmäßig geschlagen, teilt uns ein Fachmann des neuesten Einrichtungstrends aus Fernost unverblümt mit. Die Chinesen selbst scheinen den Weg zum harmonischeren Leben nicht unbedingt gehen zu wollen. Sind so kleine Häuschen nur? Oder

weil es modernen Chinesen einfach zu blöd ist, sich mit der pränatalen Himmelssequenz zu beschäftigen? Aber nein. Feng Shui ist in China seit der Kulturrevolution verboten, während sich Hongkong und Taiwan zu regelrechten Feng-Shui-Hochburgen entwickeln konnten. Doch vor kurzem wurde in Peking ein Feng-Shui-Museum eröffnet. Also nicht anzunehmen, daß sich in Hongkong so schnell etwas ändern wird.

Ohne vorherige Abstimmung mit einem Feng-Shui-Spezialisten mietet oder kauft in Hongkong oder Taiwan niemand ein Haus, eine Wohnung oder ein Geschäft. Die Bank of China baute kurz vor der Wiedervereinigung der Kronkolonie mit ihrem Mutterland ein neues Bankgebäude, das ausschließlich aus Feng-Shui-Gründen mit einer spitzwinkligen Ecke versehen wurde. Sie zeigte direkt auf das Regierungsgebäude des britischen Gouverneurs. Die Pekinger Kommunisten fanden das ziemlich gelungen, und der Gouverneur ließ sofort einen Erdwall aufschütten. Zauber und Gegenzauber wurden ordnungsgemäß installiert, obwohl beide Anwender ganz, ganz fest nicht die Bohne an Feng Shui glaubten. Die Gläubigen aber lachten sich ins Fäustchen.

Der Sinn von Feng Shui ist nicht mehr und nicht weniger als die Versöhnung von Yin und Yang. Aus der starren pränatalen Himmelssequenz, in der sich Himmel und Erde, See und Berg, Feuer und Wasser, Donner und Wind bedrohlich gegenüberstehen, soll eine geradezu heitere postnatale Konstellation werden, in der die Polarität zyklisch aufgelöst wird. Auf Donner folgt Wind, auf Wind Feuer, auf Feuer Erde und so weiter. Alles ganz easy. Spontanheilung im Wirtschaftsleben. »Ein Angestellter dreht seinen Schreibtisch und binnen einer Woche wird er befördert.« Wesentlich poetischer: »Ein verarmtes Mädchen ölt die rostige Türklinke und findet Arbeit.« Wie geschmiert. So ging es früher nur in amerikanischen Spielfilmen zu, als die Freud-Rezeption in Hollywood ihren Höhepunkt erreicht hatte. Ein bißchen in der Kindheit der Heldin herumgewühlt, sexuellen Mißbrauch durch den Lover der Mutter hervorgekramt, eine echte Trouvaille, und schon waren sämtliche Neurosen wie weggeblasen.

Werden Sie Ihr eigener Detektiv, bestellen Sie den Feng-Shui-Experten, bohren und kneten Sie in Ihrer Vergangenheit! Der drückt Ihnen feuchten Ton in die Hand und zieht aus dem fertigen Kunstwerk seine Schlüsse. Verflucht der Mensch mit den ungeschickten Händen. Drachen und Tiger werden ihn nie umarmen. Milliarden von Hongkong-Dollars können sich nicht irren! Also plappert die Zeitschrift »GQ« den neuen Propheten alles nach und gibt ihren Yuppies exakte Anweisungen. Die Bürotür darf nur aus massivem Holz sein, denn Glas würde die positive Chi-Energie ableiten. Ein Teppich mit dem Symbol von Yin und Yang – das kann heute jeder Grundschüler im Schlaf aufzeichnen – ist ein absolutes Must. Die Wände weiß, der Schreibtisch rot. Nicht zu vergessen ein kleines Wasserbecken, dessen Inhalt in Bewegung bleiben muß. Um Himmels willen kein stehendes Wasser, Kienzle! Die Zeit, in der Sie nicht mit der Hand in Ihrem Aquarium herumpaddeln, können Sie dazu verwenden, auf Steine Li-Shö-Zeichen zu kritzeln. Die helfen gegen den bösen Einfluß benachbarter Gebäude und gegen den schlechten Einfluß der Straße. Obwohl: Wann hätte sich je ein Sozi gegen den schlechten Einfluß der Straße gewehrt? Genau gegenüber dem Schreibtisch sollte ein Drachenbild in Rot und Schwarz hängen. Schwarz repäsentiert beruflichen Erfolg und Geld (au ja!), und Rot steht für Glück, Leben und die Kraft des Feuers (na ja).

Feng-Shui-Berater heilen Grundrisse. In Mehrfamilienhäusern nehmen sie Anstoß an Treppen im Zentrum der Häuser, denn die vermitteln Unruhe und lassen Kinder hyperaktiv herumzappeln. In jedem Zimmer eine Kristallprismenkugel aufgehängt – und schon kehrt Ruhe ein. Ihre Toilette befindet sich in der Mitte des Grundrisses? Ganz schlecht. Innere Energie, Tai Chi und Stabilität werden regelrecht weggespült. Chinesen und Freudianer aller Länder, vereinigt euch!

Kein Zufall, daß bei den Schweizern Feng Shui besonders beliebt ist. Daß die Wohnungsplanung nicht nur Zimmer für Eltern und Kind (müssen nicht mal reelle Kinder sein, die Idee »Kind« reicht völlig – ein glänzender Einfall) vorgesehen haben, sondern auch Räume für hilfreiche Menschen, Karriere und Reichtum – das liegt den Eidgenossen. In Züri gibt es genauso viele tüchtige Banker wie (noch) in Hongkong. »Führ ihn in dein Stübli, wenn's nit usgseht wien e Säustall, daß me nit emal meh e Katz dryla darf, vrwschyge de e Mönsch.« Was ist das? Mandarin? Hakka? Nein, Feng Shui auf Schwyzerdütsch!

Feng-Shui-Einrichter bringen Schönheit direkt ins Haus. Beratung neun Mark pro Quadratmeter. Ganz allerliebst läuten dazu die Klangspiele »Ton der Erde« (die pentatonische Tonfolge des G, das der Drehung der Erde um die eigene Achse entspricht), »Ton der Sonne« (ein Cis, in der indischen Mythologie der Vater aller Töne – Indien? Wieso Indien?) und »Ton des Mondes« (erinnert an den mächtigen Ton großer Kathedralen – jaja, die herrlichen chinesischen Kathedralen!). Vom »Ton des Merkur« rate ich dringend ab, denn er aktiviert sämtliche Elementarfunktionen des Verstandes, und dann kriegen Sie Ärger mit Ihrem Feng-Shui-Berater. Bei klarem Verstand werden Sie seine Rechnung nämlich nicht mehr bezahlen wollen.

Kienzle:
Opa kriegt ein Kind

Alte Männer, die von jungen Frauen aufs Kreuz gelegt worden sind, behaupten anschließend gern, dies sei ein neuer Trend. Denn irgendwo finden sie es schon peinlich, mit einem Baby im Kinderwagen gesichtet zu werden, das nicht ihr Enkel ist. Späte Väter bemühen sich daher, ein jugendliches Strahlen auf ihr Gesicht zu zaubern und jedes greisenhafte Leuchten zu vermeiden. Wie eine Hormondusche, freuen sich Mediziner, wirke die Geburt eines Kindes für einen Vater jenseits der Fünfzig. Trotzdem kommt sich der Grufti in der Krabbelgruppe leicht deplaziert vor. Oder vielleicht gerade am richtigen Ort? Auch er bewegt sich nur noch kriechend fort und beneidet seinen Sprößling glühend, der in seiner Lauflernhilfe so flott vorankommt.

Klausjürgen Wussow, gute 70 und Vater eines Kleinkinds, verkündet wichtig: »Jedes Baby, das auf die Welt kommt, zeigt uns, daß die Erde noch atmet und lebendig ist.« Noch viel wichtiger dürfte ihm sein, daß Klaus Wussow noch atmet und lebendig ist. Anthony Quinn schläft mit einer jungen Frau und zwei Kleinkindern in einem Bett: »Ich will jede Sekunde mit den Kleinen genießen.« Es könnte ja auch die letzte sein. Praktische Vorteile sind nicht zu leugnen. Vergessen, Pampers einzukaufen? Kein Problem. Man kann doch die von Papa mit etwas Klebeband enger schnallen, und schon kann Baby mit der Verdauung wieder loslegen. Die Inkontinenz wird ein verläßlicher Faktor in der Haushaltsplanung. Das Baby schreit? Papi behält bewundernswert die Nerven, denn Papi hört nichts, Papi ist ja taub. Morgens möchte das Kind spielen, aber Papi schläft tief und fest. Macht nichts, Papi! Auf seinem Nachttisch findet sich immer etwas Lustiges, und wenn es nur die Zahnprothese ist, mit der man so wunderbar Wauwau spielen kann. Mag sein, daß der Alte beim Aufwachen etwas zornig vor sich hinmümmelt, wenn er seine Dritten wieder unter allen Betten suchen muß. Solche Väter schlagen ihre Kinder ja sehr selten. Weil sie so abgeklärt, so reif und souverän sind? Nein. Weil sie sie nicht erwischen.

Elternabende in Krippe, Kita und Schule – ein Grausen für jeden normal entwickelten Erwachsenen. Den späten Vätern macht das gar nichts. Sie schnarchen einfach weg. Karriere? Egal. Frauen haben den Trick vorgelebt und innere Leere schon immer mit Kindern gefüllt. Alain Delon verbreitet überall: »Die Schauspielerei ist mir nicht mehr so wichtig. Die Kinder sind jetzt der Mittelpunkt meines Lebens.« Da wird Leonardo Dicaprio aber erleichtert gewesen sein, als er das hörte.

Wer das Alter nahen sieht, aber keine blutjunge Sekretärin findet, die es mit ihm teilen möchte, der verliert sich unter Umständen in rührseligen Philemon-und-Baucis-Träumen. »Wir alle kennen bejahrte Frauen und Männer, die mit einer unbeschreiblichen Innigkeit und Zartheit, ja einer ans Verklärte grenzenden Tiefe zu lieben vermögen …« Da Männer alte Frauen aber eher mit den Augen Baudelaires sehen – »diese schlotterigen Mißgestalten waren einstmals Frauen« –, setzen sie alles daran, nicht selber zur schlotterigen Mißgestalt zu werden und erfrischen sich an jedem Jungbrunnen, dessen sie habhaft werden können. Mahatma Gandhi bestellte sich immer ein paar junge Mädchen, die mit ihm im Bett schlafen sollten. Seit die pränatale Diagnostik solche großen Fortschritte gemacht hat, sind junge Mädchen in Indien Mangelware geworden, aber von diesem kleinen Malheur einmal abgesehen, glauben die meisten älteren Herren immer noch an den Trick. Und so werden auch alte nicht-indische Politiker zu jungen Vätern, von Theo Waigel über Jassir Arafat zu Oskar Lafontaine. Nur Schröder drückt sich wieder und hat lieber ein Leihkind abonniert. Was könnten Joschka Fischer und Dieter Bohlen wohl gemeinsam haben? Die gute Figur? Die markante Stimme? Die unstillbare Sucht nach Gigs? Alles falsch. Beide wollen kein Kind von Naddel und auch nicht von Nicola. Mit bewundernswerter Selbstdisziplin haben sie sich allen diesbezüglichen Anforderungen ihrer Gefährtinnen entzogen. Das hat Größe. Wie lange der mitleidskriselnde Außenminister das Genöle seiner juvenilen vierten Gattin allerdings durchsteht, bleibt dahingestellt.

Trendsetter Pablo Picasso verordnete seiner 40 Jahre jüngeren Frau Françoise Gilot Mutterschaft als Heilmittel gegen Frust. Waigel? Lafontaine? Wir wollen's doch nicht hoffen. Eher unwahrscheinlich auch, daß diese beiden Prototypen späten Vatertums ihre neuen Frauen zu Spaziergängen à trois mit der alten Ehefrau oder richtiger: mit einer der alten Ehefrauen zwingen, wie es Picasso gern tat. Dabei würde Margarete Lafontaine sicher mit Vergnügen einmal mit Oskar und Christa gemeinsam über die Sache mit den Bausparverträgen sprechen, und bestimmt würde das lustige Krähen von Klein Carl-Maurice die Stimmung spürbar entspannen.

Der Sympathiewert später Vaterschaften beim wählenden männlichen Pubikum kann gar nicht hoch genug eingeschätzt werden. Grund ist der Ätsch-Effekt. Nur Frauen können Kinder kriegen, aber Männer können sie viel, viel länger zeugen.

HAUSER: KINDER HASSEN HOLZSPIELZEUG

Holzspielzeug ist bei Kindern ungefähr so beliebt wie Lebertran. Weil es aber so teuer ist und in ästhetisch ausgereiften Geschäften angeboten wird, bleibt es ihnen genausowenig erspart wie die gelbe Schmiere, wenn sie einem Kinderarzt begegnen, der der Großvatergeneration angehört. Deshalb geht es Läden mit überkandideltem Spielzeug prächtig. Schon deren Name ist Programm: »Spielen und lesen«! »Spielen und lernen«! Auch nach Amerika hat die Seuche übergegriffen. FAO Schwartz behauptet kühn, Holzspielzeug sei im Kommen, bloß weil man ein paar Grandmas beim Erwerb kleiner Holzeisenbahnen gesichtet hat.

Nirgendwo sind angebliche Trends so verdächtig wie auf diesem Markt. Da muß immer jemandem unter die Arme gegriffen werden. Das andere Zeug verkauft sich ja von allein. Aber die Holzkreisel! Spielzeugmacher drehen sie den Eltern gern als interaktives Spielzeug an, was nichts anderes bedeutet, als daß Eltern die Dinger pausenlos zum Rotieren bringen müssen, um sie irgendwann entnervt in die Ecke zu pfeffern. Losbrüllende Balgen lassen sich dann aber schnell mit einem hübschen Kinderfilm trösten. Und die Eltern haben Ruh.

Holzspielzeug sei kreativ, behaupten die Hersteller. Warum eigentlich? Weil man die Schafe nicht von den Hunden unterscheiden kann und sich das ratlose Kind so viele Gedanken machen muß? Anthroposophen lieben an Häusern, Möbeln und natürlich am Holzspielzeug die »abben« Ecken, wie der Volksmund seine Verzweiflung über die Unbeschreiblichkeit zwanghafter Asymmetrie artikuliert. Die Tiere sehen aus wie handgeschnitzt und wurden mit Farben behandelt, die selbstverständlich nicht toxisch sind. Beliebte Geschenke aus dem Reservat ulkiger Ideen sind auch diese kleinen Wollpüppchen in schlichten Primärfarben. Kinder kneten sie mit dem Gefühl, gar nichts in der Hand zu haben – und schon wieder geht das Denken los.

Welches normale Kind greift freiwillig zu einem naturbelassenen, also bräunlichen Holzauto, wenn daneben eine knallrote Porsche-Imitation zur Auswahl steht? Vom Holzauto fühlt es sich veräppelt. »Was möchtest du haben: eine kleine Tigerente aus Holz oder ein fernlenkbares Polizeiauto?« Dreimal dürfen Sie raten, Kienzle. Holzspielsachen haben so etwas verkrampft Liebes, das den Kindern den Magen zuschnürt. Denn sie wissen längst, wie es wirklich zugeht im Leben.

Nur an ein einziges Weihnachtsfest erinnert sich Hans Henny Jahnn mit restloser Begeisterung. Er bekam eine Kuh geschenkt, eine vollkommen naturgetreue Kuh aus Gips (mit Plastik war man noch nicht soweit). Die Knochen traten hervor, sie hatte ein Euter, gut definierte Zitzen und einen äußerst realistischen Kuhhintern. Doch Jahnn wußte: Die Realität hat in den Augen der Erzieher wenig Chancen. »Man wird bei der Unehrlichkeit und inneren Unwahrheit bleiben.« Ein richtiges Euter ist Kindern lieber als ein komischer Knubbel unterm Holzkuhbauch, der auch ein monströser Pickel sein könnte.

Beim Spielzeug lügen Eltern ähnlich wie beim Fernsehkonsum ihrer Kinder. Florian Langenscheidt liebt es, mit seiner Frau schmalztriefende Bücher über Glücksmomente zu verfassen. Da dürfen die lieben Kleinen natürlich nicht fehlen. »Glück mit Kindern. Eine Liebeserklärung«. Seinen Söhnen hat er eine Stoppuhr neben den Fernseher gelegt, sechs Stunden pro Woche dürfen die beiden Grundschüler gucken. Noch nie auf die Idee gekommen, die könnten die Uhr anhalten, sobald ihnen der Vater den Rücken zukehrt? Petra Gerster gibt in derselben Talkrunde zunächst nur »Siebenstein« und »Pingu« zu, gesteht aber auf strengeres Befragen noch »Die Sendung mit der Maus« und – Offenbarungseid! – das Computerspiel »Supermario«. Es soll ja schon Eltern geben, die ihre Kinder beschwören, sich in der Schule dumm zu stellen, wenn von den Simpsons, Max, Goofy, Vater Earl oder gar den Gargoyles die Rede sein sollte – jede Bekanntschaft abstreiten, flehen Papa und Mama.

Kluge Kinder verhandeln dann und wollen im Gegenzug nie wieder eine Fingerpuppe geschenkt bekommen, die in den Augen der Erwachsenen doch so unglaublich drollig, putzig und kindgerecht sind (obwohl man gegenüber allem, was man direkt neben der Ladenkasse abgreifen kann, mißtrauisch sein sollte); Kinder finden sie einfach nur bescheuert. Ein Finger ist ein Finger, und eine Puppe ist eine Puppe. Basta. Eltern, die es versäumen, sich mit ihren Kindern abzustimmen, müssen stundenlange Vorträge über Gewalt in Zeichentrickfilmen über sich ergehen lassen, wodurch sich in ihnen selbst gefährliches Aggressionspotential zusammenbraut.

Seit sich an der Kent State University in Ohio eine Forschungsgruppe zu Brunhoffs »Babar« gegründet hat, ist dort der Teufel los. Fanatische Babar-Gegner schreiben Essays mit Titeln wie »Sollte man Babar verbrennen?« – die Antwort ist natürlich ja – und ereifern sich über den »verinnerlichten Rassismus« der Babar-Familie. Einfach schockierend finden sie die europäische Kleidung der Elefanten und Königin Celestes schwache Persönlichkeit. Sonst plagen die Akademiker wohl keine Sorgen. Ihre Kinder haben zu Hause sicher jede Menge pädagogisch korrektes Holzspielzeug. Wenn sie dann erwachsen sind, werden sie es verbrennen und ihren Urlaub wechselweise in Lego-Land und Euro-Disney verbringen, darauf verwette ich mein ganzes Arsenal von Spielzeugpistolen.

KIENZLE: SCHAFFT DIE SCHULE AB!

Als Monika Hohlmeiers Tochter vor fünf Jahren von ihrer Mutter auf eine Waldorfschule geschickt wurde, war das Hohngelächter in Bayern groß. Die seinerzeitige Staatssekretärin im bayerischen Kultusministerium schickt ihr Kind auf eine Privatschule! Doch Frau Hohlmeier wehrte sich. Als Schülerin habe sie mit Noten und Leistungsdruck niemals Probleme gehabt. Wohl aber mit fiesen Promibeobachtern, die ständig auf der Suche nach Beweisen für eine Bevorzugung oder Benachteiligung der Strauß-Tochter gewesen seien. »Dies wollten mein Mann und ich unserer Tochter ersparen.«

Mag ja sein, daß ihrer Tochter ein paar unangenehme Paparazzi erspart bleiben, doch was haben die Eltern ihr eingebrockt! Zum Beispiel den Zeugnisspruch. Jedes Kind bekommt ihn von seinem Klassenlehrer angeblich auf den Astralleib geschneidert, in Wahrheit aus einem feststehenden Fundus verpaßt und muß ihn allmorgendlich aufsagen. Beispiel: »An allen häßlichen Gedanken/muß die eigene Seele erkranken./Was rein und still du hochgeehrt/des Herzens Reichtum dir vermehrt./Was du so wirkst, dein Leben heißt/du selbst bestimmst es allermeist.« Das Kind, das nicht spätestens nach dem zehnten Aufsagen wirklich ganz häßliche Gedanken bekommt, ist schon krank. Es ist das mystisch-wabernde, goetheistische Brunftdeutsch, das vermutlich mehr psychosomatische Leiden schafft als mildert.

Die Waldorfschulen stellen den größten Anteil von Schulen auf dem Privatschulmarkt, die nach dem gleichen Konzept arbeiten. Straff organisiert sind sie nicht. Die Rudolf-Steiner-Botschaft unterdrückt ganz von allein jede denkbare Verschiedenheit. »Wer ruhig auf die Dinge blickt, der wird sein ganzes Leben durchkraften«, sagt Rudolf Steiner. Der wird was? Durchkraften, Hauser, durchkraften. Vermutlich so etwas wie eine Durchhalteparole für Waldorflehrer, wenn sie an pubertierenden Kindern der achten Klasse fast zugrundegehen, die in dieser Zeit an ganz andere körperliche Extremitäten denken als an ihren Ätherleib.

Die Phantasie älterer Waldorfschüler wird allein dadurch unablässig angeregt, daß sie sich immer phantasievollere Entschuldigungsgründe fürs Fernbleiben vom Eurythmieunterricht oder vom »beseelten Turnen« ausdenken müssen. Wallalaweia!

Da offiziell an Waldorfschulen nicht geschlagen werden darf (Durchkraften mit der Hand verboten!), haben sich die Waldorfschulen andere Strafen ausgedacht und wirklich pfiffige Ideen entwickelt. Kinder, die ein »böses« Wort gesagt haben, müssen sich den Mund mit Wasser ausspülen, und bei noch schlimmeren Vergehen müssen sie demütig in der nächsthöheren Klasse antanzen und Beichte ablegen. Beliebt auch das Auf-den-Stuhl-Stellen als Prangerersatz oder das Festkleben von Kinderhänden mit Heftpflaster auf dem Tisch. Die Gründung eines Vereins für waldorfgeschädigte Kinder und Eltern hat sich bereits gelohnt. »Ich sammle und beherrsche mich/so krieg ich Kraft und Kern.«

Aber zuviel davon schadet dem Waldorfkind auch.

Dann kriegt es ein schlechtes Zeugnis ohne Noten, aber mit vielen bösen Worten, für deren Gebrauch sich der Pädagoge eigentlich den Mund ausspülen müßte. »Manche seiner Hampeleien sehen stark nach Exkarnationsversuchen aus. Auf seiner weiteren Entwicklung sollte ein liebevoller, aber illusionsloser therapeutischer Blick ruhen.« Therapie der Blicke! Und den Pädagogen möchten wir sehen, dessen Augen nicht nach einigen Jahren in der Praxis ziemlich illusionslos geworden sind. Doch es ist ein zugegeben interessanter Weg, das private Burnout in einem Schülerzeugnis festzuhalten.

Staatliche Schulen – abgewirtschaftet? Das heutige Schulsystem ist immer noch von vorgestern. Wilhelminische Gebäude mit wilhelminischen Inhalten und manchmal, eher versehentlich, ein paar passablen Lehrern. Hauptschule, Realschule und Gymnasium, deutsche Selektion. Ein paar Pädagogen sind dann 1968 (aha!) auf die Idee mit der Gesamtschule gekommen. Kinder, zur Sonne, zur Gleichheit! Prima Einfall, der nur leider dadurch völlig konterkariert wurde, daß die Gymnasien nicht geschlossen wurden und sich die »besseren« Schüler krallten. Problemfälle kamen in die Gesamtschule. Volle Elternabende garantiert: Ausländer bringen gern ein bis zwei ältere Kinder zum Dolmetschen mit. In einem Aufsatz zur Feier des 25jährigen Jubiläums der Gesamtschulen fordert ein Pädagogikprofessor beleidigt die Gymnasien auf, von der Praxis, »sogenannte ungeeignete« Schüler auf andere Schulen zu schicken, endlich abzusehen. Für Gesamtschulverfechter deutet sich hier eine praktikable Lösung an. Warum machen sie nicht klammheimlich aus jedem Gymnasium eine Gesamtschule! 30 Prozent der Abiturienten gehen sowieso nicht auf die Universität. Betriebspraktika und Arbeitslehre für alle! Ein angehender Mediziner soll ruhig hobeln lernen. In der Schönheitschirurgie kann er's vielleicht sogar gebrauchen.

In welche Schule gehen Kinder wirklich gern? In keine. Sie sitzen zu Hause vorm Computer und lernen so, was es zu lernen gibt. Kein Verdruß, keine Hiebe, und die Website kommt sofort. Schafft die Schule endlich ab. Die virtuelle gibt's doch schon!

Hauser: Wer zweimal auf derselben pennt

Der Linke, der Unstete, der Nichtseßhafte – er schwört auf Futon. Allerdings hat er nur nebulöse Vorstellungen, was Futon eigentlich ist. Für ihn verkörpert es Japan, das Fremde! Exotik und Erotik. Je nach Alter denkt er an bescheidene Kimono-Frauen oder frechen Schulmädchensex, er halluziniert Bilder von halbleeren Wohnungen, verschiebbaren Wänden, aufmerksamen Gastgebern und viel rohem Fisch. Futon ist ihm Synonym für Beweglichkeit des Geistes und der Matratzen, denn er hat irgendwo gelesen, daß der echte Japaner ständig seine Wohnung umräumt und nur glücklich ist, wenn in rascher Folge aus dem Gästezimmer das Büro und aus dem Kinderzimmer die Küche wird. Oder so ähnlich. Nach getaner Arbeit tippelt der Japaner in die Karaoke-Bar, singt lauthals und falsch westliche Lieder und benimmt sich überhaupt wahnsinnig spontan. Am Ende ist er vom Reisschnaps so betrunken, daß er gerade noch in sein Futonbettchen schlüpfen und in tiefen Gesundheitsschlaf versinken kann. Ja! Das Futonbett.

Doch der Einsteiger ist dann meist unangenehm überrascht: Das Futonbett gibt es gar nicht! Da hat er nun endlich das Geld zusammen, hat sein schwedisches Landskrona-Bettsofa auf den Sperrmüll geschmissen und sich in ein Bettenstudio der oberen Designklasse begeben, nur um dort zu erfahren, daß Futon bloß die Auflage ist! Der Japaner breitet diese Auflage über eine karge Matte, Tatami genannt, und rollt morgens brav seinen Futon wieder ein.

Eine karge Matte? Das gefällt dem impulsiven Deutschen dann doch nicht, dem Japaner auch immer weniger, vor allem, wenn er in einem Tokioter Wohnsilo haust. Der Kompromiß ist ein spartanisches (wichtig!) Bettgestell, das zur vollständigen Verwirrung deutscher Verbraucher von europäischen Möbelherstellern gern Tatami genannt wird. Oder Edo. Oder Pago. Oder überhaupt.

Dennoch hält sich im linken, unsteten Menschen hartnäckig die alte WG-Überzeugung: Wer zweimal auf derselben pennt, gehört schon zum Establishment. Also bloß kein Besitz! Und alles flachlegen, was flachgelegt werden kann. Die Mädchen waren willig, Matratzen waren billig. Bis zu den ersten Rückenschmerzen. Der Latexkern im Futon war die Rettung, aber natürlich eine bodenlose Verfälschung des Grundgedankens vom leichten Wohnen. Wenn der Linke dann alt wird, bestellt er sich klammheimlich ein Treca de Paris. Das gefällt der vierten und wird auch von der fünften Ehefrau in Folge nicht abgelehnt werden. Man kann ja ganz einfach die Auflage wechseln.

KIENZLE: SCHWARZE SCHWABBELN IM BETT

Selbst im Schlaf zu faul zur Bewegung. Der Rechte läßt sich's besorgen. Ein tiefer Durchatmer reicht, und die Erde bebt. In den 70er Jahren war so ein Wasserbett natürlich klasse, es schwabbelte mächtig, sah merkwürdig aus, herzförmig zum Beispiel wie Hugh Hefners Whirlpool, und war definitiv Avantgarde. Als aber die italienische Küste schließlich überschäumte, wurde man auch im Schlafzimmer gegen Algen irgendwie sensibel. Daran krankt die Branche heute noch.

Nicht zufällig war das erste Wasserbett 1851 eine Invalidenmatratze. Auch heutzutage lesen sich die Gebrauchsanweisungen für die Schwabbeldinger wie Beipackzettel. Schwangerschaft, Wehen, Gelenkentzündungen, Rückenschmerzen, Dekubitus (Wundliegen! Hallo, Kinder!) – vor jedem Wehwehchen will der Rechte bewahrt werden.

Was? Halb Schweden schläft auf Wasserbetten? Aber, Hauser. Die Schweden haben doch auch »sips« erfunden, den Seitenaufprallschutz. Gehen immer auf Nummer Sicher und sind im Grunde ihres Herzens die konservativsten Socken von ganz Europa. Spazieren Sie mal abends nach 20 Uhr durch Stockholm, Hauser. Da schlafen alle schon, und das einzige, was leise vor sich hingurgelt, sind die Boote im Mälarsee und natürlich die Wasserbetten. Selbstverständlich träumt der Schwede auf der hundertprozentig beruhigten Variante. Null Wellenbewegung. Sechslagig. Das passende Liebeslager für Leute, die zwei Kondome übereinander anziehen. No surprise: Auch in den Staaten schläft jeder Vierte im Wasserbett. Bei den Amerikanern darf es allerdings etwas mehr schaukeln, sagen wir, zu 70 Prozent (die Branche nennt das »für Unentschlossene«), denn wenn es nicht wenigstens ein bißchen schwabbelt, lassen Cheerleader-Mädchen sich nicht beeindrucken.

In Deutschland ist das Image des Wasserpfuhls total im Keller. Einerseits die Assoziationen Lotterbett und rechter Klemmi-Hedonismus, andererseits fragt sich argwöhnisch der Bettsuchende, weshalb die Dinger wohl überwiegend in trostlosen Gewerbegebieten verkauft werden? Und weshalb gibt es keine bei Ikea? Fragen über Fragen, die das Mißtrauen weiter schüren. Haben die Hersteller doch Angst vor Wasserschäden, wenn sich mal ein Stiletto ins Gummi bohrt? Aber nein, beteuern sie, bei einem Loch in der Hülle kommt es lediglich zu einem kleinen Rinnsal und nicht zur Sturzflut.

Vielleicht Angst vor der Seekrankheit? Doch der still Liegende spürt nur ein leichtes Wiegen, nichts Extremes, kein wildes Auf und Ab. Apropos: Jan teilt mit, beim Sex im Wasserbett gehe es vor allem um Arbeitsteilung, die Welle schwappe zweimal hin und her, wodurch man Kraft für »andere Stellen« spare. Was für andere Stellen? Typisch konservativ: Hier ein bißchen sparen, dort ein bißchen wegnehmen, und keiner weiß, wofür. Solche persönlichen Details erfahren wir nur aus dem Internet, das in Sachen Wasserbett fast die Funktion von Samisdatlektüre hat, denn die deutschen Wohnzeitschriften schweigen das Wasserbett auch in ihren ausführlichsten Schlafreportagen beharrlich tot. Zu anrüchig? Oder zu politisch? Warum kann man sich Helmut Kohl nicht auf einem Wasserbett vorstellen? Weil das Modell Wolfgangsee in kein Schlafzimmer paßt. Und darum lassen wir beide, Kohl und die Schwabbelmatratze, erleichtert im alten Jahrtausend zurück.

Hauser: Whirl oder Swimming?

Früher waren Whirlpools Luxus pur. Man ließ sie in sein Lieblingsbad einbauen und fühlte sich wie ein Millionär, falls man nicht wirklich einer war. Aber wie alles, was Krach macht und sauber gehalten werden muß, wurde der Whirlpool langweilig, die Welle der Begeisterung flachte ab und wir duschten nur noch. Der Whirlpool blieb aus.

Da war es aber schon zu spät. In der Demimonde war die Kunde vom kleinen Wunder der Massage bereits angelangt. Die Zuhälter waren begeistert. In jedem Puff, jedem Swinger-Club wurden Whirlpools installiert, und da hockten sie dann drin, erst René Weller persönlich, dann die René Wellers für Arme, hielten irgendwelche Bräute mit hochtoupiertem Blondhaar im Arm, ein Glas Sekt in der Hand und ließen sich vom Lokalzeitungsfotografen, ebenfalls einem alten Stammgast, grinsend ablichten. Und wie es gurgelte und schmurgelte und die Weichteile massierte. Die Mädels waren regelmäßig schon ganz aufgeweicht, wenn sie endlich im Tockenen weitermachen durften.

Whirlpools sind nur noch was für die Dodi-al-Fayed-Typen dieser Welt, die ihre Friseusen und manchmal auch deren Kundinnen abschleppen. Apropos Dodi: Neben seinem Whirlpool soll ein Zebrafell gelegen haben. Hoffentlich kein echtes, das hätte Diana sicher nicht gefallen. Auf Mallorca haben Whirlpools mit dem Fassungsvermögen von knapp zwei Dutzend Leuten dem Swimmingpool völlig den Rang abgelaufen. Jeder Dortmunder Wirt, der dort unten sein Glück machen will, schubst jetzt die Kundschaft ins lauwarme Wasser und serviert Drinks bis zum Abwinken. Und wenn mal einer nach zehn Bieren nicht mehr rechtzeitig . . .? Ja, was glauben Sie denn, warum das Wasser im Whirlpool so mollig warm ist! Ein bißchen Klasse haben allenfalls noch die begehbaren Whirlpools mit Blick aufs Meer. Möglich aber auch, daß ihre Besitzer nur zu klamm sind für einen Swimmingpool. Brösel, Vater von Werner, hat den Whirl in seinem Wohnzimmer natürlich selbst gebastelt. Whirlpools sind eben etwas für Prolls, die es geschafft haben, am Ziel aber nichts mit sich anzufangen wissen.

Kienzle: Köterdämmerung

Ob ein Mensch gut ist, stellte William Faulkner kategorisch fest, erkennt man zuallererst an seinem Hund. Ha! Gerhard Schröder! Hundeliebe eine ganze dritte Ehe lang, und dann der Ex brieflich geraten, sie solle die Viecher doch einschläfern lassen, als die Tierarztrechnungen Doris zu nerven begannen. Linke Politiker, Wölfe im Schafspelz. Als Clintons Lewinsky-Affäre am Sieden war, besaß er doch tatsächlich die Frechheit, seinen Hund kastrieren zu lassen. Mrs. Blair sorgte für einen kollektiven Aufschrei sämtlicher britischen Bed-and-Breakfast-Wirtinnen, als sie den Downing-Street-Kater wegen Hygienelosigkeit verbannte, ihn kurzfristig und knurrend wieder aufnahm und inzwischen wohl endgültig liquidierte. Er lebt jetzt auf dem Land. Londoner Wohnungen können wirklich sehr eng sein.

Die Geschichte der Beziehung zwischen Mensch und Tier ist eine Geschichte voller Mißverständnisse, und deswegen glaubt auch Queen Elizabeth an die echte Anhänglichkeit ihrer Köter. »Hunde sind unglaublich treu«, sagt sie versonnen, »auch wenn man sie anschreit, rennen sie nicht weg. Wie Katzen.« Oder Prinzessin Di. Die Königin der Herzen hielt sich kein Haustier. In ihrer Altersgruppe waren Liebhaber einfach interessanter.

Knallköppe bevorzugen Kaimane. Das Ego des Tierhalters soll auf jeden Fall karessiert werden, und sei es von einem kleinen Krokodil. »Sammy« hieß das gute Tier, das wochenlang im Baggersee abtauchte und seinem Herrn anschließend wenigstens für einige Zeit weggenommen wurde. Der junge Mann hauste eher beengt, war arbeitslos und darum kein taugliches Herrchen für das agile Tier. Taugt ein Rentner für einen flinken Dackel? Was sagen Dackelbeine zur Berliner Altbauwohnung im sechsten Stock? Rentner in der Dachwohnung – ist das artgerechte

Haltung? Aber, aber, das interessiert doch kein Schwein. Wenn dann allerdings der Dackel Rückenschmerzen bekommt, zieht der Tierarzt eine Flunsch. Manche Typen haben echt die bessere Lobby.

Doch immerhin hat sich die Rechtsprechung urplötzlich auf die Seite der Verzagten in dieser Gesellschaft geworfen, und die deutschen Gerichte fangen an, den Kindern, Rentnern, Sozialhilfeempfängern entgegen den Mietverträgen die Erlaubnis zur Tierhaltung zuzusprechen, wenn sie damit bei Laune gehalten werden können. Der Pudel pinkelt ins Treppenhaus. Sie als Vermieter sind not amused? Hilft nix. Vielleicht tröstet es Sie ein Bißchen, daß die Deutschen, was die Zahl der Haustiere angeht, überraschenderweise am unteren Ende der europäischen Skala rangieren.

Alles eine Frage der Wohnverhältnisse. Die Jacob Sisters wohnen bescheiden, aber erträglich in einem Mehrfamilienhaus, dessen Nachbarschaft genauso aussieht, und sind mit ihren Pudeln sehr, sehr glücklich. Peggy Guggenheim hatte mehr Auslauf und hielt sich Pekinesen. Brigitte Bardot setzte sich engagiert für den Tierschutz ein, aber erst, seit sie selber aussieht wie ein waidwundes Nilpferd. Die Pied-noirs haben sie nicht gerade ins Herz geschlossen (Mme gefielen gewisse Schlachtmethoden nicht), und so suchte sie Zuflucht in der Ehe mit einem Kumpel von Le Pen. Was Tiere alles anrichten können.

Für Männer haben Haustiere natürlich eine ganz andere Bedeutung. Nein, nicht nur das Eben-mal-Gassi-gehen usw., nein, das ewige Herr-und-Hund-Prinzip zieht alle Männer von Thomas Mann bis Thomas Fritsch magisch in seinen Bann. Fritsch hält sich aus taktischen Gründen schon lange einen King Charles Spaniel, damit die Frauen nicht ihn, sondern den Spaniel streicheln, z. B. Frau Doktor Kühnemann. Der Schauspieler Gert Haucke dagegen zieht unbeirrt durch die Lande und erklärt allen, wie freundlich Hunde und wie doof ihre Halter seien, am doofsten aber diejenigen, die unbedingt jedes Kothäufchen in eine Plastiktüte verstaut haben wollen. Dann habe man statt wasserlöslicher Hundekacke eben Hunderttausende von zugeschweißten Exkrement-Tütchen – und wohin damit?

Señor López, Ex-Opel und Ex-VW, entwarf in Spanien eine geniale Hundelatrine: Unter der Laterne fast vor jedem Tor steht ein kleiner Stecken, der Hund steht dann davor – und pinkelt oder tut sonst, was ihm seine kleine Hundeseele befiehlt. Automatisch wird dann alles von der unterirdischen Kanalisation weggespült, die einen Impuls erhielt. Toll.

Hunde und Katzen, gebongt. Aber wahrlich aufsehenerregend sind natürlich nur Reptilien, Spinnen und Taranteln. Jedem inzwischen bestens vertraut als Mutprobe für Moderatoren (hat sich Kerner nicht niedlich geziert, als ihm eine Schlange vor die Nase gehalten wurde?) oder als Ekelprobe für geldgierige Game-Show-Kandidaten. Lassen Sie doch mal eben diese nette Vogelspinne über Ihre Hand laufen! Die tut nix! Ach, der Schrecken in den Hochhäusern, wenn die Boa vom Mieter drunter auf einmal ihren Kopf aus der Kloschüssel streckt. Da sind einem ja Ratten noch lieber. Denn Ratten sind Kult und längst dem Punk-Image entwachsen. Sie sind einfach kulturell als Haßsymbole so phantastisch etabliert, daß der Avantgardist gar nicht an ihnen vorbeikommt. Haustiere bringen Menschen zueinander. Hilferufe in verschiedensten Publikationen: »Suche Streifenhörnchenbock, der meine beiden Weibchen decken kann.«

Im Leben ist alles relativ. In Peru sorgen 67 Millionen Meerschweinchen für 17 000 Tonnen Fleisch im Jahr. In Deutschland sind sie als Schmusetiere für Kinder und als Labortiere gleichermaßen beliebt. Ihre Lebensbedingungen sind in beiden Fällen ausgesprochen hart.

HAUSER: DAS DIENSTMÄDCHENPRIVILEG

»Für berufstätige Frauen ist Mutterschaft wie eine Leiche im Keller.« Also, ich bitte Sie, Kienzle, da übertreiben diese Feministinnen doch mal wieder schamlos. Freuen wir uns nicht alle wie Bolle, wenn eine Kollegin ein Kind geboren hat? Und nehmen wir ihr nicht pflichtschuldigst alle Arbeit weg, äh, ab? Na, also. Damit sie ihre Leiche im Keller so richtig genießen kann.

Aber im Ernst, Kienzle, die Mütter heutzutage haben doch alles, was man sich nur wünschen kann. Wenn es ausnahmsweise mal keine Betriebskindergärten- und -krippen gibt, finden sich Au-pair-Mädchen, Tagesmütter, Kinderfrauen. All das, was sich früher nur die besseren Leute leisten konnten, steht heute auch Kleinverdienern zur Verfügung. Sicher, das Niveau schwankt ein wenig. Hier die ausgebildete und wunderbarerweise dennoch kinderfreundliche Kinderkrankenschwester mit ihren 8000 netto beim Großunternehmer, dort die saufende, rauchende Tagesmutter für einen Zehner die Stunde – ja, das ist eben unsere pluralistische Gesellschaft. Für eine Frau, die nicht wegen ihres Mannes viele gesellschaftliche Verpflichtungen hat, reichen doch einige Stunden Kinderbetreuung am Tag völlig aus. Hätte sonst eine SPD-Glucke wie Ingrid Matthäus-Maier, lieber Kienzle, jede steuerliche Entlastung für die kleinen Helferlein im Haushalt als Dienstmädchenprivileg abgekanzelt? Ja, die Frau Matthäus. Noch immer steht sie jeden Morgen auf und richtet ihrem erwachsenen Sohn (bald einer von der neuen Generation, die niemals auszieht?) das Butterbrot. Wie süß! Und wenn sie gerade mal auswärts unterwegs ist, schickt sie die Stulle bestimmt per E-Mail. Moderne Frauen müssen sich eben zu helfen wissen, sie müssen es einfach.

Und man ahnt ja gar nicht, wie sehr der Zusammenbruch des kommunistischen Lagers den kapitalistischen Müttern hilft. Die paar Au-pair-Mädchen, die heute noch aus westlichen Ländern kommen, können Sie an einer Hand abzählen, Kienzle. Fast alle kommen aus der ehemaligen GUS. An ihre Agenturen in der Heimat müssen die Mädchen 300 Dollar abdrücken. Kinderbetreuung ist ein elitäres Geschäft. Besonders unter privilegierten Neukapitalisten.

In den achtziger Jahren echauffierten sich Soziologen oft und gerne über das 18. Jahrhundert, als Handwerk und Adel gleichermaßen ihre Kinder aus dem Elternhaus entfernten. Amme und Internat waren nur zwei Stationen. Dazwischen wurde der Nachwuchs mit Gouvernante unterm Dachjuchee untergebracht. Die bimste mit ihren Anbefohlenen Lesen, Schreiben, Grüßen und Geradehalten. Das Mutter-Kind-Verhältnis bei gelegentlichen Zusammentreffen vor Zeugen beschränkte sich auf wenige Sätze: »Wie ich dieses Kind liebe! ... Wie schmutzig du bist ... Komm mir nicht immer mit diesen Fragen ... Wie ich dieses Kind liebe!« Auch solche Kinder werden groß, Kienzle. Doch die Gesellschaft will einfach nicht kapieren, daß Abnabelung im Interesse des Kindes ist. Was gab es für heuchlerisches Geheule, als Herr Schwarzenegger mit Frau Shriver First class flog, während Nurse und Kids den Langstreckenflug in der Business class verbrachten. Arnold und Maria hatten völlig recht. Was bringt die Luxusklasse, wenn die Kids dort mit dem Joghurt um sich spritzen? Für die Dreckarbeit werden Kinderbetreuer ja eingestellt.

»Kindheit« – das wurde erst im 19. Jahrhundert erfunden. Bevor es soweit kam, haben sie neunjährige Mädchen als Hexen verbrannt. Aber dann. Mit der Spezialisierung der Arbeit fielen immer mehr Jobs für Frauen und Kinder weg. Endlich blieben die drei Ks übrig! Mütter und Kinder blieben zu Hause, und das mußte ihnen irgendwie schmackhaft gemacht werden. Was will das Weib? Freud, früher geboren, als Psychoanalytiker wahrhaben wollen (1856), hat es nicht herausgefunden. An seinem Überbau war aber nicht zuletzt eine Kinderfrau schuld, Sigmund Freuds tschechische, die ihm Himmel und Hölle versprach und mit ihm katholische Messen besuchte. Das Resultat war der Aufsatz »Zwangshandlungen und Religionsübungen«.

Zu Freuds Zeiten hieß die Beschäftigungsgrundlage für Babysitter noch hire and fire. Heute haben sich Tagesmütter in Verbänden organisiert. Für Arbeitgeber (Mütter) gibt es das Müttergenesungswerk. Wenn sie das verpassen, werden sie als gaga eingestuft und in Einheitsnachthemden untergebracht. Es tut mir weh, das sagen zu müssen, aber diese Ministerin – Wie hieß sie doch gleich? – ach, ja – Claudia Nolte hatte schon so ihre Probleme. Ihre Ehrlichkeit war selbst gemessen an christdemokratischen Standards irritierend. Ihr rutsche manchmal die Hand aus, erzählte sie. Oder besser: gestand sie. Warum hatte sie aber auch nicht für Entlastung gesorgt! Vielleicht weil Hauspersonal Ossipolitikern nur Ärger bereitet (Lengsfeld, Krause). Mütter mit Hochschulabschluß, die sich der Kindererziehung widmen, machen in zehn Jahren ein Minus von 800 000 Mark. Die Erziehungsleistung wird mit satten 27 Mark Rentenanspruch pro Kind und Monat gewürdigt.

Sprechen wir zum Schluß noch über Louise Woodward. Sie war Au-pair-Mädchen bei der »schuldigsten Mutter der Welt« (»New York Daily News«) – Deborah Eappen. Da kam was zusammen. Frau Eappen berufstätig, Louise Engländerin, und wie beliebt bei dieser Nation harte Züchtigungen sind, ist ja bekannt. Louise sah aus wie eine Kuh, und die Tatsache, daß sie von Eappens nicht auf der Schwelle wieder gefeuert wurde, mag vielleicht daran liegen, daß Herr Eappen aussieht wie jemand, dem Kühe heilig sind, ob qualifiziert oder nicht. In US-Talkshows riefen Zuschauer an, die der Mutter vorwarfen, am Tod ihres Sohnes ganz allein schuld zu sein. Warum war sie nicht zu Hause geblieben? Von da an konnten sich amerikanische Fernsehsender nicht mehr retten vor Videos, die Eltern heimlich vom Treiben ihrer Babysitter aufgenommen hatten.

Kopfnüsse aus purem Übermut waren an der Tagesordnung. Louise Woodward durfte dann wieder nach Hause. Mrs. Eappen auch. Mutterschaft ist wie eine Leiche im Keller.

Da erinnern wir uns doch lieber an die guten alten Zeiten, als es einen ganzen Eric-Rohmer-Spielfilm lang das größte Problem eines übersättigten Europäers war, ob er nun mit dem englischen Au-pair schlafen oder seiner genauso berückenden Ehefrau treu bleiben sollte. Die Kinder waren bis zum Abspann nicht gefährdet.

Nichts wie raus! Nichts wie rein!

KIENZLE: NICHTS WIE RAUS!

Das Schlimmste ist der Krach. Alle Menschen dieser Stadt müssen offenbar gerade jetzt irgendwohin. An den Ampeln mißgelaunte Autofahrer, die auf mißgelaunte Autofahrer starren. Vom unentwegten Stop and Go benommen, von Abgasen betäubt, bringe ich nur noch einen Gedanken zustande: Wie lange werde ich heute wieder brauchen, bis ich endlich draußen bin?

Inzwischen bin ich ein paar Meter weiter geruckelt. Habe die in Beton gegossene, mit Pflanzenkübeln zugestellte, von Fastfood-Abfütterungsstätten, Ramschläden und Pornoshops eingerahmte »Fußgängerzone« mit ihren besoffenen Bettlern und Scientology-Drückern umrundet. Die höchsten Bürotürme liegen hinter mir. Was sich jetzt noch auftürmt, heißt bereits Wohngegend.

Aber das Schlimmste kommt noch. Der eingemeindete Vorort. Am Markt, der jetzt nur noch Ausfallstraße ist, steht gleich neben der Ampel die ehemalige Ami-Kaserne. Man übersieht sie fast vor lauter Tankstellen mit bewimpelten Gebrauchtwagenstellplätzen, Getränkeabholmärkten und Aldi-Schuppen. Das Dorfwirtshaus ist ein öltriefender Grieche, der seine Gäste mit Spezialitäten aus Tiefkühltruhe und Mikrowelle traktiert. Die Bewohner der noch ein wenig weiter außerhalb gelegenen Kataloghäuser gehen nicht oft essen. Nicht, weil sie etwas gegen den Griechen hätten. Sie werden, das ist die »ganz neue Armut«, von ihren Hypotheken an den im Erbbaurecht erstandenen Boden gequetscht.

Gleich hinter der nächsten Ampel kurbeln die Tapfersten die Fenster herunter. Die Abgase werden nicht weniger, sie verteilen sich nur ein bißchen besser. Jetzt kommt sogar ein kleines Stück vierspurige Straße. Dann endlich die Autobahn. Sie stammt noch aus der Zeit der wildgewordenen Straßenbauer. Vielleicht ist sie aber auch nur Abschiedsgruß und Einladung der Stadt an Gehende und Kommende: »So schön kann Asphalt sein!«

Die Rennstrecke ist schon wieder zu Ende. Ein Ortsschild. Die zusammengestauchte Kolonne quält sich an Reihenhäusern vorbei. Triumphallee der regionalen Bausparkasse. In einem Garten sehe ich ein Kind, das einen Hund krault. Was es nicht alles gibt! Aber auch diese Idylle ist schnell vergessen. Nur noch das Sägewerk mit dem Möbel-Abhol-Center, und dann wage auch ich das Fenster herunterzukurbeln und mache einen tiefen Lungenzug.

Links auf dem Hügel sammelt ein Fahrzeug mit Greifarm Strohballen auf. Am Horizont zwei Silotürme. Das richtige Land ist es noch nicht, aber es kündigt sich an. Weinberge glühen in der Abendsonne. Jetzt noch die Abzweigung. Alles wird langsamer, heller, freundlicher. Ich fange an, in entgegenkommende Autos reinzugucken. Vielleicht kenne ich jemanden. Vor mir ein Feldweg, der in eine geschotterte Zufahrt abbiegt. Noch einmal scharf links, an einer duftenden Hecke entlang. Da ist das Dorf. Ein altes Wirtshaus, vor dem Blumenköpfe nicken. Nur noch Sekunden. Keine Suche nach einem Parkplatz.

Ich bin zu Hause.

Hauser: Nichts wie rein!

Ich werde wieder ruhig schlafen können, sanft hinübergeleitet vom fernen gleichmäßigen Rauschen des städtischen Straßenverkehrs. Nicht diese trügerische, nur vom Sirren der Mücken untermalte Stille, in die jählings höllischer Krach fährt, wenn betrunkene Landjugend auf Motorrädern vorbeidonnert oder grölend im überladenen Mercedes-Diesel an der Weggabelung haltmacht, mit bollernden Megabaß-Boxen, bis die Katze aus dem Garten in den Schlafzimmerschrank flüchtet.

Ich werde nicht mehr senkrecht im Bett stehen, wenn gigantische vollautomatische Mähdrescher und Riesentraktoren sich um halb fünf Uhr früh auf den Weg in die Felder machen. Die viertelstündigen Schläge der Kirchturmuhr höre ich Gottseidank nicht mehr, aber an das Sechs-Uhr-Frühläuten auch am Sonntag habe ich mich immer noch nicht gewöhnt.

Unschuld vom Lande? Lächerlich. Die brutalsten StripperInnen-Shows der Republik laufen heute in den zu Amüsierschuppen umgebauten Kuhställen, die nicht nur geruchsmäßig ihr altes Flair behalten haben. Tagsüber sieht man in »Urlaub-auf-dem-Bauernhof«-Bauernhöfen mit Satellitenschüsseln auf dem Dach trachtige Bäuerinnen, die das freilaufende Frühstücksei für ihre Gäste im Supermarkt kaufen, weil sie sich ihre eigenen Produkte nicht mehr leisten können. Hier erbt man nicht Höfe, sondern »Milchquoten«.

Die saubere Umwelt hier draußen ist ein Gerücht. Auf dem Feld bringen sie den Odel aus. Insektizide, Pestizide, Fungizide, die unter Erzeugung von viel Dieselruß verbreitet werden, sind hier das tägliche Brot. Noch immer gibt es wilde Müllkippen, und niemand sieht zu, wenn der Landmann sein Auto wäscht. Nichts gegen den milden Grusel vor der weißen Stadtratte auf dem Punkerbuckel. Ihr kennt aber die Landratten nicht, wie sie nachts ihren Weg ins Haus finden, was sie dabei für Geräusche machen, was sie alles fressen. Und wie schlau sie sind.

Auf dem Land fährt man entweder zu langsam oder zu schnell. Da ist der Heuwagen auf Gummirädern mit der Autoschlange im Gefolge. Sobald aber die Bahn frei ist, lastet der schwere Schuh des Eingeborenen auf dem Gaspedal. Anders als in der größtenteils verkehrsberuhigten Stadt, hat ein Kind, wenn es auf der Landstraße in einen Unfall verwickelt wird, praktisch keine Chance.

Ist es Gottvertrauen oder Rinderwahnsinn, was die Landbevölkerung dazu treibt, sich mit hundertfuffzich in die Kurven ihrer Hausstrecke zu legen? Nur wer den brutalen Darwinismus auf dörflichen Straßen überlebt hat, weiß die ordnende Kraft einer Ampel zu würdigen, selbst wenn sie Rot zeigt.

Endlich! Die Straßen werden breiter, die Welt wird ziviler. Aus den allerhintersten Weilern mit ihren gemeingefährlichen Fahrzeughaltern bin ich raus. Jetzt kommt die Gegend, wo Hähne tagsüber nur von, sagen wir, 9.30 bis 12.30 und dann wieder von 16.00 bis 18.00 Uhr krähen dürfen, weil städtische Zweitwohnungsbesitzer dafür durch alle Instanzen gegangen sind. Dafür wohnen sie viel ländlicher als jeder Landbewohner. Im Süden auf Sperrholzbalkonen mit Geranien und hinter genormten Wänden mit urigster Lüftlmalerei. Im Norden retiriert der Hamburger Medienschaffende zum Weekend unters Reetdach. Es gibt eine Sorte Städter, die einem das Land noch zusätzlich vermiesen kann.

In hochbeinigen Landrovern aber karjolt die örtliche Jeunesse dorée, die Kinder der im Speckgürtel der Städte reich gewordenen Millionenbauern. Dieser verdorbene Nachwuchs hat von Stadt und Land nur die Untugenden übernommen und prächtig ausgebildet.

Ich nähere mich der Stadt. Man merkt es daran, daß immer mehr Verkehrsteilnehmer die StVO kennen und sogar respektieren. Der Verkehrsfluß wird ruhig, professionell. Die Autoströme gleiten wie von selbst. Ich kann über andere Dinge nachdenken. Stadtluft macht auch den Kopf frei. Ich bin auf dem Ring. Er bringt mich kreuzungsfrei, wohin ich will. Jetzt geht es in einer übersichtlichen Kurve rechts runter, eine Unterführung, dann ab in mein Wohnviertel. Die Straßen sind belebt, es geht urban zu. Ich bin unter meinesgleichen.

Ich bin zu Hause.

Autos aus Deutschland: Einheitsklasse

Hauser:
Noch Fragen, Kienzle?

Kienzle:
Ja, Hauser, was ist eigentlich der Unterschied zwischen einem VW Polo und einem Opel Corsa?

Hauser:
Kaum einer. Die sehen beide gleich langweilig aus.

Kienzle:
Daran ist der López schuld.

Hauser:
Aber der hat doch die Opel-Pläne angeblich in den Reißwolf gesteckt.

Kienzle:
Offenbar zu spät. Hätte er sie verschreddert, solange er noch bei General Motors war, dann wäre uns der Corsa vielleicht erspart geblieben.

Hauser:
Statt dessen haben wir jetzt eine Opel- und eine VW-Version! Wenn VW jetzt zur Strafe für 1,5 Milliarden Mark Teile bei Opel kaufen muß, dann wächst auf dem Fließband endgültig zusammen, was nicht zusammengehört.

Kienzle:
Hauser, warten Sie mit dem Autokauf noch, bis López als Berater bei DaimlerChrysler anheuert. Dann kommt bestimmt bald ein Wagen ganz nach Ihrem Geschmack auf den Markt: optisch ein Mercedes, technisch ein VW und juristisch ein Opel. Und bezahlt wird in Dollar.

Hauser:
Und wenn der López die Opel-Pläne nun doch nicht verschreddert hat – was dann?

Kienzle:
Dann stellt sich die Frage: Was hat er statt dessen verschreddert?

Hauser:
Vielleicht nur ein paar Stapel alter Manta-Witze.

Kienzle:
Wie kommt der Kerl überhaupt auf die Idee, einen Reißwolf zu benutzen.

Hauser:
Das ist Diebstahl geistigen Eigentums. Da haben wir ältere Rechte!

Kienzle:
Vielleicht sollten wir gegen VW als Nebenkläger auftreten!

Hauser:
Auf noch 'ne Milliarde mehr Schadensersatz kommt's doch jetzt auch nicht mehr an.

Kienzle:
Das würde zumindest den Wertverlust meiner VW-Aktien ausgleichen.

Hauser:
Was, Kienzle, Sie haben VW-Aktien?

Kienzle:
Nicht mehr. Die hab' ich gerade in den Reißwolf gesteckt.

Hauser:
Die sind aber längst wieder gestiegen.

Kienzle:
Na, dann ist der Fall für mich erledigt!

Kienzle: Sackhüpfen in Schottland

Welche Rolle spielt eigentlich der Kindergeburtstag in der deutschen Wirtschaft? Die Manager dieser Republik sind jedenfalls ganz scharf auf *Events*, Abenteuer und *Incentives*, denn sie haben sich ausgerechnet, daß der Anreiz, zu solchen emotionalen Großereignissen mitgenommen zu werden, die Mitarbeiter auf ungeahnte Wiese beflügelt. Dreitausend Firmen bieten inzwischen entsprechend aufregende Dienste an, Agenturen mit Dutzenden von Mitarbeitern genauso wie die treuherzige schwäbische Reisekauffrau. Manche von ihnen nehmen die Sache so bierernst wie ihre Kunden, die souveräneren bezeichnen sich als »Hofnarren«, die einer Firma Ideen andienen könnten, mit denen hauseigene Motivationsspezialisten ihrem Chef nie unter die Augen zu treten wagten.

Und was sind sie alle lustig und originell. Da gibt es die Schatzsuche im Park des Katharinenpalastes in St. Petersburg, die mit einem Picknick eröffnet wird; man reicht Schaschlik, Bier und Wodka. Dann wird ein bißchen gerudert und eine Brücke »erobert« – unblutig natürlich, man will die historisch gewachsene Langmut der russischen Gastgeber ja nicht überstrapazieren. Obwohl sich ja mit Geld auch in Petersburg einiges erreichen läßt. Oh! Welche Überraschung! Ein Sack mit Bernsteinen! Ja, das müssen wir doch mit einem kleinen Empfang im Schloß bei Kaviar, Tee und Sekt feiern. Eine Musikkapelle begleitet dann die glücklichen kleinen Angestellten in den großen Palast hinein. Bier, Wodka und Sekt – üppiges Alkoholangebot löscht alle Hemmungen. Den Betreuern vor Ort ist schon nach wenigen Reisegruppen nichts Menschliches mehr fremd. Gewisse Ermüdungserscheinungen stellen sich ein. »Wenn Sie im Jahr fünfmal nach Hawaii fliegen, dann ist das einfach nur noch weit«, sagt Branchenkenner Manfred Kunz.

Zu werden wie die Kinder! Sich endlich einmal richtig austoben dürfen! Ein Jahr lang haben die Auserkorenen geschuftet, um Punkte zu sammeln, die ihnen dann diesen kleinen Extraurlaub bescheren. So gern Firmen auch mit den Namen ihrer Kunden angeben, so kleinlaut und verschwiegen erweisen sie sich bei konkreterer Nachfrage. Das Finanzamt reagiert auf »geldwerte Vorteile« genauso humorlos wie die arbeitende Klasse selbst, wenn sie beim Genuß dieser Vorteile erwischt wird. So erklärt sich die Neigung der Unternehmen, in den kleinen Urlaub eine bittere Pille zu packen: die Fortbildung. Das versaut natürlich den Spaß, geradeso wie ein pädagogisch wertvolles Spiel die Kinderparty.

Incentive-Reisen kennen nur ein Tabu: Langeweile. Monotone Busfahrten sind verpönt, selbst wenn einer der *Incentive*-Leitsätze heißt: Alles, was Motor hat, ist interessant. Ein Grundsatz eher für die rein männlichen Gruppen, die Wettrennen mit Motorschlitten wirklich lieben. Lange Bustrips werden mit fingierten Pannen aufgemotzt, und dann steht zwischen Casablanca und Marrakesch wie von ungefähr ein Beduinenzelt neben der Betonpiste, in dem – surprise, surprise – kühle Getränke kredenzt werden. Lange Flugreisen? Kein Problem, wenn man Schauspieler anheuert, die einen tölpelhaften Steward oder einen durchgeknallten amerikanischen Touristen mimen. Einfach köstlich. Auch die Alpen eine einzige Spielwiese. Wer wollte nicht schon immer mal im Schlauch eines alten Lkw-Reifens einen steilen Abhang runterschliddern! Oder noch besser: in einem schwarzen Müllsack! Sackhüpfen in Schottland. Picknicken in einem ehemaligen karibischen Seeräuberversteck. Brotbacken in isländischer Lava. Ausgelassene Wikingerfeste. Drachenbootrennen in Hongkong. Lustige Nessiejagd. Im Cabrio über den Sunset Boulevard. Boulespiel gegen französische Dorf-Champions. You name it and you get it. Früher haben immer Mami und Papi für solche Späße bezahlt. Jetzt avanciert der Chef zum Übervater, dessen Söhne und Töchter sich anschließend in wundervoll harmonischem Betriebsklima weiter ausbeuten lassen.

Manchen *Incentive*-Anbietern ist Eierlaufen als Belohnung für Mitarbeiter ein Graus. Sie siedeln ihre Incentives auf einer höheren Ebene an, machen intellektuell anspruchsvolle Zeitreisen und fahren mit ihren Kunden nur im Kopf Achterbahn. Wenn die Stammkunden wieder Luft kriegen, werden sie in Seminaren geschult. Gurus bieten ihre Dienste an. »Befreie die innere Kraft!« fordert Anthony Robbins und verspricht die Lehre von der »dauerhaften Möglichkeit, sich sofort in einen Spitzenzustand zu versetzen. Der wohl größte Feuerlauf: Sie verwandeln Angst in Mut«, garantiert der angebliche Berater von Bill Clinton. Das würde so manches erklären. Lebendiges Out-door-Lernen ist angesagt, Extremsituationen soll man meistern lernen, und das Wort »medizinisch« bietet wenigstens eine kleine Beruhigung beim bedrohlichen medizinisch orientierten Survival-Training. »Kurse zum Aufblühen« bieten eine ausgewogene Kombination von Methoden der humanistischen Psychologie (was mag das sein?) mit östlichen Weisheitslehren, von Gewinnertechniken mit leichten Yogaübungen.

Nur die Gewinnertechnik gibt's leider nirgends. Von kulinarischen Fortbildungen (Tischkultur und wie ißt man was) profitieren dann am Ende wieder die Kollegen, denn Manfred Kunz verkauft Kreuzfahrten nur sehr ungern an eine Klientel, die von sechs Gabeln pro Gedeck in Panik versetzt wird.

Faustregel für die *Incentive*-Reise: Sie muß touristische Kleinodien bieten, die mit Geld nicht zu kaufen sind. Begegnungen mit Land und Leuten, von denen der Neckermann-Kunde nicht mal träumt. Blicke hinter die Kulissen, die den Arbeitnehmer alle Fron eines Jahres vergessen lassen. Zusammentreffen mit hochinteressanten Spitzenleuten, denen man sonst nie begegnen würde. Vielleicht kann Tony B. ja ein Treffen mit Bill C. vereinbaren! So was würde mich natürlich spontan in einen dauerhaften Spitzenzustand versetzen. Und davon kann ich nie genug kriegen. Leider ist mein oberster Chef schon bei normalen Dienstreisen ziemlich knauserig. Bevor der mir eine einzige *Incentive*-Reise gönnt, schickt er mich lieber gleich in Pension.

England:
Pfundig

Hauser:
Noch Fragen, Kienzle?

Kienzle:
Ja, Hauser, worauf können Engländer eigentlich noch so richtig stolz sein – außer auf Tony Blair?

Hauser:
Also Rolls-Royce fällt weg, die Royals sind nur noch peinlich, Harrods gehört einem Ägypter.

Kienzle:
Die Rechte an den Beatles gehören Michael Jackson.

Hauser:
Andrew Lloyd Webber ist auch nicht mehr das, was er nie war.

Kienzle:
Englische Küche ist so berühmt wie deutscher Humor.

Hauser:
Englisches Bier ist eine lauwarme Brühe ohne Schaum.

Kienzle:
Schottischer Whisky ist in Leipzig billiger als in London.

Hauser:
Englisches Rindfleisch ist der schiere Wahnsinn.

Kienzle:
Die Spice Girls sind auch nicht haltbarer als Tic Tac Toe.

Hauser:
Kaum hatte sich Paul Gascoigne um die WM-Teilnahme in Frankreich gesoffen, war Englands Equipe schon reif für die Insel.

Kienzle:
Englische Supermodels sind noch eine Spur unerotischer als alle anderen.

Hauser:
Und trotzdem! Trotz alledem sind sämtliche London-Flüge

übers Wochenende ausgebucht. Warum bloß, Kienzle, warum? Was hat der Brite, was wir ihm noch nicht abgekauft haben?

Kienzle:
Das Pfund, Hauser. Sein Pfund. Und das gibt er nicht her, der Brite. Auf sein Pfund kann er noch richtig stolz sein.

Hauser:
Sagen Sie das jetzt als Deutscher oder als Europäer, Kienzle?

Kienzle:
Als Schwabe.

Hauser:
Na, dann good evening!

HAUSER:
DIE MALLORCAFRAKTION

Heino war der erste, der sich als Mallorcafan outete. Das geschah zur gleichen Zeit, als wir Intellektuelle uns als Heino-Fans outeten, und so traf alles wunderbar zusammen. Das Guildo-Horn-Syndrom. Alle lachen über die Deppen, und dann werden die Deppen plötzlich Kult. Auch Heino hatten wir für einen rechten Knallkopf gehalten. Doch seit er sich vor der versteckten Kamera mannhaft gegen eine vermeintliche Heino-Sekte stellte, gewann er ganz neue Bevölkerungskreise hinzu. Heino hatte übrigens partout nicht »Meister« genannt und nicht angebetet werden wollen. So floh er nach Mallorca, das jetzt seltsamerweise alle die »Putzfraueninsel« nennen. Wurde Mallorca nicht als Rentnerinsel bekannt? Wo sind all die Rentner hin, wo sind sie geblieben? Alle schon tot?

So gut wie tot auch der Ballermann. Vorbei die herrlichen Zeiten, als man Sangria noch aus Eimern trinken durfte. Die fidelen jungen Leute vom Ballermann 6 kannten wir dank »Spiegel TV« besser als alle unsere Nachbarn. Ohne »Spiegel TV« würden wir natürlich vieles nicht kennen und wahrscheinlich nicht einmal vermissen. Das ganze Gesocks von St. Pauli zum Beispiel, geschweige denn die Chippendales samt jungen Frauen, die ihnen Geldscheine in den Tanga stecken. Aus folkloristischen Gründen höchst interessant, aber genauso exotisch finden wir Tupperware-Partys und Kegelabende. Was soll also der Aufschrei über Mallorca? Neben den Vierteln der Reichen lagen immer die Slums.

Gerhard Schröder weiß noch nicht so recht, wo er hingehört. Das zieht sich wie ein roter Faden durch sein Leben. In der Toskana ist es ihm zu heiß, aber auf Mallorca könnte es ihm gefallen. Vielleicht hat er sie ja längst, die berühmte Finca mit den ursprünglichen Möbeln und dem Pool zwischen schattigen Sträuchern und will Deutschlands Ärmste und Reichste mit solchen diskreten Hinweisen nur schon mal vorbereiten auf den Tag, an dem er plötzlich neben ihnen im Flieger sitzt. Sie werden nicht wissen, will er nun zum Volk in die Bierstraße oder zu den Reichen und Schönen ins Hinterland, zu den wundervollen Anwesen oberhalb unzugänglicher Küsten? Der angeblich so langsame Rudolf Scharping überrundete Schröder hier und hat schon seinen Zweitwohnsitz auf Mallorca.

Der Landbesitz der Deutschen – manche sagen, ihnen gehörten fünf, andere meinen 30 Prozent der Insel – sorgt inzwischen für Ärger. Josep Moll Marqués von der Sozialistischen Partei Mallorcas tadelte Sabine Christiansens Landleute. Das gehöre sich natürlich nicht auf Mallorca, diese Spinnerei der Deutschen, sich einen alten Landsitz zu kaufen und dann gleich einen Zaun rundherum zu ziehen! Nicht mal die Deutschen dürften jahrhundertealte

Wegerechte und Inselgewohnheiten ignorieren. Ob Schröder wohl sein Grundstück offen ließe? Vielleicht hat er ja Glück und kriegt eines geschenkt, wo schon Claudia Schiffer, Michael Schumacher und sein Manager Willi Weber für ihren mallorquinischen Grund und Boden angeblich keinen einzigen Peso zahlen mußten. Allein die Hoffnung auf Promi-Anwesenheit wird die Preise der Nachbargrundstücke – für Immobilienhändler angenehm – in die Höhe treiben. Sogar Heinz Schenk durchschaute das mit seltener Luzidität: »Wenn ich mir einen Quadratmeter neben Claudia Schiffer kaufe und dann darauf Tag und Nacht Trompete spielen würde – was würde die mir bieten!« sagte er einer sichtlich betroffenen Mallorca-Residentin Sabine Christiansen, die sofort ähnliche Tricks ihrer Verehrerschar auf sich zudröhnen sah. Die wirklich richtig Reichen fühlen sich auf der Insel seit längerem nicht mehr so richtig wohl: Sie spüren gar nicht mehr, daß sie reich sind, weil alle anderen auch Lamborghini fahren.

Doch manchmal gibt es selbst von Yachtbesitzer zu Yachtbesitzer Assimilationsprobleme. René Kollo, der fast aus der Hängematte fiel, als Nina Ruge ihn besuchte, wurde beim Insel-Schippern plötzlich laut angepflaumt: »Stop, es tu Rey!« was soviel heißt wie »Halt, hier ist dein König.« Dieser Ton war dem Wagner-Sänger nicht fremd, und er drehte gehorsam bei. Es war Juan Carlos, der sich etwas Tonic-Wasser für seinen Gin borgen wollte. Pech für ihn, daß er nicht auf Michael Douglas gestoßen war. René Kollo mußte nämlich passen. Hoffentlich hat sein König ihm das nicht allzu übel genommen.

Kienzle: Kreuzfahrt mit Krücke und Krockow

Endlich, endlich werden Kreuzfahrten wieder aristokratisch. Welchen Schaden hatte »Loveboat« angerichtet. Kleine Angestellte, die das Geld für die Reise meist in der Firma unterschlagen hatten, reisten pausenlos nach Puerto Vallarta und zurück in der absurden Hoffnung, auf der Reise eine Millionärin oder wenigstens die große Liebe fürs Leben zu finden. Eine Hoffnung, die sie niemals trog. Andererseits war »Loveboat« bedrückend wirklichkeitsnah, so häßlich waren der Kapitän und seine Crew. Dann das deutsche Pendant »Traumschiff«! Ständig dieselben Passagiere, ständig der töricht grinsende, flachstirnige Sascha Hehn als Steward. Kreuzfahrtagenturen berichteten schon aufgewühlt, Passagiere hätten ihre realen Reisen nur noch gebucht, wenn ihnen die Reederei schriftlich zusicherte, Maria Schell werde nicht mit an Bord sein.

Das ist ja nun gottlob vorbei. Keine Prolls mehr auf Deck und an der Duty-Free-Bar! TUI und Neckermann haben das Kreuzfahrtgeschäft aufgegeben. In einem PR-Video für das gelbe N war zuletzt der schiefäugige Karl Dall mit Kapitänsmütze die Reling eines Prolo-Liners entlanggestolpert und hatte die drei großen »L« der christlichen Massenseefahrt in die Kamera gelallt: »Luxus, Langeweile, Leberschaden!«

Und im Mai 1998 lief die »Deutschland« vom Stapel. Deutschland! Wer käme da nicht ins Träumen. Zuvorderst natürlich Graf von Krockow, der schon so manchen deutschen Großfluß hinauf- und hinuntergeschippert und allein deswegen berufen ist wie kein anderer, sich der »Deutschland« schriftlich zu nähern. »Indem die ›Deutschland‹ an der Schwelle der Jahrhundert- und Jahrtausendwende einer unbekannten Zukunft entgegenfährt, soll sie mit dem Anspruch ihres Namens zugleich eine Heimkehr von der Barbarei zur Kultur repräsentieren.« Heißt das: Kein Captain's Dinner mehr? fragen sich alte Seehäschen erschreckt und wollen schon das Geschmeide wieder aus dem Koffer holen. Nur keine Panik auf der Titanic ... Natürlich gibt es einen Kapitänsempfang, aber auf die Wunderkerzen im Essen wird man wohl verzichten müssen.

Graf von Krockow sah es voraus: »Wir werden es mit einer Auslese der Auslese zu tun bekommen.« Da schwingt natürlich auch ein bißchen Angst mit. Immerhin gibt es an Bord der »Deutschland« die zollfreie Bar »Zum alten Fritz« und einen »Kaisersaal«, im Prinzip himbeerrot, doch aufsehenerregend ergänzt mit weißem Schleiflack, schwarzem Marmor und schierem Gold. Freizeitmäßig gekleidete Mitreisende fühlen sich eher deplaziert. Doch Reeder wie Passagiere sehen Kreuzfahrtschiffe als schwimmende Busse an, spotten boshafte Reisejournalisten. Nachts vorbei an den schönsten Küsten, tagsüber in den Häfen gottverlassener Nester festgemacht. Dort werden dann die Passagiere in richtigen Bussen zu den Ausflugszielen gekarrt. Da hilft die ausgereifteste Maritim-Philosophie nichts. Kreuzfahrten in Norwegen bedeuten natürlich vor allem eins: auf den Spuren von Willem Zwo reisen! Im Geiranger-Fjord ging er oft mit seiner Yacht »Hohenzollern« vor Anker. Er konnte sein Boot wenigstens anhalten, wenn ihm übel war.

Ein Rätsel, weshalb Kreuzfahrtschiffe gerade die Alten und Lahmen so anziehen. Rin-in-die-Boote, Raus-aus-die-Boote. Eine echte Herausforderung für jedes künstliche Hüftgelenk. Mindestens einmal pro Saison brennt es im Maschinenraum eines Luxusliners, und wieder dürfen die Daheimgebliebenen Zeugen des Lehrstücks »Wie evakuiere ich Hunderte von Gehbehinderten?« werden. Die verschwenderische Ausstattung der Luxusboote mit Swimmingpool, Fitneß-Center, Golf Driving Range, Jogging-Bahn, absenkbarer Plattform zum besseren Start für die Wasserskiläufer, Kajakpaddler und Taucher sind nichts als verzweifelte Versuche, eine jüngere Klientel anzulocken. Vergebens.

Manche Eigner exklusiver Segelyachten bauen absichtlich keine Aufzüge ein, um die Senioren abzuschrecken. Es hilft alles nichts. Beim morgendlichen Einchecken kommen dann doch nur wieder die üblichen Stützstrumpfgeschwader im Tiefflug um die Ecke gehinkt. Verräterischer Personalschlüssel! Auf der »Song of Flower« etwa umsorgen 144 Besatzungsmitglieder maximal 180 Passagiere. Da wird so manche Altenheimleiterin blaß vor Neid.

Doch von den Einheimischen werden die Kreuzfahrenden stets gebührend empfangen. Im Hafen von Santorin warten schon die Fotografen. Da kommt Arbeit. Die dicken Amerikanerinnen werden auf Esel gehievt. Kameras klicken. Dann schaukeln die Tiere ihre schwere Last die endlose Treppe hoch in den Ort. Kein Kreuzfahrer, der sich bei der Rückkehr in den Hafen nicht auf die längst fertigen Aufnahmen stürzen würde, um Beweismaterial zu vernichten. Puerto Vallarta, das John Huston durch die legendären Dreharbeiten für »Die Nacht des Leguan« 1964 berühmt gemacht hat, bietet am Strand ein ganz eigenes Fotomotiv. Einen Leguan, den ein junges Mädchen Touristen auf die Schulter hebt. Die Vallarter haben ihm die Vorderbeine gebrochen, damit er auch schön stillsitzt. Gehbehinderte, wohin man auch schaut in der Kreuzschiffahrt!

URLAUB VON *FRONTAL:* FRESSTOUREN

Kienzle:
Hauser, wie sehen dieses Jahr eigentlich Ihre Urlaubspläne aus?

Hauser:
USA. Ostküste. Rauf und runter.

Kienzle:
Kann ich voll und ganz verstehen, Hauser. Europa ist für Sie derzeit nicht mehr zumutbar.

Hauser:
Wie meinen Sie das?

Kienzle:
Na, Volksfront in Frankreich, rote absolute Mehrheit in England, Linksbündnis in Italien, Schröder bei uns. Wer soll Ihnen übelnehmen, daß Sie da überall nicht mehr hinwollen?

Hauser:
Ich liebe Europa über alles. Aber manchmal muß ich mich auch davon erholen. Und Sie?

Kienzle:
Ich liebe Frankreich über alles, und ich werde mich davon während der Arbeitszeit erholen.

Hauser:
Daß heißt, Sie planen wieder eine Ihrer Freßtouren?

Kienzle:
Während Sie an Ihren Hotdogs und Big-Macs würgen, Hauser, werde ich den Roten erheben und anstoßen auf Tony und auf Lionel und auf Gerhard. Und – Sie werden weinen – auch auf Oskar.

Hauser:
Verschlucken Sie sich bloß nicht, Kienzle. Die beiden Roten aus Deutschland sind nicht reif genug. Der eine hat zuviel Säure und absolut keine Substanz. Der andere ist eine Flasche mit zuviel Druck und einem üblen Korkgeruch. Das ist jetzt sogar Günter Grass aufgefallen.

Kienzle:
Hauser, ich streite mit Ihnen über alles, nur nicht über Wein.

Hauser:
Ich reise mit dem Kopf, Kienzle, Sie nur mit dem Bauch.

Kienzle:
Mit Ihrem Kopf würde ich mich nicht ins Ausland trauen, Hauser.

Hauser:
Gegen einen, der aussieht wie Sie, Kienzle, hat Amerika den Golfkrieg geführt.

Kienzle:
Bei Ihrem Anblick friedlich zu bleiben ist die viel größere Leistung, Hauser.

Hauser:
Na, dann ist der Fall für mich erledigt!

HAUSER:
BALLERMANN IN LOMMERBERGEN

Jahrzehntelang schwitzten und fluchten Belgier und Holländer auf dem Weg nach Süden mit ihren Wohnwagen im Stau, eingeklemmt zwischen fluchenden und schwitzenden Kohlenpöttern. Irgendwann kam ihnen die zündende Idee. Der Süden, das sind wir! Und schon standen sie fix und fertig da, die riesigen Hallen mit tropischem Klima, Palmen, Wasserfällen, Pools und Saunen jeder Art, Flamingos in den Büschen und hier und da ein bunter Papagei.

Natürlich waren die Gelsenkirchener und die Ratinger, die Oberhausener und Essener nicht spontan so doof, das Steuer herumzureißen, doch als Marktstrategen die neuen Lusthallen »Spaßbäder« oder »Erlebnisbäder« tauften, gab es kein Halten mehr. Die Menschen aus dem Ruhrgebiet genossen das keimfreie Ambiente: endlich kein Sand mehr zwischen den Zehen! Keine Quallen, keine Algen, keine toten Hunde am Strand! Und das Essen wie zu Hause. Pommes Rot-Weiß, Hamburger, Pizza, runtergespült mit Dosenbier. So lassen sich Kumpel und Staatskneteempfänger das Leben gefallen.

Nicht einmal die Größenverhältnisse in den Bungalows zwingen zur Neuorientierung. Die Segelstunden heißen Optimisten-Kurse und werden auch nur von solchen in Angriff genommen, die Frau kocht, der Bademeister beaufsichtigt die Kinder, und ab und zu steht einer am Fuße der Mega-Giga-Rutsche ohne Hosen da. Echt super. Ein totaler Knaller. Eine klasse Alternative zum Ballermann.

Gewöhnungsbedürftig vielleicht noch die Sprache. Aber sicher wird das auch noch klappen, und für Ekel Alfreds Kinder werden Begriffe wie De Lommerbergen, Het Heijderbos und De Huttenheugte zu Synonymen werden von Rimini, Bibione und Mallorca. Und es wird antibakterielle Fußbrausen geben immerdar. Wirklich genial, der Holländer. Früher exportierte er Leitungswasser in kleinen roten Bällchen, die er Tomaten nannte. Jetzt beweist er uns schon wieder, daß er in Sachen Wasseraufbereitung einfach nicht zu schlagen ist.

Deutsche Stadtväter hat das Konzept natürlich nicht ruhen lassen. Und so gibt es jetzt Spaßbäder von gleicher ideologisch souveräner Güte in jedem deutschen Kuhnest. Von einem Run holländischer Wohnwagenbesitzer auf diese Etablissements ist noch nichts bekannt.

Urlaub in Pesetendeutschland

Hauser:
Noch Fragen, Kienzle?

Kienzle:
Ja, Hauser, von welchem Wolfgangsee kommen Sie eigentlich zurück?

Hauser:
Mein St. Gilgen heißt Mallorca, und mein Wolfgangsee heißt Mittelmeer. Und selber?

Kienzle:
Barcelona – also auch Mittelmeer.

Hauser:
Ach nein, wir haben also beide in Spanien Urlaub gemacht. Was soll das nun wieder bedeuten?

Kienzle:
Sie waren nicht in Spanien, Hauser. Sie waren in Pesetendeutschland.

Hauser:
Ich wollte noch mal hin, bevor die Grünen den Urlaubsschein einführen.

Kienzle:
Und jetzt kennen alle Hauser in Badehose.

Hauser:
Und Sie, Kienzle, haben es mit Sicherheit genossen, daß man Sie in Barcelona für ein ETA-Mitglied auf Motivsuche hält.

Kienzle:
Dort kann ich rumlaufen, ohne daß mir sonnengegrillte Glatzköpfe in kurzen Hosen hinterherrufen: „Noch Fragen, Kienzle?"

Hauser:
Drei Wochen unerkannt und ungefragt im Ausland. Kienzle, das halten Sie doch gar nicht aus!

Kienzle:
Drei Wochen Händeschütteln auf Mallorca – mein Gott, das ist ja wie Wahlkampf!

Hauser:
Jede Stimme zählt.

Kienzle:
Mallorca ist gefährlich, Hauser. Sie fahren als Schwarzer hin und kommen als Roter zurück. Man nennt es Sonnenbrand.

Hauser:
Barcelona ist auch gefährlich, Kienzle. Sie fahren als Roter hin und kommen blau zurück. Man nennt es Weinbrand.

Kienzle:
Na, dann ist der Fall für mich erledigt.

KIENZLE: STADTWANDERN STATT WANDERN

So muß man sich das vorstellen: Leichte Kumuluswölkchen flimmern am oberen Bildrand. Eine sommerliche Landschaft liegt vor uns. Satte grüne Bergwiesen. Dahinter steil aufragende Felswände. Eine strahlend heiße Sonne: Und mitten drin in flirrender Hitze ein Rudel Wanderer, in Dirndl – versteht sich – und rotkariertem Hemd mit Hirschhornknöpfen. Musik und Natur zum Postkartenidyll erstarrt. Einfach widerlich!

Wie angenehm dagegen der gepflasterte Wanderweg auf dem Boulevard Saint Germain in Paris. Kein aufdringlicher Moos- oder Tannengeruch, kein Bienengesumms und kein Vogelgezwitscher stört den Genuß. Statt Natur gibt es Stadt pur. Hier riecht es nach verbranntem Benzin und Métro – hier atmet man Großstadtluft. Und am Wegesrand locken Bistros und Cafés, Zufluchtsorte für den müden Wanderer. Jeder Schritt wird zum Vergnügen. Stadtwandern – die wahre Kunst der Fortbewegung.

Wie dumpf dagegen die Wandertage deutscher Naturfreunde. An den Wochenenden, wenn der pedophile Volkssturm mobil macht, an Fest- und Feiertagen, wenn organisierte Wanderer zu Tausenden über die Natur herfallen. Schrecken verbreitend bei ihrer Hatz durch Wald und Wiesen nach Wandertrophäen. Da gibt es dann Schilder im Wald, Kontrollstellen und Stempelwarte, Voraussetzung für eben diese Trophäen. Der brave deutsche Wandersmann geht nicht einfach so vor sich hin, er erwandert sich zum Beispiel unnütze kleine Bierkrüge mit Hirschmotiven, putzige Gartenzwerge oder rachitische Plüschfüchse. Wandern ist die deutsche Art, Rache an der Natur zu nehmen. Deutschland, ein Land der Wanderer – ein Auswandererland.

Stadtwandern dagegen ist Müßiggang. Es heißt einfach: einen Fuß vor den anderen zu setzen. Gehen und sich gelegentlich gehen lassen. Schlendern. Flanieren. Der Weg ist das Ziel. Am Café »Des Deux Magots« vorbei, durch die Rue de l´Abbaye, dann weiter auf dem Boulevard Saint Germain. Wenn man schließlich das Mabbilon hinter sich gelassen hat, öffnet sich schon der Place de l'Odéon. Die Versuchung, Pause zu machen, wird immer größer, weil irgendwie der Duft von Sauvignon blanc in die Nase dringt. Jetzt ist es aber nicht mehr weit bis zur Métro-Station Saint Michel. Schnell einen Espresso! Und dann geht es weiter durch die Ile de la Cité über die Seine hinweg, an Châtelet vorbei in die Rue Saint-Honoré.

Zum Schluß wird es richtig eklig. Laubbäume drohen und verdrängen die Prachtfassaden. Kastanien- und Platanenalleen täuschen Natur vor. Durchhalten! Die Zähne zusammenbeißen! Nur einige wenige Augenblicke noch, dann sind die Gärten der Tuilerien durchquert. Zwischen Bäumen und Sträuchern hindurch ist schon das Ziel zu erkennen. Es beginnt wieder nach Asphalt zu riechen. Richtig wohltuend: die kreischenden Autoreifen, die brüllenden Zeitungsverkäufer, die Autohupen. Die unvergleichliche Atmosphäre einer Millionenstadt. Endlich! Die Champs Élysées sind erreicht! Das Paradies für Stadtwanderer.

Hauser: Und suche uns nicht in der Unterführung

Nach dem Schock von Eschede endlich eine – kleine – gute Nachricht. So schön kann Zugfahren sein: Frau verpaßt U-Bahn und trifft in der nächsten den Mann fürs Leben.

Was rot-grüne Kommunalpolitik mit allen Schikanen gegen das Auto in Jahrzehnten nicht geschafft hat und was auch mit zehn Mark für den Liter Benzin nicht zu erzwingen gewesen wäre, das brachte am Ende des alten Millenniums ein kleiner Kinofilm aus Tony Blairs ach so coolem Britannien in rund 100 Minuten zuwege. Millionen Trittbrettfahrer lassen seit »Sliding Doors« tränenfeuchten Auges ihr Auto zu Hause und folgen Gwyneth Paltrow in den Untergrund. Nicht mehr auf der Suche nach der schnellen Nummer auf dem Rücksitz, sondern nach dem Happy-End an der Endstation Sehnsucht.

Was dieser Film für die Imageverbesserung des öffentlichen Personennahverkehrs (ÖPNV) geleistet hat, ist mit Geld nicht zu bezahlen. Auf einmal begreifen die Menschen, daß das Glück nicht auf der Straße liegt, etwa im Stoßverkehr zwischen Brunntaldreieck und Luise-Kiesselbach-Platz. Nein, endlich heißt es: Auspuff ist uncool. Die wahre Liebe wartet an der Bahnsteigkante. Das Monatsticket wird zur Eintrittskarte für die eigene Love Story.

Hoffentlich springen jetzt auch die Verkehrsplaner auf diesen total abgefahrenen Marketing-Zug. Die Jahrtausendchance darf nicht vertan werden. Personalentscheidungen müssen getroffen werden. Besetzungsgespräche sind fällig. Weg mit den alten Grummelköpfen und biederen B-Picture-Visagen in den Pilotenkanzeln von Bus und Bahn! Das neue Millennium braucht neue Gesichtszüge. Den Intercity-Schaffner der Post-Eschede-Ära erträumen wir uns sexy grinsend wie Til Schweiger, den Busfahrer markig wie Ben Becker. Und bei der Besetzung der Führungspositionen in deutschen Straßenbahnen müssen die kommunalen Casting-Agenturen so gnadenlos auf unsere basic instincts abzielen, daß das Anbringen von Hinweisschildern nötig wird: »Es ist verboten, sich während der Fahrt in den Fahrer zu verlieben.«

Aber das ist erst der Anfang. Ein neues Fahrpreiskonzept muß her. Linien mit hohem Single-Aufkommen können hochpreisig angeboten werden, für Rentner-Routen gibt's Rabatt. Am Ticketautomaten tippt man nicht nur das Fahrziel ein, sondern Angaben zur Person: »BWL-Student aus Wandsbek-Ost mit ermäßigter Monatskarte sucht pendelnde Dammtor-Schönheit mit Lust auf dunkle Unterführungen. Vorlage der BahnCard mit Farbfoto erwünscht.«

Vision 2000: Die Deutsche Bahn AG setzt auf beliebten Kurzstrecken Schlaf- und Liegewagen für den spontanen Nah-Verkehr ein und stellt in den Speisewaggons Tischtelefone auf. München, die Weltstadt mit Herz, geht noch einen Schritt weiter: Erstmals in Deutschland dürfen Trambahnschaffner auch Trauungen vornehmen. Die Berliner Verkehrsbetriebe haben ein Wedding-Ticket im Programm, in Hamburg wird die U-Bahn-Station Jungfernstieg zum Drive-In-Standesamt umgebaut.

Die Fernsehanstalten reagieren prompt. Eine Welle von ÖPNV-Schnulzen schwappt durch die Kanäle. Wolfgang Rademann produziert fürs ZDF »Die Traumbahn«. Die ARD kontert mit der Soap »Verbotene Züge«. RTL zieht nach mit »Gute Abfahrtszeiten, Schlechte Abfahrtszeiten«. Pro7 setzt auf »Die Schienen von Berlin«. SAT.1 gibt die Serie »Der Bahndoktor« in Auftrag und beteiligt sich an der ORF-Produktion »Schaffnerhund Rex«. Leo Kirch erwirbt für einen dreistelligen Millionenbetrag von Loriot die TV-Rechte an seinem jüngsten Kinofilm »Omnibussi«.

Eschede bleibt unvergessen. Auch als größte anzunehmende PR-Katastrophe. Aber epochale Image-Probleme schreien nach grandios einfachen Lösungen. Der Film »Sliding Doors« hat sie aufgezeigt. Er sei deshalb dem neuen Verkehrsminister und dem Vorstandsvorsitzenden der Deutschen Bahn AG dringend empfohlen für die Verkehrserziehung an allen deutschen Schulen. Denn wer diesen Film gesehen hat, der will nur noch eines: das Leben in vollen Zügen genießen! Es kann in Großbritannien allerdings nicht schaden, auszusteigen, bevor Paddington erreicht ist.

Dienstwagen: Fahren für Deutschland

Hauser:
Noch Fragen, Kienzle?

Kienzle:
Ja, Hauser, haben Sie eigentlich das Latinum?

Hauser:
Also sagen wir mal so, ich bin mit meinem Latein noch nicht am Ende. Und Sie?

Kienzle:
Cuius regio – eius auto.

Hauser:
Moment, das heißt auf deutsch: Sei patriotisch, kauf nur Autos aus deinem eigenen Land.

Kienzle:
Nicht schlecht, Hauser. Doris Köpf, Schröders nicht mehr ganz Neue, kann offenbar auch Latein. Sie sattelt jetzt um von Renault auf VW.

Hauser:
Cui bono – wem nützt das? Wir müssen doch auch nicht Mercedes fahren, bloß weil unser Intendant einen hat.

Kienzle:
Sie unterstützt eben den Standort Niedersachsen. Wir leben in einer Autokratie, Hauser.

Hauser:
Also, bei Prinz Charles seh ich's ja noch ein, der wollte

einen BWM und muß sich jetzt mit einem Bentley bescheiden. Das waren noch Alternativen. Aber Renault oder VW – das ist doch wie Lafontaine oder Schröder.

Kienzle:
Der kugelsichere Bentley von Prinz Charles kostet den britischen Steuerzahler 275 000 Mark. Doris Köpf kauft ihren VW noch selbst.

Hauser:
Von München nach Hannover umziehen und dann noch VW fahren müssen – das ist bitter.

Kienzle:
Naja, bald darf sie endlich nach Bonn. Und dann wird's ja wohl was Repräsentativeres. Vielleicht sogar ein Bentley aus Wolfsburg.

Hauser:
Reine Auto-Suggestion, Kienzle.

Kienzle:
Na, dann ist der Fall für mich erledigt!

Rolls-Royce: König Moshammer

Hauser:
Noch Fragen, Kienzle?

Kienzle:
Ja, Hauser, wozu braucht der Mensch eigentlich einen Rolls-Royce?

Hauser:
Einen? Wer sich nur einen leisten kann, der braucht auch den nicht.

Kienzle:
Warum müssen deutsche Autobauer dann unbedingt eine Firma kaufen, die kaum einer braucht?

Hauser:
Na, aus Imagegründen. Rolls-Royce klingt doch irgendwie viel besser als Bayerische Motorenwerke. BMW kann ab 2003 damit werben, daß bei ihnen nicht nur der Kunde König ist, sondern fast jeder König Kunde.

Kienzle:
Solange in Deutschland nur Thomas Gottschalk und Rudolph Moshammer offen ja sagen zu Bentley und Rolls-Royce, macht der Kaufpreis von anderthalb Millarden Mark wenig Sinn.

Hauser:
Abwarten, Kienzle. Wenn die Grünen den Benzinpreis auf fünf Mark erhöhen, wird das Kingsize-Format auch bei uns steuerlich interessant.

Kienzle:
Wieso? Dann kostet doch beim Rolli die Tankfüllung soviel wie ein Kleinwagen.

Hauser:
Eben. Dann ist der kleine Mann in seinem Drei-Liter-Mercedes der King – und die Rolli-Klasse zahlt den Großteil seiner Benzinsteuern. Das ist es doch, was Sie wollen, Kienzle, oder?

Kienzle:
Genau, Hauser, fahren und fahren lassen.

Hauser:
Und damit wären wir beim nächsten Thema.

Kienzle: Fahren und fahren lassen

Gute Menschen fahren mit dem Bus, dem Zug, der Straßenbahn. Sie schonen ihre Autos und schneiden lieber die Polster der S-Bahn auf, pinkeln dort in die Ecken und schmieren die Wände voll ... halt! Das sind natürlich die Bösen, die der Gute in Kauf nehmen muß. Er nimmt sie gern in Kauf, denn der Benutzer des Öffentlichen Personennahverkehrs hat eine Mission. Er ist der Freund der Umwelt, er leidet für sie, er schwitzt für sie, und er möchte, daß dies jeder zur Kenntnis nimmt. Der ÖPNVler hat gegen Transpiration keinerlei Einwände, weder bei sich noch bei anderen. Seit' an Seit' steht er mit seinen Mitmenschen, jederzeit bereit, den Kampf gegen das Waldsterben, das Ozonloch, die Verunreinigung des Wassers, der Erde und der Luft aufzunehmen. Unterwegs sein mit Besoffenen, ihnen höflich ausweichen, wenn ihnen ein wenig schlecht wird, der Rentnerin mit der Spritfahne seinen Sitzplatz überlassen. Alles der Umwelt zuliebe. Das hat Größe, das ist Märtyrertum.

Doch Märtyer werden in der Regel von ihrer Umwelt zu ihrem Verhalten gezwungen. Selten lassen sie sich freiwillig foltern und quälen, fast immer steht eine Macht dahinter, die stärker ist als sie. Zum Beispiel die Autowerkstatt, die den Jaguar schon wieder nicht rechtzeitig fertiggekriegt hat. Die Tochter, die ihr Cabriolet gestern zum zweiten Mal zu Schrott gefahren hat. Oder zuviel Glatteis auf der Fahrbahn. Denn aus freien Stücken fährt kein Mensch mit dem ÖPNV. Der Anteil der Nutzer beträgt gerade mal 20 Prozent. In seinen Blütezeiten, als sich nur wenige ein eigenes Auto leisten konnten, waren es immerhin 60 Prozent. Die 20 Prozent werden von den Betreibern des ÖPNV wie rohe Eier behandelt und liebvoll »Captives« genannt, Gefangene, denn die Ärmsten der Armen – sie haben tatsächlich keine Wahl. Kein Auto, kein Geld, bloß eine Monatskarte und offensichtlich viel Zeit.

ÖPNV-Verantwortliche packt jedesmal die Wut, wenn sie die Ergebnisse von Untersuchungen nachlesen müssen, wonach jeder Busnutzer eine durchschnittliche Stadtfahrt für zehn Minuten länger hält, als sie tatsächlich gewesen ist, jeder Autofahrer aber seine Fahrzeit für fünf Minuten kürzer hält, als sie es wirklich war. Ja, ja, die berüchtigte Restzeit verdirbt dem ÖPNVler die Laune. Warten, warten, warten. Der unbeteiligte Flaneur, der unversehens an den Wartehäuschen vorbeikommt, hört die Captives leise murmeln: »Heute ist die Zehn aber spät dran … ob ich dann wohl den Neuner noch erwische? Oder soll ich dann doch lieber mit der Dreizehn …« Völlig sinnloses Gestammel, denn erstens kann sich kein vernünftiger Mensch merken, wann die Neun, die Zehn oder die Dreizehn wirklich fahren, und zweitens ist dieses Gewisper Ausdruck schierer Verzweiflung. Der Wartende gibt so seinem Warten einen Sinn, denn keiner soll denken, er säße oder stünde da im Regen herum, weil ihm das gefällt.

Hunderte von Millionen kostet die Subventionierung des ÖPNV, alle müssen mitblechen, auch der Autofahrer, natürlich, aber er zahlt gern und hastig, denn er weiß: Jeder, der in der S-Bahn sitzt, ist einer weniger auf der Straße. Le Stau – c'est moi! Doch wenn sich der Stau aufgelöst hat, dann *fährt* der Autofahrer, die anderen werden immer noch nur befördert.

Da nimmt der Autofahrer auch in Kauf, daß er an der Tankstelle immer den vollen Preis bezahlen muß, daß aber in Bus und vor allem Bahn kaum einer sitzt, der keinen Rabatt kriegt. Wegen Jugend. Wegen Alter. Wegen zu vieler Kinder. Wegen kein Geld. Und wegen Bundestagszugehörigkeit fährt man natürlich völlig umsonst, wird aber von seinen Wählern rücksichtsvoll durch den Speisewagen getrennt, kurz, der Abgeordnete fährt erster Klasse. Weil er sich für die Umwelt einsetzt? Nein! Weil er blöd wäre, wenn er nicht kostenlos führe.

Die große Lüge der Umweltverträglichkeit des ÖPNV. Schuldig fühlt sich der Autofahrer, der mutterseelenallein unterwegs ist. In amerikanischen Städten darf der Single-Fahrer zwecks Smogvermeidung an manchen Tagen nicht in die Stadt hineinfahren oder die Überholspur benutzen. Manche haben in ihrer Not eine aufblasbare Gummipuppe neben sich gesetzt. Und die leeren Busse? Die mit einem schnarchenden Stammgast durch die Gegend schaukeln? Verpesten die die Gegend vielleicht nicht? Einzige Perspektive für ein selbstbestimmtes Leben: Stärkt den Individualverkehr! Gesunde Abgase für gesunde Bürger!

Hauser: Auf dem Weg in die Räderrepublik

Daß sich Radfahrer Autofahrern moralisch haushoch überlegen fühlen, weiß jedes Kind. Aber wußten Sie, daß der Radfahrer völlig recht hat? Er verpestet die Umwelt nicht, macht keinen Krach und braucht keinen Analytiker. Ganz anders der Autofahrer! Stinkt laut vor sich hin und meint nur, daß er keinen Analytiker bräuchte. Dabei hat der ihn längst gefunden und ihm bis ins kleinste Detail erklärt, warum er so ein Schwein ist. Genau, die Kindheit! Der Autofahrer in seiner engen Kabine sucht den schützenden Mutterleib, er will die Erkenntnis verdrängen, daß Fortbewegung auch immer Bewegung fort von der Mutter ist, und es drängt ihn deshalb umso heftiger heim zu Mutti.

Jetzt schaut euch den Radfahrer an! Welch spielerischer Umgang mit der Sehnsucht nach den guten alten Embryotagen! Er strampelt! Strampelt, wie Es gestrampelt hat, ohne jedoch – im Gegensatz zu damals – die frustrierende Erfahrung des Stillstands in der Bewegung aushalten zu müssen. Der Radfahrer läßt sich den Wind um die Ohren pfeifen, gern auch im Gegenverkehr der Einbahnstraße. Auf den Bürgersteig treibt es ihn nur, weil er menschlichen Kontakt sucht, selbst auf die Gefahr, von den anderen nicht angenommen, ja sogar zurückgestoßen zu werden. Körperlich erkämpft er sich seinen Platz in der Gesellschaft. Während sich der Autofahrer unverletzbar, ja unsterblich fühlt, weil er glaubt, das Auto mache alles automatisch, macht der Radfahrer tatsächlich alles selber und holt sich blutige Knie dabei. Rüdiger Nehberg übte eine Zeitlang die Kunst des Überlebens auf dem Fahrrad und resümierte, Radfahrer seien die Kaninchen der Landstraße, würden erbarmungslos gejagt und müßten panisch auf die Seite springen, wenn der dicke Jäger kommt. Quatsch, Nehberg.

Der Jäger will nicht, daß das Kaninchen zur Seite springt, wenn er kommt, er will es treffen!

Inzwischen fühlen sich Kaninchen allerdings weitaus stärker von Mountainbikern als von Jägern belästigt. Denn den reifen Radfahrer zieht es in die Natur. Er will die Früchte ernten, die er durch Verzicht auf Verpestung der Luft gesät hat. Fröhlich rammt er kleine Hunde und Kinder, die auf Waldwegen herumtollen. Mit etwas Rücksicht auf den Naturfreund im Pedal hätte das nicht passieren müssen, denkt der Biker kopfschüttelnd, während ihm Eltern und Hundebesitzer hinterherfluchen. Er findet es im Grunde kränkend, daß sie ihn alle erst dann beachten, wenn sie seinen Titanlenker im Kreuz spüren. Aus reiner Notwehr hat er sich deshalb diesen schicken Helm besorgt. Was hätte Rudi Altig gelacht, wenn man ihm mit so einem Ding gekommen wäre. Na gut, als James Bond noch Sean Connery hieß, wäre es im Kino auch ein Brüller gewesen, hätte 007 sich vor jedem Crash erst artig angegurtet.

In der Stadt versucht die Autofahrer-Lobby derweil, den Radfahrer als autonomen Pionier zu entwurzeln. Die Lobby etablierte den Fahrradbeauftragten. Das geht zu weit! Mögen sie ihn vom Sattel schubsen, auf den Kühler nehmen oder in der Fußgängerzone anspucken – alles korrekt. Aber so ein Beauftragter erniedrigt ihn auf den gleichen Rang wie Frauen und Kinder! Da wird der Radler wirklich sauer. Welche Schmach. Er braucht keine Streetworker. Die sollen ihn ja nur auf den rechten Radweg zurückzwingen und erwarten auch noch, daß Radfahrer die Partei des netten Beauftragten wählen, der ihnen die vielen neuen Pisten baut. Radfahren ist gelebte Anarchie! Und der anarchische Geist radelt, wo er will. Ohne Ombudsmann.

Was übrigens James Bond noch nicht wußte: Der Mann von Welt sollte stets ein Damenfahrrad in der Garage haben. Eine amerikanische Wissenschaftlerin – oder war es die Fahrradbeauftragte der Harvard University? – hat nämlich herausgefunden, daß Fahrradsattel Lust auf

Sex machen. »Männer, die eine Frau verführen wollen, sollten sie lieber aufs Fahrrad setzen als sie zum Dinner einzuladen.« Aber finden Sie bitte vorher raus, ob sie Fahrrad fahren kann. Wenn nicht, setzen Sie sie einfach auf Ihren Hometrainer. Der Fahrtwind ist ja in diesem Fall nicht der springende Punkt.

HAUSER: PRIMA KLIMA IN LIMA

Wer nach Südamerika fliegt und wieder zurück, müßte mindestens 100 Bäume pflanzen, wenn er sein frevlerisches Tun in der Klimabilanz wieder ausgleichen wollte. Bloß: Wer hat schon so einen großen Garten! Der Reiseveranstalter Jörg Drews hat sich des Problems angenommen und pflanzt für jeden seiner Kunden, der mit ihm in die grünen Wälder von Costa Rica reist, immerhin 50 Bäume. Die Tropenwaldstiftung »Oro Verde« nimmt ihm die Pflanzarbeit ab, wenn auch in Brasilien. Aber immerhin. Und jeder ökozerfurchte Reisende ist Drews für diesen Ablaßhandel von Herzen dankbar.

Sanfter Tourismus. Robert Jungk hat damit angefangen, als er 1980 fragte: »Wieviel Touristen pro Hektar Strand?« Gute Frage. Kommt immer drauf an, wer einem da in Rimini aufs Handtuch rückt. Jungk ging die Sache ernster an und erstellte gleich einen Sündenkatalog des »harten« Tourismus: schnelle Verkehrsmittel, festes Programm und keinerlei geistige Vorbereitung. Von dem Individualtouristen erwartete er landesüblichen Lebensstil, eine vorangegangene Beschäftigung mit dem Besuchsland und viel Zeit. Innengelenkt sein statt außengelenkt! Erlebnisse statt »Sehenswürdigkeiten«, Lernfreude statt Überlegenheitsgefühl, Geschenke bringen statt einkaufen. Geschenke bringen? Ich glaube nicht, daß sie in Amerika noch Glasperlen nehmen. Aber fotografieren statt knipsen – da ist doch jeder dabei.

Aber manchmal ist es gar nicht so leicht, Sehenswürdigkeiten und Erlebnisse auseinanderzuhalten. Ist der Anblick toter Wale, denen das Gekröse aus dem Leib hängt, ein Erlebnis und der Kadavertourismus zu einer dänischen Sandbank demnach sanft? Überschwemmungen am Rhein: für die Bonner ein Erlebnis, für die Angereisten – beides? Im Oderbruch wird der Katastrophentourismus von den Bürgermeistern mit wenigstens einem lachenden Auge gesehen: Die Touristen bringen Umsatz, und die Dörfler können mit dem Verkauf schleunigst gedruckter Flutpostkarten und aufsehenerregender Amateurvideos etwas dazuverdienen.

Dann sprangen die Großunternehmen auf den Zug auf. Bei TUI wurde ein Umweltbeauftragter installiert, und das Unternehmen warb stolz mit dem Spruch »Unsere Rasenmäher saufen keinen Tropfen Benzin«, nur weil in einer einzigen Kärntner Ferienanlage ein paar Schafe auf Gras weideten. An einer durch und durch lobenswerten Müllsammelaktion der LTU auf den Malediven beteiligte sich Verona Feldbusch nur versehentlich nicht, weil sie die im Flugzeug ausgebene Mülltüte für Batterien und Plastikabfall als Wäschesack mißverstanden hatte. Es gab dann einen kleinen Kampf mit dem Steward, weil sie ihre angeschmutzten Dessous einfach nicht rausrücken wollte.

Jungk selbst war zehn Jahre nach seinem ersten Aufruf völlig pessimistisch. »Mein Notschrei«, beklagte er, »ist inzwischen zu einem Schlachtruf umstilisiert worden, und viele bisher noch einigermaßen naturbelassene oder abgelegene Regionen leiden unter den Horden, die ihn permanent ausstoßen.« Das übliche Schicksal aller Geheimtips. Aber es wird immer jemanden geben, der noch ein paar davon im Kofferraum hat, ob nun der letzte Baum schon gefällt ist oder nicht. Die Wissenden waren schon immer verflucht und reizbar. Ungehalten werfen sich die Propheten des sanften Tourismus gegenseitig blauäugige Naturliebe vor. Jeweils der andere natürlich will ein Paradies wiederherstellen, in dem es jeder Vogel besser haben solle, als es der Mensch je gehabt hätte. Der sanfte Tourismus sei nichts als eine Gemeinschaft zur Bewältigung der Angst. Im Klartext: Je strikter der Mensch zu Hause Müll sortiert, wiederaufladbare Batterien benützt und vegetarisch ißt, um die Weltkalorienbilanz zu schonen, desto eher neigt er dazu, sich der Sinnhaftigkeit seines Tuns in der Gruppe zu vergewissern. Bei den Dumpfbacken, die bis vor kurzem am Ballermann Sangria aus Eimern sogen, erwartet dieser Mensch zu Recht keinerlei Verständnis für seinen täglichen Gang zur Biotonne mit dem kleinsten Streifen Gurkenschale.

Der ultimative Kick für jeden sanften Touristen ist natürlich Abfallsammeln im Himalaya. Buddhismus und Recycling! Eine idealere Verbindung ist kaum vorstellbar. Wiedergeburt von Menschen und Dingen. Mit einem herzlichen »Namaste! Ich grüße alle göttlichen Eigenschaften in dir!« segneten die Eingeborenen die Besucher, die ihnen mit ihren weißen Müllsäcken und grünen Plastikhandschuhen zunächst relativ befremdlich erschienen. Doch es sind Müllmänner und -frauen, die für diesen Trip immerhin 3000 Mark springen lassen.

Hunderttausende Besucher versauen jährlich Nepal, Zigtausende von ihnen das Gelände um das Sherpa-Kloster Tenghpotsche. Der Müll und die Fäkalien ruinieren die Landschaft, und der Abt ist froh über jeden Gast, der nicht mit Hilfe eines ADAC-Auslandsschutzbriefs und eines Helikopters abtransportiert werden muß. Denn dann fegen die Hubschrauberböen sämtliche Klopapierblätter auf die

Bäume, und das gibt der Landschaft ein christlich-weihnachtliches Gepräge, erzählen Augenzeugen.

Sanfter Tourismus bedeutet, sich der Landessitte entsprechend zu kleiden. Frauen kriegen das leicht hin. Armani in Italien, Hula-Hula-Baströcke in der Südsee und Kimonos in Japan. Männer haben es schwerer, und unter kosmopolitischen Deutschen ist dieser Drang zur Anpassung als Anwanzerei von Provinzlaffen verschrien. Doch der Verhaltensforscher Christian Adler gibt den vermeintlichen Opportunisten recht und fragt: Was geschieht, wenn ein völlig korrekt gekleideter, somit halbnackter Papua in Bayern eine Fronleichnamsprozession begleitet? Also, für die Bayern wär's ein Erlebnis.

Rote Erde:

Mars macht mobil

Hauser:

Amerikaner auf dem Mars gelandet. Ein Fortschritt, den die SPD nicht verhindern konnte.

Kienzle:

Der Mars ist und bleibt rot, Hauser, daran können auch Sie nichts mehr ändern.

Hauser:

Rot und tot, Kienzle. Das Rot auf dem Mars ist alles nur Rost.

Kienzle:

Aber das Marsmobil ist ein innovatives Spitzenprodukt aus SPD-regierten Bundesländern.

Hauser:
Ein kleiner Schritt für ein unbemanntes Spielzeugauto, aber ein Riesensprung für Gerhard Schröder!

Kienzle:
Die Bilder vom Mars sehen aus wie Ostdeutschland nach vielen Jahren Kohl: soweit das Auge reicht nur blühende Landschaften!

Hauser:
Ach, Kienzle, lassen Sie das Marsmobil mal durch die Berliner SPD-Badeanstalt fahren – und es funkt nach 20 Minuten die gleichen Ergebnisse nach Hause: weit und breit kein Anzeichen für intelligente Wesen.

Kienzle:
Aus der CDU-Zentrale kämen die Funksignale viel schneller zurück, denn die ist ja gleich hinterm Mond.

Hauser:
Bleibt die Frage, was machen eigentlich die grünen Männchen?

Kienzle:
Die basteln gerade an einem innovativen Öko-Raumschiff. Es wird von einem Schokoriegel angetrieben, der verbrauchte Energie sofort zurückbringt.

Hauser:
Na, dann ist der Fall für mich erledigt!

Neues Arschloch gesucht

Cartoon: Rolf Kutschera

KIENZLE: ANALE GRANDE

Fluchen ist eine Kunst. Wie Malen, Kochen oder Schreiben. Alltagskunst. Leider ist die deutsche Schimpfkultur unterentwickelt. Während andere Völker ihre phantasievollsten Köpfe eingesetzt haben, um reich ornamentierte Flüche auszudenken, in denen beispielsweise die Mutter des Verfluchten in vielfaches sexuelles Handeln eingebunden wird, geht es bei uns immer gleich ins primitiv Fäkale. Das wird uns im kommenden Jahrtausend eines völlig anderen Körpergefühls unserer erdigen Sprache berauben.

Nehmen wir nur einen so herzhaften Begriff wie das »Arschloch«, das es als Basic-Wort der etwas härteren Kommunikation auch in anderen Sprachen gibt. Seine Zukunft ist durchaus ungewiß. Was hier so griffig daherkommt, galt bislang als bloßes Ausscheidungsorgan, mit Hilfe dessen man sich unangenehm riechender und aussehender Restbestände des Verdauungsvorganges entledigt hat.

Im Schwäbischen ist »Arschloch« ja immer schon ein bevorzugtes Kommunikationsinstrument gewesen. Je nach Betonung ein Wort der Begrüßung oder der Abscheu. »Du altes Arschloch!« ist die äußerste Form der Freundlichkeit, wenn es gilt, einen alten Kumpel zu begrüßen. »Hauser ist ein Jesus-Arschloch!« ist z. B. eine besonders gewählte Form der Verachtung. Wenn der Schwabe elegant touchieren will, verbindet er Religiöses mit Analem. Der Arsch spielt also immer eine zentrale Rolle.

Bisher jedenfalls. In Zukunft wird der »Arsch« eines der Organe sein, durch welches die unsere Leib-Seelen durchflutenden Energieströme, die uns zum Teil des All-Einen machen, wieder hinausgehen. Kann man einen Ort kosmischer Energie zum Schimpfen benutzen? Dazu kommt noch etwas anderes. Es gibt drei Zonen unseres Körpers, die uns mit Mutter Erde in Berührung bringen. Die Fußsohlen, wenn wir laufen. Rücken oder Bauch, wenn wir liegen, und das Gesäß, wenn wir sitzen.

Da aber selbst der wildeste Esoteriker die meiste Zeit seines Lebens am Schreibtisch verbringt, ist das, was man früher »Arsch« nannte, der Teil unseres Körpers, der mit unserer tragenden Urmutter – vermittelt durch diverse Etagenfußböden und die Sitzfläche des Bürostuhls – verbunden ist. Was sich da in den Sessel hineinschmiegt, kann nicht mehr das »Arschloch« in des Wortes alter Bedeutung sein. Es hat einen ähnlichen Bedeutungswandel vor sich, wie ihn das »Wurmloch« schon erlebt hat. Auch dieses ist nicht mehr die unratverkrümelte Stelle, wo ein widerliches Krabbelvieh aus dem Apfel schaut, sondern der magische Ort im Universum, wo die »Enterprise« in ein anderes Raum-Zeit-Kontinuum wechselt. Kurz gesagt: »Arschloch« ist out.

Selbstverständlich wird das »Arschloch« eine Lücke hinterlassen, die viel größer ist als besagtes Loch selbst. Was könnte diese Lücke schließen?

Das neue Schimpfwort

- dürfte aus der Ökologie kommen. Denn dort passieren die größten Schweinereien,
- darf Sexuelles zwar anklingen lassen, muß aber den Sex als ein Element der Unterdrückung entlarven.

Das alles und noch viel mehr erfüllt auf geradezu vorbildliche Weise der »Drecksack«. Er erinnert von fern an nicht ordentlich gefüllte Müllsäcke, die große Sünde der Zukunft. Es stützt damit politisch korrekt die Intentionen des Grünen Punktes und trägt in seiner sexuellen Komponente den Stempel des Frauenfeindes. Denn wenn frau schon Sex erlaubt, dann mit Sicherheit nicht da, wo ein »Drecksack« im Einsatz ist.

Waren die Trendforscher bislang bloß »Arschlöcher«, die uns allen möglichen Firlefanz erzählten, die wahren Trends aber nicht herausfanden, so sind sie jetzt »Drecksäcke«, die es möglichst geräuschlos zu entsorgen gilt.

Hauser: Küss die Hand ohne Ende!

»Ja, leck mich doch am Arsch! Is' das nich' meine alte Benimmlehrerin?« Und gleich Frage Nummer 2: Würden Sie diesem Mann einen Handkuß abkaufen?

Sehen Sie.

Dabei ist gerade er prädestiniert, den Handkuß formvollendet zu plazieren, hat er doch eine entsprechende Ausbildung genossen. Ansonsten gelten im Handkußbereich zwei Grundregeln, die sich diametral widersprechen und das orale Ritual deshalb zu einem echten Problem gemacht haben. Erste Regel: Küssen Sie nie einer Frau die Hand, wenn sie auch nur mit der kleinsten Regung zu verstehen gibt, daß sie das nicht will! Zweite Regel: Wenn Sie eine Hand küssen, müssen Sie die aller anderen Frauen auch küssen. Wenn nun die erste Dame wollte, die zweite aber nicht? Dann ist wieder mal ein Mann überfordert.

Frauen finden Handküsse peinlich und eklig. Drunter machen sie es nicht. Völlig überschätzt wird die Frage, ob die Lippen die Hand berühren dürfen oder nicht. Eigentlich natürlich nicht. Aber es ist gerade diese namenlose Angst der Frau, ob der Mann das denn auch weiß, die den Handkuß für den versauten Mann, und nur für ihn, zu einem solch atemberaubenden Thrill macht, daß er ihn für keinen Zungenkuß der Welt eintauschen würde.

Auch Ioseph of Locksley aus dem tiefsten Arizona gibt Tips zum Handkuß, die uns wieder einmal davon überzeugen, daß es im amerikanischen Raum nur zwei Benimmweisen gibt: gar keine oder vollkommen bekloppte. Ioseph of Locksley tastet sich bei der Frau langsam nach vorn. Zunächst wiegt er sie und seine Leserschaft in Sicherheit mit dem üblichen Tip, bei offenkundiger Abwehr der Frau keinesfalls zu küssen. Doch warum schreibt der Ratgeber so dringend trockene Lippen vor? Weil er gleich vorschlagen wird, die

Handfläche der Dame (»nur bei Volljährigen!«) sanft zu drehen und zu küssen. Und dann – abzuschlecken! Sie haben es erraten: Die Zunge soll so trocken wie möglich sein. Und schließlich: zwischen zwei Fingern lecken! Mit einer Zunge, die – richtig – so trocken wie möglich sein soll. Dies sei ein Versprechen an die Dame, das unter allen Umständen gehalten werden müsse. Pornographie aus Phoenix? Oder nur der alte Wiener Strizzi-Spruch »Küß die Hand ohne Ende!« auf die Spitze getrieben? Und da soll man glauben, daß der Handkuß eine Demutsgeste sei. Nur in einem einzigen europäischen Land, in Polen, ist der Handkuß Standard bei der Begrüßung der Frau durch den Mann. Großer Harald Schmidt, hilf uns! Schafft den Handkuß endlich ab!

Computer: Maus und Hamster

Hauser:
Noch Fragen, Kienzle?

Kienzle:
Ja, Hauser, was ist eigentlich eine Festplatte?

Hauser:
Kommt ganz darauf an für wen. Für Witzbolde wie Sie ist eine Festplatte das Gegenteil von starkem Haarwuchs.

Kienzle:
Und für ernsthafte Menschen?

Hauser:
Ist es der fest eingebaute Speicher eines Computers, auf dem alle Daten abgelegt sind.

Hauser:
Nanu, Kienzle, woher plötzlich soviel Fachwissen aus dem Mund eines notorischen Technologie-Verweigerers?

Kienzle:
Nun tun Sie mal nicht so, Hauser, als könnten Sie eine Computermaus von einem Goldhamster unterscheiden.

Hauser:
Die Computermaus hat einen längeren Schwanz und quietscht nicht beim Klicken.

Kienzle:
Na, dann ist der Fall für mich erledigt!

HAUSER: WORLD WIDE WEBSTER

Schon heute haben die Chatter im Internet einen rudimentären Code ausgebildet, sogenannte Emoticons, der grundlegende Kommunikationselemente umfaßt. Das berühmteste Zeichen ist der aus technischen Gründen um 90° gedrehte Smiley : –) Da das Tippen beim Chatten für die vielen, welche die Buchstaben auf der Tastatur zusammensuchen müssen, doch ein bißchen mühsam ist, werden sich immer mehr Zeichen herausbilden, die den Vorgang vereinfachen. Die Entwicklung wird dadurch erleichtert, daß Chatter im Normalfall ohnehin einander nur Dinge sagen, die ebensogut durch einige wenige Symbole mitgeteilt werden können. Man wird also selten im World Wide Webster, der bald das amerikanische Wörterbuch ersetzt, nachschlagen müssen.

So könnte eine Konversation der neuen Art aussehen.

Mann:	**!**	»Hey Du.«
Frau:	**=O=**	»Wahnsinniger Stau auf der Datenautobahn.«
Frau:	**—-xx**	»Ich bin weit weg vom nächsten Einwählknoten.«
Mann:	**X**	»Connection funktioniert.«
Frau:	**#**	»Endlich im Netz.«
Mann:	**<>**	»Chatten mit dir macht voll Spaß.«
Frau:	**<=«**	»Ich rauche gern!«
Mann:	**Y !**	»Du bist eine begehrenswerte Frau.«
Frau:	**$!**	»Du bist ein begehrenswerter Mann.«
Mann:	**-@**	»Ich hasse Drumherumreden.«
Frau:	**{O}**	»Du machst mich geil!«
Mann:	**//**	»Du machst mich geil!«
Frau:	**Q**	»Ich bin Feministin.«
Mann:	**h**	»Ich pinkle nur im Sitzen.«
Frau:	**XXL**	»Du hast den Größten!«
Mann:	**6^3**	»Ich bin unglaublich potent!«
Frau:	**6^3-v?**	»Auch ohne Viagra?«
Mann:	**//////!**	»Allzeit bereit.«
Frau:	*****!**	»Dann hol mir mal die Sterne vom Himmel!«
Mann:	**B**	»Ich stelle mir gerade deinen Busen vor.«
Frau:	**...b**	»Ich glaube, ich bin schwanger.«
Mann:	**\\!**	»Finde ich voll ungeil.«
Frau:	**%**	»Ich muß aufhören, mein Mann steht vor der Tür!«

KIENZLE: DER BELÄSTIGTE MANN

Sachbearbeiter Acht-acht-zwo-Be, genannt »Joseph Schmidtmaier«, setzt sich nichtsahnend an seinen Schreibtisch, um daselbst Sachen zu bearbeiten. Plötzlich japst er nach Luft. Ein durch das Großraumbüro schwallendes Parfüm beraubt ihn seines Atems. Die Kollegin von nebenan hat ihre Arbeit aufgenommen. Ihre Bluse ist so transparent, daß man sie überhaupt nicht sieht. Langsam wendet sie sich ihm zu. Das ganze Make-up knistert, als ihn ihr tiefroter Mund, der aussieht wie die Sünde selbst, anlächelt und ein gutturales »Guten Morgen!« ihren frisch geweißelten Zähnen entflieht.

Acht-acht-zwo-Be beißt seine eigenen Zähne zusammen. Er weiß, daß er jetzt gerade auf die perfideste Art gemobbt wird. Diese Frau will immer nur das eine. Er soll zu ihr sagen »Sie sehen aber heute gut aus!« Dann nämlich hat er sie sexuell am Arbeitsplatz belästigt und darf sich seinen jahrzehntelangen Wunsch, dritter Flachmann in der flachen Hierarchie zu werden, endgültig abschminken.

Er schaltet seinen Computer ein. Erst neulich hat die Direktion »aus Sicherheitsgründen« neue Paßwörter ausgegeben. Jetzt erlebt er seine tägliche Schande. Er muß die Wörter »Heiner Lauterbach« eingeben. Da oben sitzt einer, der ihn psychisch vernichten will.

Dazu paßt, daß ihm irgend jemand eine Viagra-Pille in die Ablage getan hat. Vermutlich war es derselbe Widerling, der in das Biofach seines Mülltrennbehälters unter dem Schreibtisch einen Fetzen Papier geschmissen hat. Welches Schwein will ihm ein solches Verbrechen in die Schuhe schieben?

Acht-acht-zwo-Be hat einen langen, bösen Arbeitstag vor sich.

Hauser: Mobber online

Die allein erziehende Marie-Louise – als sie geboren wurde, waren gerade wieder einmal diese schrecklich altmodischen Namen in Mode – starrt ihr Gesicht auf dem Monitor an. Sie nimmt an einer Videokonferenz teil und hat aus lauter Frust die anderen weggeklickt. Die Konferenz läuft schon seit einer halben Stunde, und sie hat noch keine Möglichkeit gefunden, auch nur ein Wort beizutragen.

Es ist von den Terminen die Rede. Marie-Louise tippt die Eingabetaste an und sagt: »Es wäre schön, wenn die Termine so gelegt werden können, daß der Druck nicht so groß ist.« Sie sieht sich selbst reden und fällt fast von ihrem Pneumatik-Stuhl. Ihre Rede wird untertitelt! Bei niemandem sonst wird das gemacht. Sie will rufen. »Wer hält mich hier eigentlich für so blöd!« Aber bei dem Gedanken, daß auch dieser Satz seine Untertitel bekäme, reißt sie sich zusammen.

Aber jetzt fängt der Schrecken erst an. Eine Frau, die sie noch nie zuvor wahrgenommen hat, offenbar eine Kollegin, sagt, man habe Marie-Louise vor vier Tagen mit ihrem Ex-Mann aus einem Slow-Food-Restaurant kommen sehen. Wie immer in solchen Situationen, schaltet sich die Gleichstellungsstelle mit einem vorgefertigten Statement ein: Die Quote der begehrten Homework-Stellen für Alleinerziehende darf nur von ArbeitnehmerInnen erfüllt werden, die tatsächlich allein erziehen. Wer das nicht mehr tut, riskiert seinen Arbeitsplatz.

Marie-Louise schaut starr geradeaus. Niemand darf ihr eine Reaktion anmerken. Wer hat sie hingehängt? War es die Kollegin? Wird sie systematisch beobachtet? Wenn die wüßten, daß ihr Kind dem Ex zum Vatertag eine Sexpuppe zum Aufblasen geschenkt hat? Damit wollte es vielleicht sagen »Ich will meine Mami ganz für mich allein«.

Zeigt dieses Signal nicht deutlich, daß sie nicht mehr »Alleinerziehende« ist?

Von dem bösen Menschen, der das Signal möglicherweise aufgefangen und an die Firma weitergegeben hat, mag auch der Computervirus kommen, der jedesmal »Du Schlampe« ruft, wenn sie das Wort »Organisation« eingibt. Der Programmierer hat ziemlich höhnisch gegrinst, als sie ihm ihr Leid geklagt hat. Mobbt er sie?

Sollte das der Fall sein, dann hat Marie-Louise in dieser Firma keine Chance mehr.

KIENZLE: LIEBESGRÜSSE AUS DER ROSA DOSE

Der Besitzer des Lovegety muß nicht mit sich selbst spielen. Nein, Hauser, die Rede ist nicht von Autoerotik. Der glückliche Besitzer eines Lovegety darf und will unbedingt mit anderen spielen. So er andere findet. Denn bislang sind erst 500 000 Stück davon verkauft worden, in Japan jedenfalls. Die Herstellerfirma der »Liebeseier« trägt den schönen deutschen Namen »Erfolg« und orientiert sich auch sonst eher an klassischen Vorgaben. Lovegetys für Frauen sind rosa, die für Männer grau. Die Funktionsweise ist schlicht. Das schlüsselanhängergroße Apparätchen muß nur eingeschaltet werden, und wenn sich dann ein andersgeschlechtliches Lovegety auf fünf Meter annähert, beginnen beide zu piepsen. Wenn dann noch Mann und Frau von drei Funktionen dieselbe gewählt haben – plaudern, singen oder Freunde werden –, signalisiert das Lämpchen »Get!«

Falls Sie einmal zwei offensichtlich Fremden auf der Straße begegnen, die plötzlich zu singen anfangen: typischer Fall von Lovegety. Beim Selbstversuch einer westlichen Korrespondentin im betriebsamen Tokio piepste es allerdings nicht ein einziges Mal. Wer weiß! Vielleicht schalten Japans Männer ihr graues Teil (Gehirn?) immer sofort ab, sobald eine ganz und gar nicht mandeläugige Schönheit auftaucht. Vor den Frauen des Westens sollen sie ja solche Angst haben.

Zu erwarten sind auch scharfe Proteste der Schwulenverbände dagegen, daß von Grau zu Grau gar nichts passiert. Das ist eine eindeutige Diffamierung. Und warum wurde das Pink den Frauen zugesprochen? Rot hätte es doch auch getan. Japans Schwule und bald die der ganzen Welt müssen nun auf ein ganz scheußliches Lila ausweichen. Hach, ist das aber gemein. Kleiner Tip an die zukünftigen Hersteller des Homogety: Die Batterien müssen wesentlich leistungsfähiger sein als die für das Heterogety! Mit einem lumpigen Kontakt pro Stunde ist es da wirklich nicht getan. George Michael wird es Ihnen zu danken wissen.

Ein Sylter Unternehmer hat den Gedanken gleich europäisch verfeinert und das »Smart heart« entwickelt. Der Besitzer gibt seine eigenen Daten ein, Größe, Alter, Haarfarbe, eine Charaktereigenschaft, falls vorhanden, und natürlich seine Telefonnummer. Außerdem die Daten des ersehnten Objekts der Begierde: Alter, Größe, Haarfarbe, Charakter egal. Begegnen sich dann zwei Smart-Heart-Besitzer, fängt das Gerät nicht etwa asiatisch primitiv zu quäken und zu piepen an, sondern es blinkt dezent und vibriert erwartungsvoll. Liebe muß sublim sein. Auf Sylt weiß man das eben.

Hauser: Handys hoch!

Auf Beerdigungen machen sie sich ganz schlecht. Aber richtig beliebt sind sie eigentlich nirgends. Handys sind verpönt, ihre Besitzer werden geächtet. Sie sind nicht gesellschaftsfähig. Man macht sich lustig über diese Wichtigtuer, die durch die Straßen laufen, Hand am Ohr, und in ihre Mobiltelefone belfern. Sind aber nicht jene Typen viel gefährlicher, die murmelnd durch die Stadt laufen, ohne was an der Backe zu haben?

Mitglieder der Handy-Gangs müssen heutzutage mit ihren kleinen, immer winzigeren Lieblingen regelrecht in den Untergrund gehen. In besseren Restaurants mobil telefonieren? Das Entsetzen der Umsitzenden gleicht nur noch dem Grausen, das dieselben Leute packt, wenn die junge Mutter ihre Bluse öffnet, um das Baby zu stillen. Allgemeiner Aufschrei: Was für ein Fauxpas! Welche Parvenus hängen denn da schon wieder am Tropf! Runter ins Basement mit diesen ungustiösen Typen. Schon gibt es Gaststätten, die außer Raucher- und Nichtraucherzonen auch Ghettos für Ewigerreichbare bereithalten.

Die Alternative ist der Gang zum Tresen, wo der Wirt überhöhte Preise für die Nutzung seines Telefons verlangt und feixend jedem Wort lauscht. Resigniert verziehen sich elektrifizierte Gäste zum Ferngespräch dorthin, wo der nervöse Griff in die Hose traditionell unverdächtig ist: in den Keller vorm Klo, manche wagen sich sogar noch einen Schritt weiter. »Hallo Werner, ich sitze gerade beim Italiener und habe dein Vertragsangebot vor mir. Gleich werde ich es hinter mir haben...«

Umberto Eco, Autor des Buchs »Über Gott und die Welt«, hat natürlich auch über dieses Phänomen längst nachgedacht: Wer das Mobiltelefon als Machtsymbol vorzeige, erkläre in Wirklichkeit seine verzweifelte Lage als

Subalterner. Don't call us, we call you, heißt die gängige amerikanische Formel, und notorische Kulturpessimisten sind der festen Überzeugung, der letzte Rest an Selbstwertgefühl könne nur dadurch gerettet werden, daß dieser Anruf nicht jederzeit an jedem Ort erhört werden muß. Ständig verfügbar sein! Eine Forderung, die man bisher nur an Frauen stellen konnte! Heute ist das jedem tüchtigen Vertreter zuzumuten – er müsse sich sogar während des Beischlafs stören lassen, empört sich Eco im Namen aller kleinen Angestellten. Als ob es keine Mailbox gäbe. Johannes Gross selig sagte es so: »Wer ständig erreichbar ist, gehört zum Personal.« Und Hellmuth Karasek hat gleich ein ganzes Buch geschrieben mit dem Titel »Hand in Handy«.

Wirklich bedenklich ist nur die Tatsache, daß eifersüchtige Ehefrauen ihren vielbeschäftigten Gatten immer öfter ein Mobiltelefon schenken. Aus Gründen, die nicht erläutert werden müssen. Frauen wiederum scheinen für die umgekehrte Kontrollfunktion ihres eigenen Apparates völlig blind zu sein. Der Widerspenstigen Zähmung! Hera Lind und Gaby Hauptmann, die beiden großen Frauenschriftstellerinnen unserer Zeit, wetteifern darin, wessen Ehegatte öfter das Ding piepsen läßt. Hera behauptet tapfer, sie sei über die Phase hinweg, in der sie die Anrufe genervt hätten. »Mein Mann ist immer bei mir, und seit es Handys gibt, ist er erst recht immer bei mir.« Was muß das für eine sublime Ehe sein. Aber solange es nur piept, ist ja noch alles in Ordnung. Kompromittierend sind nur diese neuen vibrierenden Cellulars. Zu schnell gerät frau in den Verdacht, daß in der Handtasche ein Dildo verrückt spielt.

Ossis verwechseln heute noch Handys mit schnurlosen Telefonen und sind traurig, wenn sie schon am Kiosk um die Ecke keine Verbindung mehr kriegen. Immer diese westlichen Enttäuschungen. Virginie Taittinger, Champagnererbin, hat einen Benimmführer von schockierender Langeweile geschrieben, dröger als der abgestandenste Prosecco, aber sie argumentiert in diesem Punkt altruistisch: die armen Tennisspieler in Roland-Garros! Wollen gerade einen Punkt machen, da werden sie schon wieder vom Gepiepse eines Sprechfunk-Tamagotchis gefoult.

Und was es für Bimmelvarianten gibt! Auf in den Kampf, Kleine Nachtmusik, Für Elise. Für jede musikalische Passion das passende Düdelüt. Vergleichbar nur noch mit den Fahrradklingeln der späten Sechziger, als studentenbewegte Pedalisten zum akustischen Rundumschlag ausholten und arglose Rentnerinnen hinterrücks in die Hauseingänge scheuchten. In öffentlichen Verkehrsmitteln, darüber sind sich die Handy-Feinde erstaunlich einig, darf auch nicht telefoniert werden. Abgesehen davon, daß private Ferngespräche in Flugzeugen nur deshalb verboten sind, weil die geizigen Airlines keine Abschirmungen für ihre Bordelektronik installieren wollen, kann ein solches Verbot nur von Leuten kommen, die beispielsweise niemals Bahn fahren. Schon mal bei sommerlich schwülem Wetter in einer Telefonzelle auf dem Bahnsteig gewesen, die wie ein Pissoir stinkt? Da lobe ich mir mein Handy, mit dem ich mich behaglich in die etwas saubereren Kissen der ersten Klasse sinken lasse.

Als unentbehrliches Handwerkszeug lassen Kritiker die Taschenquatsche nur für Nutten und Naomi Campbell gelten. Nach jedem Hausbesuch kann der nächste Freier schon im Flur telefonisch betreut werden, und Naomi schleppt gleich vier Mobiles im Beautycase herum: eins für ihren Ex Robert de Niro, eins für Mama, eins für die Agentin und eins für den Verlobten, wen auch immer sie gerade dafür halten mag. Der Handy-Industrie sind solche halbseidenen Kunden nicht gerade willkommen. Deswegen immer wieder diese PR-Meldungen, wonach Handys Leben retten können (abgesehen natürlich vom Leben derer, die sich mit Hand an der Backe auf der Autobahn überschlagen). Sogar abgemeldete Geräte kommen zu neuen Ehren: Notrufnummern sind gebührenfrei! Und erst das Bergnotrettungs-Handy! Um Jahre zurückgeworfen werden die Imagepfleger der Mobilfunknetze jedesmal dann, wenn Ballonfahrer in Alpenschluchten krachen und die Zeitungen wieder einmal lakonisch melden müssen: vier Handys an Bord, aber alle Batterien leer.

Handy-Halter! Wehrt euch! Telefoniert, wo ihr wollt! Raus aus den dunklen Ecken, hoch aus den Kellern! Zeigt her eure Apparate. Schämt euch nicht länger! Telefoniert bei Tisch, am Tisch, auf dem Tisch! Laßt euch nicht verwirren vom Geschwafel über die Intimität des elektronischen Zwiegesprächs, das keine Zeugen dulde (außer dem Staatsanwalt). Ignoriert die Behauptung, am Handy werde sowieso nur Pipifax geplaudert. Und wenn schon. Genau wie im richtigen Leben. Cellularier aller Länder, ihr seid nicht allein. Im Jahr 2000 werdet ihr in Deutschland 18 Millionen Männer, Frauen und Kinder sein!

Zwei Stühle, eine Säge

Hauser: Haraldissimo!

Draußen vor der Tür stand ein »Format«. Und die deutschen Fernsehgewaltigen fragten sich bange: »Wolle mer se roilosse?« Mitten rein in unsere schenkelklatschende Gemütlichkeit? Das Format heißt »Late Night Show«, und es hat in den USA legendäre Helden gezeugt. Ein Abglanz davon ist im deutschen Kabel Jay Leno auf NBC.

Die Zuschauer hätten schon gewollt, aber die Macher hatten ihre Zweifel. Gibt es einen deutschen Late-Night-Talker? Wird man ihm jeden Tag genug Witze zusammenschreiben und wird er sie über die Rampe bringen können? Wird es genügend Deutsche geben, die prominent und trotzdem unterhaltsam sind? Schwere Fragen fürwahr, und manche Antworten sind noch heute offen.

Es ist noch gar nicht so lange her, da fiel jedermann in Deutschland nur der Name Thomas Gottschalk ein, wenn es darum ging, daß irgend jemand irgendwie locker mit irgend jemandem quasseln sollte. Wen wundert es, daß dieser Name auch den Leuten vom Fernsehen eingefallen ist. Aber Tommy war nicht die ideale Besetzung. Locker-locker und sonst gar nichts zu sein reicht für diesen Job nicht. Der Entertainer konnte mit den für ihn geschriebenen Pointen nicht viel anfangen, er verließ sich lieber darauf, daß ihm etwas einfallen werde. Immer öfter ist ihm nichts eingefallen.

Seine größte Schwachstelle aber war das noch nicht. Man kann sich für Leute aus verschiedenen Gründen interessieren. Zum Beispiel, weil man Menschen mag; Jürgen Fliege täuscht dieses Gefühl absolut professionell vor. Oder aber weil man Menschen nicht mag; Karl Dall hat das in seinen guten Momenten bewiesen, Stefan Raab ist darin Spitze. Wer sich aber in keiner Sekunde seines Lebens für irgend etwas anderes als für sich selbst interessiert hat, sollte die Finger von einer Talkshow lassen. Womit wir wieder bei »Tommy« Gottschalk wären. Der Sender hat für horrende Summen immer gewaltigere Weltstars eingeflogen, und der Talkmaster wußte dann nicht, was er sie fragen sollte. Die Urlaubsvertretung Koschwitz, der den Job dann eine Weile weiterbetrieb, sagte wenigstens auf, was man für ihn geschrieben hatte. Der Rundfunkmann aus Hessen aber war nur allzusehr der Gegentyp zu Gottschalk, er wirkte immer ein wenig verschwitzt und verklemmt.

Ahnen Sie, auf wen diese Vorrede zuläuft, ja zulaufen muß? Ich wußte, Sie haben es geahnt. Es ist Dirty Harry, unser aller Harald Schmidt und seine Show in SAT.1. Seine Standup-Comedian-Qualitäten sind überragend, roh behauen im Augsburger Stadttheater, zugeschliffen im Düsseldorfer »Kom(m)ödchen«, erprobt auf vielen Tourneen, wo er das Weiße im Auge des Massenpublikums sah, fernsehtauglich gemacht in »Schmidteinander«. Die Gags, die ihm seine Witzeschreiber täglich abliefern, können nicht alle gleich gut sein. Aber wie gut er selber ist, sieht man daran, wie er auch die schwächeren rüberbringt. Die erste Viertelstunde ist das beste an der »Schmidt-Show«.

In »Schmidteinander« hat der Meister bewiesen, daß er einen scharfen Blick für die Schwächen seiner Gäste hat. Darauf wollte er seine Show bauen. Zum Start hat er im »Stern« ein paar naßforsche Sprüche losgelassen, was er doch für ein schrecklicher Niedermacher sein werde. Das hat nicht funktioniert. Die Gäste mochten es natürlich nicht, aber auch das Publikum im Saal und »draußen an den Geräten« war nicht genügend angetan. Ein begnadeter Fiesling, der nicht fies sein darf, wird unsicher und kann dann sogar auch mal in das andere Extrem fallen und zum Schleimer werden. Jemand, der schleimt, weil er nicht fies sein darf, ist neben Margarethe Schreinemakers das Schlimmste, das es je im Fernsehen gibt. Längst hat Harald sich gefangen und die Leute im Griff.

Dennoch sind die Gäste noch immer der schwächste Teil des Ganzen. Ein bißchen mehr Gottschalksche Lockerheit könnte manchen von ihnen nicht schaden. So ist es kein Wunder, daß der Talkmaster immer mehr auf Fernsehleute zurückkommt, besonders beliebt sind Moderatorinnen von Privatsendern, die können sich bewegen, können reden, können mit der Kamera flirten, sind gut drauf. Bei Harald Schmidt reflektiert sich das Fernsehen selbst, es wird – wie man heute zu sagen pflegt – selbstreferentiell, gröber ausgedrückt, es onaniert. Er selber schreckt vor keinem Klamauk zurück, imitiert aber auch sehr gut Dialekte und Personen. Was wären Schumi und Loddar Maddäus ohne Harald Schmidt? Da ihn einige schon vor dem Start als Letterman-Imitat verhöhnten, hat er aus Riesentassen entsetzlich laut Kaffee geschlürft, immer wieder mal völlig unmotiviert aufgelacht – und die Briefe bringt selbstverständlich der »Lettermann«.

Schon in den »Kom(m)ödchen-Zeiten« waren Zielscheibe seines Witzes oft Mentalität, Vorlieben, Gesinnung und Gehabe des typischen Kabarettbesuchers selbst, Fleisch von seinem Fleische – Eigenschaften, die er daher genial durch den Kakao ziehen konnte. Schon damals hatte man den Eindruck, daß er mit Themen wie »Müsli« oder »Friede« politisch nicht korrekt (der Ausdruck kam erst später auf) umgehe.

Heute ist das sein Markenzeichen. Unter lauter demonstrativen Ausländerfreunden erlaubt er sich Polen-Witze. Die heiligsten Güter des Feminismus schändet er mit subversiven Anmerkungen über Blondinen. Auch der Freund der Jugend, Chef Fred Kogel und seine »Formate« in SAT.1 haben einiges auszustehen. Dennoch bedient er nicht den Stammtisch, dazu fehlt es bei ihm am allseitigen dumpfen Einverständnis, er ist zu intellektuell, zu kalt und auch zu unberechenbar.

Inzwischen kann man sagen, Harald Schmidt hat – auf etwas andere Weise als das von ihm engagierte Pamela-Anderson-Double – das »Format« gesprengt, weil er selbst ein Entertainer von Format geworden ist. Auf eine einsame Insel würde ich ihn nicht mitnehmen. Aber als Stimmungsaufheller für den Alltag möchte ich ihn nicht mehr missen.

KIENZLE: HERRGOTT, NOCH MAL!

Formbrief an erboste Fernsehzuschauer über (allzu) weltlichen Umgang mit kirchlichen Ritualen.

Sehr geehrte Frau, sehr geehrter Herr,

wir haben Ihren Brief vom *(Datum)* erhalten. Sie beklagen sich darin, in unserer Sendung *(Titel)* am *(Datum)* sei Gott gelästert und gespottet, sei das religiöse Empfinden der Christen verunglimpft und verhöhnt worden.

Das war nicht unsere Absicht.

Vielmehr meinen wir, persiflierend dargestellt zu haben, wie immer wieder und immer häufiger christliche Rituale und Formeln von weltlichen Interessengruppen eingesetzt werden, um deren jeweilige Sache zu stützen, sie nach vorne zu bringen. Ob uns die Persiflage besonders geschmackvoll gelungen ist, darüber gibt es auch innerhalb der Redaktion unterschiedliche Ansichten.

In diesem Zusammenhang erscheint mir die Meinung unseres (an dem Beitrag nicht beteiligten) freien Mitarbeiters Hanjo Seißler bedenkenswert. Seißler, nach eigenem Bekenntnis »flammender Protestant«, »praktizierender Christ« – ein gelernter Theologe – argumentiert: »Geschmack ist das Zartempfinden des Verstandes. Es ist also stets, auch bei noch so scharfer intellektueller Diskussion darauf zu achten, das Gegenüber herauszufordern, es jedoch nicht zu verletzen, in seiner Würde herabzusetzen. Ebenso richtig ist allerdings, daß das Klammern an Buchstaben, an Wörter und an Formeln wohl kaum Zeugnis von Glaubensfestigkeit, von Religiosität oder Frömmigkeit ablegt.«

Dazu ein Blick in das Lexikon »Die Religion in Geschichte und Gegenwart«, 3. Auflage. Dort findet sich unter dem Stichwort »Gotteslästerung«:

». . . Auf Frühstufen der Religiosität sind Beschimpfungen, Bedrohungen, Verhöhnungen der Gottheit bzw. des Gottesbildes nicht ungewöhnlich und werden nicht immer als G. gewertet, sind vielmehr natürlicher Ausfluß der naiven Beziehung zur Gottheit. Sie können geradezu Stilform werden. Schmähungen Gottes kommen in diesem Sinne bis in das Christentum hinein vor . . . und leben im volkstümlichen Fluchen – zumeist unbeabsichtigt – fort. Man muß dabei an die magische Bedeutung des Lästerns denken . . .«

Und:

»Ebenso bedürfen gewisse Formen der Parodie, der Posse und des Witzes über Götter, wie sie vor allem die Antike kennt, besonderer Beurteilung.«

Wenn intolerante »Heiden« das also ertragen haben, dann werden wir, die wir dem sanften, verzeihenden Mann aus Nazareth folgen, das doch wohl allemal aushalten.

Im selben theologischen Nachschlagewerk wird erklärt:

»Geistige Auseinandersetzungen dürfen (auch nach dem deutschen Strafrecht, die Red.) nicht als Religionsvergehen vor dem Forum der Strafgerichte entschieden werden.«

Wenn dem so ist, findet Hanjo Seißler, »weshalb überlassen manche Glaubensgeschwister es dann nicht dem Schöpfer, zu entscheiden, ob er sich von Menschen verspottet fühlt? Manche reden von Gott und wollen nur, daß ihre Kreise nicht berührt werden.«

Warum also sollte die Tatsache, daß klerikale Formeln – im aktuellen Fall einige Zeilen aus dem »Vaterunser« – außerhalb des kirchlichen Rahmens eingesetzt werden, Gott lästern bzw. die Religiosität einzelner verunglimpfen oder verhöhnen?

In diesen Tagen hat die Katholische Nachrichtenagentur den Freiburger Theologen Hubert Treml interviewt. Zitat:

> **Frage:** *Herr Treml, ein Popbarde läßt sich »Meister« rufen und verteilt Nußecken ans Volk. Ist Guildo Horn ein Gotteslästerer?*
> **Antwort:** *In streng katholischen oder fundamentalistischen Gehörgängen könnte das als Blasphemie mißverstanden werden, was er da treibt. Es gehört eine gehörige Portion Humor dazu, damit man das nicht so ernst sieht. Die jüngere Generation will erst mal Spaß haben. Wenn sie über etwas lacht, bedeutet das aber nicht, daß es ihr nicht wichtig ist. Die Älteren mißverstehen das, wenn sie glauben, den Jungen sei nichts mehr heilig.*
> **Frage:** *Kann sich die Kirche etwas vom »Meister« abgucken?*
> **Antwort:** *Vielleicht, daß lithurgische Handlungen nicht immer so tierisch ernst vollzogen werden. (. . .) Ich kann mir nicht vorstellen, daß das Gottes Wille ist. Das Osterlachen sollte nicht nur auf Ostern beschränkt werden, die Narrenpredigt nicht nur auf die Fasnacht.*

Unsere Sendung ist gewiß nicht der geeignete Platz für die Einmischung in theologischen Streit. Wir sind der Ansicht, kirchliche Rituale oder klerikale Formeln an anderen als dafür vorgesehenen Orten einzusetzen, ist eine Frage des Geschmacks, keine Frage von Frömmigkeit oder Gottlosigkeit.

Es tut uns leid, daß unser »Zartempfinden des Verstandes« nicht ausreichte, zu verhindern, daß Sie sich verletzt fühlten.

Mit freundlichen Grüßen,

Ihr Kienzle

PS. In Italien ist laut Agenturmeldungen eine Popmusik-Version des »Vaterunser« unter Mitwirkung von Papst Johannes Paul II. in Vorbereitung, die auf CD veröffentlicht werden soll.

Hauser:
Zwei Stühle – eine Säge

Wie werden wir in Zukunft lachen? »Zwei Stühle – eine Meinung« von Wigald Boning und Olli Dittrich aus der verblichenen alten RTL-Sendung »Samstag Nacht« hätte ich gern mitgenommen. Dieter Hildebrandt würde ich dagegen in allen wohlverdienten Ehren verabschieden. Wie so oft im Leben läuft es genau umgekehrt. »RTL Samstag Nacht« wurde total umbesetzt, und Hildebrandt macht immer weiter. So lasse ich denn auch Wigald Boning in einem virtuellen Interview den Altmeister verabschieden. Er tut es etwas rüder, als ich es getan hätte. Aber er ist ja auch jünger. Vielleicht ist es das, was Hildebrandt an Boning wirklich stört.

Boning:
Hallihallo und herzlich willkommen zu »Zwei Stühle – eine Meinung«. Herr Hildebrandt, darf sich einer Ihrer Gegner rühmen, daß seinetwegen schon mal ein mannhaftes, öffentlich-rechtliches »Arsch« von Ihren satirisch zugespitzten Lippen geperlt ist?

Hildebrandt:
Öffentlich? Nee, das wäre keine Satire mehr.

Boning:
Wie Sie meinen. Mich haben Sie so genannt. Die Sendung hieß »Arschwischer«, wenn ich mich nicht irre.

Hildebrandt:
Tatsächlich? Habe ich vergessen. Finde ich aber richtig. Ich nehme halt kein Blatt vor den Mund.

Boning:
Sollten Sie machen – nicht immer, aber immer öfter.

Hildebrandt:
Wann?

Boning:
Wenn Sie einen Texthänger haben.

Hildebrandt:
Ich kriege wohl bald einen Knopf ins Ohr.

Boning:
Muß der Liter Benzin fünf Mark kosten?

Hildebrandt:
Mein junger Freund, das ist nicht ganz so einfach . . .

Boning:
Warum hört man von Ihnen nie was zu Themen, über die sich Ihre Zielgruppe streitet? Sind Sie ein populistischer Angsthase?

Hildebrandt:
Weil ich dann einen Teil meines Publikums verliere. Das brauche ich aber im Kampf gegen die da oben.

Boning:
Hieß der erste da oben nach dem Krieg nicht Ollenhauer, genannt Olli?

Hildebrandt:
Adenauer.

Boning:
Das war doch der, der nicht abtreten wollte?

Hildebrandt:
Wir haben durchgesetzt, daß er zurückgetreten wurde.

Boning:
Sie waren damals schon dabei? Respekt! Ein verdienter Künstler des Volkes! Wie lange ist das her? 100 Jahre? 200?

Hildebrandt:
Nicht ganz.

Boning:
Warum wollte er nicht abtreten?

Hildebrandt:
Die sogenannten »Großen« halten sich für unersetzlich. Die machen weiter bis ins Koma.

Boning:
Sind Sie ein »sogenannter Großer«?

Hildebrandt:
(Bewegt die Lippen wie ein Karpfen, der Wasser einstrudelt.)

Boning:
Das war »Zwei Stühle – eine Säge«. Bleiben Sie drauf, Herr Hildebrandt. Ich pfeif' nicht mal auf Sie!

Kienzle: Kauft beim Juden

Wenn wir uns in Deutschland bei Satire und Humor umsehen, finden wir viele Einäugige, die im Lande der Blinden Könige sind. Wer sich darüber wundert, daß ein paar in Ehren ergraute Alt-Kabarettisten bei uns schon seit Urzeiten die Stellung halten gegen Banalkomiker und Analwitzbolde, und wer die Oldies nicht mehr lustig genug findet, der denke einmal daran, von wem dieses Feld leergeräumt worden ist.

»Woll'n Se haben was zum Lachen? Bittescheen, der Herr, die Dame! Alles nur Eins-a-Ware, sauber vernäht, von einheimischen Spezialisten. Sehen Sie selbst! Prüfen Sie! Lachen Sie! Na, was habe ich gesagt? Wenn Sie nemmen fimf Gägs, Sie kriegen einen gebrauchten umsonst dazu.«

Auch wir Deutsche haben unsere Talente, aber Humor ist nicht unsere starke Seite. Davon haben wir früher viel beim Juden zugekauft. Wir sind damit gut gefahren, denn die Firmen Heine, Tucholsky, Lubitsch, aber auch später noch ein Jurek Becker mit seinem »Liebling Kreuzberg« haben immer reell geliefert. (Und Erich Kästner, der witzige, war die Frucht eines Seitensprungs mit dem jüdischen Hausarzt. Logo!) Andere Nationen sind humorvoller als wir, aber vielleicht haben einige von ihnen nur mehr Juden.

Hitler hat gesagt: »Noch lachen die Juden, aber das Lachen wird ihnen schon vergehen!« Den Juden ist das Lachen vergangen. Deutschland hat sechs Millionen potentiell kritischer, satirischer Geister vernichtet, was wir heute mehr denn je spüren. Denn wir leben in der »Spaßgesellschaft«, und da fällt es unangenehm auf, wenn der »Spaß« nicht so recht zünden will.

Wir importieren aus Amerika Sitcoms, die uns unsere Juden geschrieben und gespielt hätten. Als Deutsche, die sie waren, kannten sie uns, und als Juden konnten sie das Erkannte in Komik verwandeln. Wir müßten uns nicht in anderer Völker Sitten hineindenken, um über sie lachen zu können.

Wir versinken in den Bleiwüsten unserer Printmedien, die sie mit ihrem Witz und ihrer analytischen Intelligenz aufgehellt hätten. Wir sitzen fest in altväterlichen Traditionen, zu denen diese »Kosmopoliten« (ein Nazi-Schimpfwort!) tausend auf tausend Fragen gehabt hätten. Denn wer immerfort mit seinem Gott rechten muß, der entwickelt zwangsläufig mehr Intelligenz als einer, der ihm dumpf ergeben in das folgt, was zu seiner Kirche erklärt wird.

Wäre das »Weltjudentum« die allmächtige Hyper-Organisation, wie das antisemitische Machwerk »Die Protokolle der Weisen von Zion« den Menschen einreden wollte, so riefe ich ihm zu: Hallo Weltjuden! Könnt ihr uns nicht ein paar richtig witzige Leute nach Deutschland schicken!

PS. Am 14. Mai 1998 lief im US-Fernsehen die 180. und letzte Folge der wöchentlichen Fernsehserie »Seinfeld«. 76 Millionen Amerikaner nahmen Abschied von der erfolgreichsten und beliebtesten Sitcom aller Zeiten. Autor und Titelfigur Jerry Seinfeld hat damit in neun Jahren ca. 500 Millionen Dollar verdient und wird für weltweite Wiederholungsrechte eine weitere Milliarde kassieren. Aufgehört hat er »aus Faulheit«. Vom Fernsehstreß erholte er sich auf einer Mini-Welt-Tournee mit seinem Soloprogramm als Stand-up-Comedian: back to the roots. Über Seinfelds Gastspiel in Reykjavik schreibt der Londoner »Observer«: »Es macht Spaß, ist aber wohl nicht ganz die erhoffte neue Herausforderung für Jerry. Wenn ihn wirklich die Rückkehr zur alten Raubtierdressur reizt, dann sollte er mal eine Deutschlandtournee machen. Im Gegensatz zum Rest der Welt fand das deutsche Fernsehpublikum ›Seinfeld‹ nämlich überhaupt nicht lustig. Jerry wurde aus dem Programm gekippt und durch Hulk Hogan ersetzt.«

HAUSER:
TIROLER SIND LUSTIG

Der Mann, vor dem ich Sie warne, ist Tiroler. In der Schule hat man uns ein Lied beigebracht mit dem Titel »Die Tiroler sind lustig.« Bedeutet für einen Rheinländer wie mich: Vorsicht, *auch* Tiroler sind lustig. Muß ich wirklich auf seiner Herkunft herumreiten? Ich muß.

Also. Der Mann ist Tiroler.

Damit verstoße ich bereits gegen sämtliche Regeln der Political Correctness. Nach neuesten Vorschriften für die deutsche Polizei ist nämlich bei Zielfahndung ab sofort von jedem möglicherweise diskriminierenden Detail Abstand zu nehmen. Es darf in Täterbeschreibungen beispielsweise nicht mehr heißen: Gesucht wird ein nordeuropäischer Typ, ein slawischer, ein südländischer. Oder gar – horribile dictu! – ein Tiroler. Nein, es gelten nur noch globale Etiketten: Europäer, Afrikaner, Asiate. Und nun sucht mal schön!

Sie ahnen, wie gigantisch seitdem die Auswahl an Verdächtigen ist, die der Fahndungscomputer ausspuckt, wenn man ihn mit der Beschreibung »europäischer Typ« gefüttert hat. Die europäische Einheit – zumindest in der Rasterfahndung ist sie vollzogen. Gesucht wird ein Tiroler. Und ganz Europa ist verdächtig.

Wenn die Polizei früher nach jemandem fahndete, der wie Saddam Hussein aussieht, dann haben sie wenigstens nur Kienzle zur Gegenüberstellung geholt. Heute müssen wir beide hin – Political Correctness!

Aber wie soll ich Ihnen jetzt meinen Lieblingsentertainer politisch korrekt beschreiben und doch so, daß Sie sich vor ihm schützen können, ohne mich selbst sofort als Krypto-Rassisten abzustempeln? Tiroler geht also nicht. Schon gar nicht im lustigen Rheinland. Da könnte ich gleich sagen: Österreicher! Haha! Ja, lachen Sie nur! Dabei ist der Mann Südtiroler, also Italiener. Noch schlimmer! Schon stehe ich da als heimlicher Revanchist. Einer, der Anschluß sucht. Wenn auch diesmal rein spaßeshalber.

Ein kritischer Blick in die Fahndungsakte liefert jede Menge Hinweise auf unseren Mann. Die aber alle dringend politischer Korrektur bedürfen. »Diplom-Psychologe« steht da. Also ein intellektuelles Subjekt. Diskriminierend! »Oberregierungsrat a.D.« Also Beamter. Also Beamtenbeleidigung. Oje, es wird immer unkorrekter! Und auch das noch, ich zitiere: »Jahrelang als Personalrat im ÖTV tätig.« Du liebe Güte! Schreiben Sie das mal auf ein Fahndungsplakat! »Gesucht wird ein Beamter, intellektueller Typ mit Verbindungen nach Südtirol. Vorsicht, der Mann ist aktives Gewerkschaftsmitglied!« Unmöglich! Mit so einer Täterbeschreibung verderbe ich's mir auf einen Schlag mit allen gesellschaftlich relevanten Gruppen, also mit der gesamten Neuen Mitte. Und was spuckt der Fahndungscomputer aus?

Den kompletten Rundfunkrat des WDR!

Aber unser Mann ist bestimmt nicht darunter. Also ziehen wir die Maschen unseres Fahndungsnetzes noch enger und schauen, ob irgend was politisch Korrektes dabei herauskommt.

Sehr hilfreich ist oft die Sprachfärbung des Gesuchten. Aber ob sie in unserem Fall weiterhilft, wage ich zu bezweifeln. Nach meinen unvollständigen Aufzeichnungen spricht unser Mann nämlich fließend folgende Dialekte: Tirolerisch, Wienerisch, Kölsch, Bönnsch, Düsseldorfisch, Sauerländisch, Ostpreußisch, Sächsisch, Hessisch, Schwäbisch, Bayerisch, Oggersheimisch – also CH statt SCH – und Deutsch-Polnisch durch eine literarische Zahnlücke. Rheinisch beherrscht der gesuchte Südtiroler inzwischen derart perfide, daß er jahrelang im WDR-Hörfunk unter dem Pseudonym Frau Roleber-Walterscheidt aufgetreten ist, ohne daß irgendein Westfale etwas gemerkt hat.

Wenn ich jetzt noch hinzufüge, daß dieser Mann einerseits viele Jahre als Gefängnispsychologe im Jugendknast Siegburg gearbeitet und andererseits Bewerber für den öffentlichen Dienst auf ihre Eignung geprüft hat (was für eine passende Ergänzung – da reicht ja manchmal nur eine einfache Empfehlung von einer in die andere Anstalt), dann will ich auch damit nur sagen: Dieser Mann ist nicht zu fassen! Jedenfalls nicht mit den politisch-korrekten Fahndungsmethoden des Fin de Siècle.

Was aber, wenn auf dem Plakat einfach nur stünde: Kabarettist, Liedermacher, Poet?

Dann würde unser Mann gewaltig zusammenzucken, denn das wären für ihn die drei schrecklichsten Diskriminierungen überhaupt. Zum Kreis der üblichen Verdächtigen, die da aus dem Computer kommen, zählen viel zu viele. Wenn auch zum Teil große Namen. Und wer heute, im Jahrzehnt des schieren Unterhaltungsblödsinns, mit altväterlichen Labels wie Kabarett, Chanson oder gar Literatur gebrandmarkt ist, der wird doch von den Spaßvögeln in den Redaktionen und damit im ganzen deutschen Amüsierbusiness nicht mehr ernst genommen. Weil angeblich nicht massentauglich.

Aber mein Lieblingskabarettist ist ganz anders. Seine Kleinkunst findet auf großer Bühne statt. Sein Humor ist philosophisch *und* volksnah. Seine Chansons sind poetisch, *und* man kann sie mitpfeifen.

Also typisch rheinisch? Nein, das muß was mit seiner südlichen Herkunft zu tun haben. Walther von der Vogelweide. Oswald von Wolkenstein. Neidhardt von Reuenthal. Kofler von Pro7. Die großen Entertainer ihrer Zeit: Sie kamen alle aus Tirol!

So auch Konrad Beikircher. Mein Kabarettist fürs Millennium.

1965 wechselte Beikircher zum Studium der Psychologie, der Philosophie und der Musikwissenschaften von Wien nach Bonn. Und wurde seßhaft. Daß er neben seinem Brotberuf, quasi als Freigänger von der Knastarbeit, volkskundliche Studien betrieb und das Ergebnis – seit langem schon hauptberuflich – auf der Bühne und im Radio veröffentlicht, das machte ihn bekannt. Im Sendegebiet des WDR sogar weltberühmt.

Ausgerechnet ein Zugereister, noch dazu einer aus dem tiefen Süden, hat es bei uns geschafft. Wird heute in einem Atemzug mit Elke Heidenreich und Hanns-Dieter Hüsch genannt! Das beweist: Es muß zwischen Rheinland und Tirol über das pure Lustigsein hinaus einen genetischen Zusammenhang, eine Artverwandtschaft geben!

Vielleicht sogar eine Art Verwandtschaft. Im ganz unmittelbaren Sinne. Ich würde mich nicht wundern, wenn eines Tages herauskäme, daß Konrad Beikircher nicht etwa von Beikircher senior gezeugt wurde. Sondern von einem urlaubenden Bocciaspieler in Cadenabbia, der jedes Jahr aus dem Rheinland kam. Und der auch Konrad hieß.

Aber diese Verdächtigung ist natürlich der Gipfel politischer Unkorrektheit.

Talk auf n-tv: Flaschengeister

Hauser:
Noch Fragen, Böhme?

Kienzle:
Ja, Eggert: Was sagen Sie eigentlich zu den beiden Nachwuchs-Talkern von n-tv?

Hauser:
Ich bin immer für Nachwuchs – vor allem, wenn er schon am Anfang älter ist als wir beide zusammen.

Kienzle:
Erstaunlich, daß n-tv sich in einer Sendung gleich zwei Leute mit der gleichen Meinung leistet.

Hauser:
Heinz Böhme und Erich Eggert!

Kienzle:
Die beiden Humorfacharbeiter haben es geschafft, um sich herum eine absolut pointenfreie Zone zu errichten.

Hauser:
Am lustigsten fand ich die ständig durchlaufenden Börsenkurse.

Kienzle:
Also, den Böhme hab' ich schon geistreicher erlebt.

Hauser:
Sein Ghostwriter muß eine ziemliche Flasche sein.

Kienzle:
Womöglich eine aus Bordeaux!

Hauser:
Ah, deswegen liegen die Einschaltquoten im Promillebereich.

Kienzle:
Und was lehrt uns das?

Hauser:
Im Wein liegt die Wahrheit.

Kienzle:
Aber selten der Witz.

Hauser:
Na, dann Prost!

Juhnke
Noch Fragen, Kienzle?
Ja, Hauser, würden Sie eigentlich mit Harald Juhnke zusammenarbeiten?
Ich sage Ja zu Juhnke. Frontal ist die einzige alkoholfreie Sendung, in der man noch live Ja zu Harald Juhnke sagen darf.
Im Gegensatz zur ARD haben wir auch nie nein gesagt.
Bei der ARD haben sie auch ein Endstadium erreicht, in dem keiner mehr ganz dafür verantwortlich ist, was er sagt.
Das stimmt nicht, Hauser, auf die ARD kann man sich hochprozentig verlassen!

Heißt das, die ARD hat Probleme mit Alkoholikern ?

Nein, ohne!

Blaumachen: Fassenacht im ZDF

Hauser:
Noch Fragen, Kienzle?

Kienzle:
Ja, Hauser, kennen Sie eigentlich die ZDF-interne Verwaltungsanordnung VwAO 118/97...

Hauser:
...wonach der Quadratmeterpreis von Auslegeware in den Büros von stellvertretenden Hauptabteilungsleitern nur dann um mehr als 20 Prozent über dem des Intendantenteppichs liegen darf, wenn er mehr als acht Besucher pro Tag...

Kienzle:
Nein, Hauser, schlimmer, viel schlimmer: Die VwAO 118/97 regelt die Arbeitszeit im ZDF während der Fastnacht.

Hauser:
Sind Sie jeck, Kienzle?! Welche Arbeitszeit gibt's denn da zu regeln? Ist doch eh kein Mensch da!

Kienzle:
Doch, doch, Hauser, im ZDF ist immer einer da. Gemäß VwAO bekommen am Rosenmontag die ZDF-Narren in Mainz, Bonn und NRW ganz frei, die in Hessen und Saarland ab 12 Uhr und alle anderen überhaupt nicht.

Hauser:
Ach, es gibt noch andere? Und wie läuft das am Faschingsdienstag?

Kienzle:
Da sind ab 12 Uhr nur die Bayern dicht.

Hauser:
Dicht? Im ZDF? Und das gemäß VwAO?

Kienzle:
Zum Stichwort »dicht« steht dort, ich zitiere: »Grundsätzlich ist sicherzustellen, daß die volle Sendefähigkeit – ich betone: die volle Sendefähigkeit gewährleistet ist.« Zitat Ende.

Hauser:
Im ZDF sind wir auch *voll* sendefähig.

Kienzle:
Je voller, desto sendefähiger!

Hauser:
Na, dann: Kamelle, de Chef kütt!

Historische
Narrenrede
vom rechten und vom linken Reimufer
Noch Fragen, Kienzle?
Krefelder Steckenpferd
Ja, Hauser, können Sie mir sagen:
Warum muß ich so'n Kappes tragen?
Mit Kappes fühl ich mich nicht wohl,
denn Kappes heißt auf Hochdeutsch: KOHL!
TÄTÄ-TÄTÄ!

Oh, Kienzle, alter Narr und Schwabe.
Das heißt nicht Kappes, sondern Kappe.
Und Ihnen steht die Kappe wohl:
Von außen BUNT-und innen HOHL!
TÄTÄ-TÄTÄ!
Ach, Hauser, dienstags in Frontal,
Sah ich Sie oben ratzekahl.
Doch heute abend, welch ein Wunder,
bedecken Sie ihr Haupt mit Plunder!

Cartoon: Rolf Kutschera

TÄTÄ-TÄTÄÄÄ!!
Man sieht: Wir Narren von Frontal
ham jeden Dienstag Karneval
Die Konkurrenz hockt noch auf Bäumen
Bei uns gibt's schon Frontal in Reimen!
Wir beide treiben's doll und doller
als Saddam und der Deoroller.
TÄTÄ-TÄTÄ!
Es grüßen Euch zwei alte Lauser:
Und zwar der Kienzle...
...und der Hauser!
TÄTÄ-TÄTÄ!!

10 Boulevard 2000 – Diana, Guildo, Prints & Prinz

BEI KÖNIGS UNTERM SOFA

KIENZLE: DÄMMERUNG DES BOULEVARDS

Die kleine Szene spielt Ende der 80er Jahre am Starnberger See. Eine Hochzeitsgesellschaft auf der Uferterrasse eines beliebten Seerestaurants. Münchner Schickis und Mickis von der C-Liste. Lauter Leute, die auch zur Eröffnung einer Herrentoilette kommen würden, wenn der Fotograf Z. sie darum bäte. Z. ist rasender Bildermacher in Diensten diverser Klatschkolumnisten. Und heute ist ein besonderer Tag: Z. hat nicht irgendeine Hochzeit abzufeiern. Sondern seine eigene.

Unter den Gästen, graugesichtig, schlagseitig, der Anwalt L. Ein Mann fürs Grobe. Münchens Halbwelt liegt ihm zu Füßen, der weibliche Teil etwas weiter oberhalb. L. gilt als Spezialist für Promi-Scheidungen, vornehmlich für solche, bei denen mehr Schmutzwäsche gewaschen wird als aufs Wäscheseil des Weissen Riesen paßt. Ein heißer Draht zu L. gehört zur Grundausstattung jedes hartgesottenen Regenbogenreporters. Und über den heißesten, nahezu eine Standleitung, verfügt zum damaligen Zeitpunkt der »Bild«-Redakteur J. Pittoreske Kolportagen aus den familiären Katastrophengebieten Alimente und Inflagranti sind sein gefürchtetes Markenzeichen. J. und L. bilden also ein ideales Gespann. Manch fideler Hochzeitsgast auf der Uferterrasse hat das schon mal empfindlich zu spüren bzw. zu lesen bekommen. Fortsetzung folgt. Darum sagt man auch nicht ab, wenn einen der nette Fotograf Z. ums zahlreiche Erscheinen bittet.

»Ein Anruf für Herrn L.«. Das Serviermädchen blickt scheu in die Runde. Fühlt plötzlich 100 Augenpaare auf sich gerichtet. »Ein Herr J. möchte ihn sprechen.« Schrecksekunde. Hundert Augenpaare fixieren ein neues Ziel. L., gerade noch mächtig in Fahrt mit einer deftigen Anekdote fast wie aus dem richtigen Anwaltsleben, zuckt ein bißchen zusammen unter der gewaltigen Wucht der Fakten. Aber nur ein bißchen. Dann holt er tief Luft und brüllt über die gesamte Hochzeitsgesellschaft hinweg: »Sagen'S dem J., ich schreib' den Artikel heut' gleich selber!« Explosionsartiges Hoho-Gelächter aus zugeschnürten Kehlen. L. wendet sich wieder seinen Tischdamen zu und erzählt seine Anekdote zu Ende.

Ja, so war das damals in der guten alten Zeit, als Klatschgeschichten noch zur Geisterstunde auf Zeitungspapier gedruckt und nicht bereits zur Teatime elektronisch versendet wurden. Das Fernsehen hat viele Preßbengels in arge Verdrückung gebracht. Zappelbilder sind einfach schneller und wirken viel authentischer als Druckerschwärze und unscharfe Paparazzi-Fotos. Den elektronischen Menschenverwurstern können selbst schreibende Gossen-Genies nur noch hinterherhecheln. Auf dem Boulevard welken die Blätter.

Den Redakteur J., jenen feisten Bettenschnüffler mit der furchterregenden Krächzstimme, konnte man sich seinerzeit nur durch heiße Informationen über andere oder sonstige Gefälligkeiten vom eigenen Leib halten. Inzwischen ist J. von »Bild« ausgeschieden (worden) und wurstelt sich derzeit durch als Medienberater, auch optisch nur noch eine halbe Portion. Medienberater, das war er früher nebenbei. Die von Fernsehmachern bauernschlau an die üblichen Verdächtigen verteilten »Beratungshonorare« durfte man zu J.s großer Zeit getrost als Schweigegelder betrachten. Erfunden hat diese Form von Schutzgeld der TV-Neuling T., ein geschaßter »Bild«-Chefredakteur. Ja, genau der T. mit der dicken Zigarre, der seinen Namen bald so großartigen Medienereignissen wie »Gottschalks Late Night Show«, »Tango« und »Helmut Kohls Ende« aufdrücken würde. »Gottschalk«-Redaktionsleiter T. beschäftigte unter anderem den erzkonservativen Fernsehkritiker N. auf dem Nebenverdienstweg als »Programmbeobachter«, natürlich nur pro domo. Für ein paar lumpige Tausender im Monat – T. selbst kassierte fünf Riesen pro Tag – fand N. die »Quotennutte«

(Gottschalk über Gottschalk) und seine »Tittenschlampen« (T. über bestimmte Talkgäste) zeitweise etwas weniger nuttig und schlampig als man es vom Lordsiegelbewahrer des rechten Geschmacks eigentlich erwarten durfte.

Aus all dem neuen Medienlärm hatte sich ausgerechnet G., der Leitwolf des deutschen Goschenjournalismus, lange herausgehalten. G. lieferte brav jede Woche in der »Bunten« seine »Leute«-Seiten ab, einen höchst redundanten Bildersalat, dessen sprachliche Garnitur mit dem Dienstmädchenwortschatz der 50er Jahre auskam. Gewiß, auch G. wollte unbedingt ins Fernsehen. Aber seine Anbandelversuche mit den Mächtigen des Konkurrenzmediums waren regelmäßig daran gescheitert, daß G. zwar über die Selbsteinschätzung einer Hedda Hopper, aber über das Charisma eines Pastor Hintze verfügt, und so einer lockt nun mal keine Dienstmädchen vor den Bildschirm. Also gab G. sich offiziell als Print-Purist und Fernseh-Verächter.

In der Welt der Bedside-Stories war G. jahrelang unangefochtener Klassenprimus. Mit platter Andeutungshuberei ergötzte er seine Fans und vergrätzte mächtige Freunde des Verlegers. Bis sein Chefredakteur W. ausgerechnet über einen erfundenen Caroline-Aufmacher stürzte, an dem weder W. noch G. mitfabuliert hatten. Ente schlecht, alles schlecht. Nach W.'s abruptem Abgang war es nur noch eine Frage der Zeit, bis auch die Tage von G. gezählt waren. Die neue »Bunte«-Chefin suchte und fand bald einen Anlaß, G. den Spaß an der Arbeit und an seinem einzigartigen Spesenkonto zu verleiden. Der scheinbar wetterfeste, von Helmut Dietl als »Baby Schimmerlos« verewigte Promi-Lotse ging unter kräftigem Getute von Bord. Und geriet danach auch noch mit seinen Promi-Lokalen in München und Berlin in schwere See.

Und was macht W.? Der zweimalige Chefredakteur der »Bunten«, in seriösen Journalistenkreisen berühmt-berüchtigt als einzige schreiberische Begabung des deutschen Boulevards, als eine Art Truman Capote des Konfettijournalismus, hatte angeblich den Anschlußauftrag, eine Burda-Variante von »People's Magazine« zu basteln, der Mutter aller bunten Illustrierten. Das war natürlich nur eine Abschieds-Ente für den Super-Illusionisten. W. hat gerade wieder die Ärmel hochgekrempelt und in Berlin als Chef bei der »BZ« angeheuert. Nicht gerade Bundesliga. Seitdem, so hört man, können die festangestellten Bildbeschaffer der BZ nicht mehr ruhig schlafen, wenn ihnen überhaupt noch Zeit dazu bleibt. W. ist nämlich vom Wahn besessen, die ihm anvertrauten Blätter noch bis in die laufende Rotation hinein umzuschmeißen und neu zu schreiben. Als wollte er dem Fernsehen um jeden Preis beweisen, daß der Hase doch schneller sein kann als der Igel.

Der nette Promi-Fotograf Z. und seine Frau betreiben derzeit ihr Geschäft von Mallorca aus. Kleine Fluchten aus der Höhle des zahnlosen Löwen. Wie sprach doch der bekannte Medienkritiker Matthias B.? »Partisan und Parmesan, wo sind sie geblieben? Parmesan und Partisan – beide sind zerrieben.«

Hauser:
BSE der Herzen

Eine überirdische Macht veranstaltet ein Experiment zur Erzeugung größtmöglicher emotionaler Erschütterungen auf der Erde. Sie haben Diana getötet!! Der amerikanische Schriftsteller Stewart O'Nan hat seine eigene Methode gefunden, den Tod Dianas zu verarbeiten und diese schöne Erzählung geschrieben, die leider noch in seiner Schublade ruht. Das könnte ein Bestseller werden. Aber nur, wenn die überirdische Macht Verschwörer auf die Welt schickte, die einen weißen Fiat Uno fahren und dem Chauffeur Henri Paul giftige Gase ins Blut leiten, während Trevor Rees-

Jones' Blut völlig frei von diesen Giftstoffen bliebe und wenn diese Verschwörer vorher stundenlang mit Paul um die Häuser gezogen wären, ohne daß sie jemand gesehen hat ... und so weiter, jeder kennt die Ungereimtheiten, die aus Dianas Unfalltod einen veritablen Mord machten. »The best queen we never had.« In Wahrheit glaubt natürlich jeder Deutsche, der gern die »Frau im Spiegel« liest, Diana selbst sei die Überirdische gewesen, eine Lichtgestalt, wie sie zwischen Caroline von Monaco und Gloria von Thurn und Taxis ihresgleichen sucht.

Ja, kleinbürgerliche Menschen, die zufällig in einer Demokratie leben, brauchen Führer. Das steckt ihnen halt im Blut. Jahrhundertelang sind sie vom Adel ausgepreßt und ausgeplündert worden. Bald werden wir wissen, welche Gen-Nummer diese Information transportiert, aber wir werden daran genauso wenig ändern können wie an einer Veranlagung zu Rheuma, Arthritis und frühem Tod. Straßenräuberei braucht der Adel nun nicht mehr, er hat ja die Yellow Press. Dessen Fotografen lädt er gegen Cash zu sich nach Hause, zeigt in wunderschönen Homestories, was seine Vorfahren so alles angesammelt haben bei der Ausplünderung der Welt der kleinen Leute, und die kleinen Leute seufzen beseligt: Ja, die Anstrengungen haben sich gelohnt. So ist es gut.

1919? Vergessen. 1968? Hat nie stattgefunden. 1981? Ja, das war das Fest der Liebe, Charles hat Diana geheiratet. Und seitdem bibberten Zeitungsleser um den Fortbestand der Ehe, denn erstens ist prinzipiell jede Ehe gefährdet und zweitens sind andere Ehen immer interessanter als die eigene. Vor allem, wenn die betroffene Frau einen so phantastischen Visagisten hat wie Diana. Deswegen sind alle Spielfilme zum Scheitern verurteilt, die Dianas Leben nachstellen wollen. Amy Clare Seccombe personifizierte Diana in einem englischen Film, den die ARD zeigte. Wir wissen eigentlich nichts von Frau Seccombe, aber leider, sie hatte einfach eine Körperhaltung, Gesten und Blicke wie eine, nun ja, wie eine Kleinbürgerin halt und nicht wie jemand, der auf Schloß Althorp großgeworden ist. Schönheitsmäßig sah sie aus wie eine Mischung aus Sabine Christiansen und Angelika Milster.

Schon steht die nächste Lichtgestalt ins Haus: Nach rituellen Spülungen ist es der Tochter des Fürsten einer überquellenden Spielbank, toter Briefkästen und lebender Steuerflüchtlinge, Rainier von Monaco, Caroline, gelungen, sich porentief rein zu waschen. Sie angelte sich zwei Prinzen. Einer hütet ihr Ansehen gegen Bezahlung nach der Gebührenordnung für Anwälte, Matthias Prinz aus Hamburg. Der andere tut's aus Liebe – ihr neuer Ehemann, Ernst August von Hannover.

Der erste setzt Gesetzbücher ein, um der Enkelin eines ehemaligen Maurers und nachmaligen Multimillionärs aus den Vereinigten Staaten die »Journaille« vom Leibe zu halten. Der zweite benutzt zu nämlichem Zwecke gern Schirme und andere harte Gegenstände. Seitdem Caroline und ihr August – pardon, Ernst August – in den Eiligen Stand der Ehe getreten sind und ihnen ein gemeinsames Kind erwuchs, ist es still geworden um die beiden einstigen Skandalnudeln. Viele empfinden das als wohltuend. Andere bedauern es, weil es sich anders so menschlich las und »man« Kontakt zur großen weiten Welt hat halten können.

Der sogenannte deutsche Adel dagegen gibt wenig her. Er ist auch ein bißchen unübersichtlich. Die Verhältnisse in den Königshäusern sind überschaubarer, man muß sich nicht so viele Verwandte merken. Und damit der Personenkreis überschaubar bleibt, haben sich die Royals eine publikumsfreundliche Zurückhaltung auferlegt: Jeder schläft mit jedem. Ein Prinzip, das die Soap Operas erfolgreich imitiert haben. Charles schlief erst mit Dianas Schwester, dann schlief Camillas Mann mit Prinzessin Anne, und in England wurden schon Rufe laut, die William mit der Tochter von Camilla zusammenbringen wollten. Ein geistreicher Einfall. Vielleicht wurde auch darüber geplaudert, als Camilla im Sommer 1999 den hübschen William im Schloß abpaßte und zu einer Tasse Tee zwang? Die alte Hexe! Aber William ist eben fabelhaft erzogen, er hat die Plauderei auf einer Backe abgesessen und sicher danach wieder einen Schulrekord im Schwimmen aufgestellt. In Eton gilt er als intelligenter Schüler. Alle rätseln schon, woher er das wohl haben könnte.

Aber jetzt der Knaller. Wahrscheinlich gesponsert von englischen Blumenzüchtern, deckte eine frühere Hausangestellte von Schloß Althorp das ultimative Grauen auf: Diana ruht auf dem Hundefriedhof! Sie habe das früher nicht sagen wollen, aber jetzt, so kurz vor dem ersten Todestag von Diana, werde ihr ja vielleicht Gehör geschenkt? Und ein paar Blumen gekauft? Earl Spencers Pressesprecher gab zu, ja, dort seien Hunde begraben. Sonst nichts. Keine Entschuldigung, kein verlegenes Stammeln, nichts. Das ist typisch für dieses Monster von einem Bruder, der seine sympathische junge Frau in die Magersucht und vier Schwangerschaften trieb und dann mit allen ihren Freundinnen schlief. Ein unglaublicher Verstoß gegen das ungeschriebene Gesetz der Yellow Press: Wo bleibt die Übersichtlichkeit, Earl Spencer? Auf Althorp, das er in kluger Selbstbescheidung nur zwei Monate im Jahr öffnet, versuchte er sein schlechtes Image wettzumachen, indem er Erwachsenen die Hand schüttelte, Kinder anlächelte und Hunde streichelte. Ja, zu Hunden kann er richtig nett sein, und deswegen liegt Diana goldrichtig. Wenn es den nächsten Spencer-Generationen nicht gefällt, können sie sie ja woanders hinlegen. Könige und Königinnen umbetten ist ein uraltes Spiel, das nur der Adel spielen kann.

Hauser und Kienzle: Der grosse deutsche Leitartikel

Wenn der deutsche Gutmensch und der deutsche Oberlehrer in Krähwinkel miteinander kopulieren, zeugen sie ein gräßliches Monster: den deutschen Leitartikel. Im Großen sieht er Kleines und im Kleinen das ganz Große. Und immer ist der mahnende Zeigefinger mit dabei. Wir zeigen dem verehrten Leser im folgenden das Strickmuster am Beispiel Guildo Horn: Hauser aus innen-, Kienzle aus außenpolitischer Sicht. Aber ist im deutschen Leitartikel nicht immer alles eins?

Neuer deutscher Sonderweg

Von Bodo H. Hauser

Drei Zäsuren hat Nachkriegsdeutschland erlebt. Die erste war die deutsche Teilung. Sie geschah mählich und vollendete sich in dem, was die Männer des 20. Juni im Jahre 1948 vollzogen. An diesem Tage nämlich kam die Währungsreform über Westdeutschland. Der zweite Einschnitt war der Fall der Mauer am 9. November 1989. Für die dritte Zäsur aber steht der Name Birmingham. Sie trat ein am Abend des 9. Mai im Jahre 1998, exakt um viertel vor zehn Uhr.

Nach dem Fall der Mauer war der »ökonomische Riese« kein »politischer Zwerg« mehr. Durch Deutschland war ein »Ruck« gegangen, als das Beitrittsgebiet dazugestoßen war. Denn nun »krachte zusammen, was zusammengehört«. Gesamtdeutschland reckte erstaunt seine Glieder und wußte noch nicht so recht, was es mit sich und seiner Umgebung anfangen sollte. Mit angehaltenem Atem schaute das übrige Europa zu. Auf welchen Weg würde sich das neue Deutschland begeben?

Da kam Guildo Horn. Unsere Nachbarn sahen den bodenlangen Mantel, der bald am Boden lag. Sie erblickten die von keinem Toupet gnädig verhüllte überaus hohe Stirn und das Zottelhaar, sie sahen ihn wie den Leibhaftigen in das Publikum fahren und es tätscheln. Sie sahen einen grandiosen Aufschwung des Mannes mit dem Verlierer-Image. Und sie hörten: »Piep, piep, piep«.

In diesem Moment war dem Ausland klar, was das Inland schon seit langem wußte: Deutschland ist wieder auf dem Sonderweg!

Und doch gibt es da Zweifel. Ist es erlaubt, eine Linie zu ziehen von Luther über Bismarck und Hitler zu Guildo? Jeder von ihnen hatte seine Eigenheiten, das ist unbestritten, und doch haben sie alle zusammen der Welt gesagt: Wir Deutschen sind anders. Martin Luther brach mit der allgemeinen Glaubensübereinkunft, sein »Hier stehe ich und kann nicht anders« hätte auch Horn sagen können. Bismarck wollte als Mann des Ancien régime das Alte im Kommenden bewahren und Deutschland vor der ungeliebten Demokratie retten. Ähnliches vollbringt Guildo mit dem deutschen Schlager. Daß die Deutschen angesichts ihrer vielen Niederlagen mit den Siegel-Klons sagen »Ab heute wird zurückgesungen!«, kann man ihnen nicht verdenken. Und gibt es da nicht Gerüchte, wonach die deutschen Fans mit der Strategie und in der Größenordnung der Wehrmacht die umliegenden Länder okkupiert haben, um sich bei der Abstimmung in die örtlichen Netze einzuwählen?

Wie wird sich das gewachsene Deutschland

positionieren? Immerhin hat es mit einem mäßigenden »Wort zum Sonntag« vor dem Ereignis die überschäumenden Emotionen zu dämpfen versucht. Ein Gemeinwesen ist ein labiles, sich ständig neu einpendelndes Gefüge. Ränder werden stark oder brechen weg, und auch das, was man die »Mitte« nennt, nach der alle starken politischen Kräfte hinstreben, ist immer wieder »neu«. Guildo Horn ist auch dafür ein schweißglänzendes Beispiel. Wenn es etwas gibt, das man mit voller Berechtigung »neue« Mitte nennen kann, dann ist es der Schwabbelbauch des Meisters.

Vielleicht war die Wahl im Jahre 1998 ja nur der Beginn des vier Jahre langen Vorspiels für den »Kanzler des Volkes« im türkisfarbenen Samtanzug (»never change a winning Anzug«) und lila Hemd, der uns alle so lieb hat.

Ein Meister aus Deutschland

Von Ulrich Kienzle

Unter der halben Milliarde Zuschauer beim Grand Prix gab es auch einige eher unauffällige Damen und Herren in den Staatskanzleien. Sie alle bewegte eine Frage. Wie wird sich das wiedervereinigte Deutschland darstellen? Wer wird dem deutschen Repräsentanten wie viele Punkte geben? Wie werden die Deutschen selbst Sieg oder Niederlage ihres Kandidaten aufnehmen? Wird das Land, wie in zwei Weltkriegen gehabt, seinen Nachbarn wieder die »Orthopädischen Strümpfe« überziehen?

Selbstverständlich wußte man, wer Guildo Horn ist, wie er sich kleidet, was er wie singt.

Dafür hat man schließlich seine Nachrichtendienste. Aber als er hoch oben über die Brüstung robbte und im letzten Moment die rettende Stange ergriff, fragte man sich dann doch nicht nur in 10 Downing Street: Führt der deutsche »Sonderweg« diesmal zum Erfolg oder wieder in den Abgrund? Werden wir wieder unsere Wäsche an der Siegfried-Linie aufhängen müssen, oder hängt da schon Guildos Satinunterwäsche?

Auch am Quai d'Orsay hätte man gern gewußt: Klinkt der Ex-Musikpädagoge das deutsche Sangeswesen aus dem europäischen Konzert aus? Der Fischerchor beim Abschied in Trier war ein böses Omen. Stefan Raab, Komponist und Texter von »Piep, piep, piep«, arbeitet bei VIVA und nicht bei MTV. Das besagt immerhin einiges.

Europa steht mit dem Euro vor einer gefahrenträchtigen und letztendlich nicht einsehbaren Wegstrecke. Die Wall Street ist sich nicht sicher, ob die Deutschen mit ihrem Guildo sagen wollten: Auch unser Geld ist was ganz Besonderes. Wir wollen nicht, daß der Euro dahinschmilzt wie das »Himbeereis«. Es soll nicht verfrühstückt, sondern wie Mamas »Nußecke« immer härter werden.

Auch am Potomac hat man bemerkt, wie sehr Netanjahu für seine Politik gegenüber den Palästinensern Rückhalt bei seinen deutschen Freunden sucht. Dafür spricht die Tatsache, daß das Land mit Dana International sogar gegen den Widerspruch der die Regierung mittragenden Religiösen eine Transsexuelle in den Contest geschickt hat. Die Botschaft ist zwar verschlüsselt, aber dem Kundigen durchaus kenntlich. Sie lautet, aus politischen Gründen stützen wir Guildo Horn, indem wir uns als ebenso flippig zeigen.

Es steht zu befürchten, daß sich der Widerstand des Kreml gegen die NATO-Osterweiterung wegen Guildo versteift. Man mag über den »Vogel des Jahres« denken, wie man will, so dürfte doch feststehen, dieses Phänomen ist gewöhnungsbedürftig. Beobachter stellen sich daher nicht ohne eine gewisse Besorgnis die Frage, ob Moskau ein Militärbündnis akzeptiert, dessen Lieblingssänger mit einer einzigen Kopfbewegung seinen Schweiß über die Randstaaten der GUS ausschütten kann.

Man wird den Russen eine gewisse Empfindlichkeit zugestehen dürfen, wenn sie sehen müssen, wie in Deutschland die Geister der Vergangenheit wieder aus den Gräbern steigen. In Trier ist das geschehen. Die Gespenster im Zug nach Nirgendwo hießen Christian Anders, Cindy und Bert, Michael Holm und Jürgen Drews. Wen schaudert es nicht bei dem Gedanken, daß in der Nacht der reitenden Leichen sogar Modern Talking wieder die Runde macht.

Was folgt aus »Birmingham« für uns, für Europa und die Welt? Zunächst dies. Politik ist nicht mehr »business as usual«. Das »Piep, piep, piep« kündigt eine Zeitenwende an. Wird Guildo mit seiner alle umfassenden Liebe die Verwerfungen überbrücken können, die sich entlang der uralten historisch-politischen Bruchlinien gebildet haben? Vielleicht sollten wir da doch einmal den Sänger selbst hören. Seine Antwort könnte auch dem hartgesottenen Zeitgenossen tröstlich in den Ohren klingen: »Wunder gibt es immer wieder!«

Frankreich: Sack Chirac

Hauser:
Noch Fragen, Kienzle?

Kienzle:
Ja, Hauser, sprechen Sie eigentlich französisch?

Hauser:
Nicht, daß ich wüßte.

Kienzle:
Dann müssen wir jetzt ein bißchen üben. Sprechen Sie mir bitte nach: France – zero points.

Hauser:
Das soll französisch sein? Klingt eher nach schwäbisch mit Elsässer Akzent.

Kienzle:
France – zero point. Auf diesen Satz, und nur auf den, kommt es am Samstagabend an.

Hauser:
France – zero points?

Kienzle:
Und zwar ganz egal, ob Goldie Hawn in Birmingham siegt oder verliert.

Hauser:
Goldie Hawn? Sie meinen Guildo Horn . . .

Kienzle:
Egal, Hauptsache Frankreich kriegt bei der Fußball-Europameisterschaft 2000 die Quittung für Duisburg.

Hauser:
Kienzle, der Mann heißt Duisenberg!

Kienzle:
Ja, aber auf französisch Duisburg. Wir wollen doch, daß der Franzmann uns versteht. Es soll ihm so richtig weh tun!

Hauser:
Europa soll also am Samstag dafür sorgen, daß Birmingham Frankreichs neues Waterloo wird?

Kienzle:
Oui, monsieur: France – zero points. Touché!

Hauser:
Ich dachte: Trichet?

Kienzle:
Nein, erst touché – und in vier Jahren vielleicht Trichet!

Hauser:
Na dann, bon soir, Sack Chirac!

KIENZLE: WENN FRAUEN SCHREIBEN

Einem Außerirdischen müßte man nur die neuen Frauenbücher in die Hand drücken. Wenn er drei davon gelesen hat, bewältigt er das irdische Leben problemlos. Alltag verstehen lernen! Die Romane sind fast ausnahmslos in Ich-Form und natürlich aus Frauensicht geschrieben, in ihren wesentlichen Aussagen aber geschlechtsunspezifisch. Wenn also zum Beispiel eine Frau in der neuen Frauenliteratur ins zweite Stockwerk gehen will, sagt sie: »Ich gehe die Treppe hoch.« Wenn sie essen möchte, sagt sie: »Ich schiebe mir einen Löffel Gnocchi in den Mund.« Wenn sie kochen will, sagt sie: »Ich schalte den Herd ein.« Wenn sie aus dem Haus gehen will, sagt sie: »Jetzt muß ich mir aber schnell noch die Schuhe anziehen.« Leben leicht gemacht! Der Außerirdische käme von da an bestens zurecht. Bloß Sex würde er nie wieder haben.

Denn hier hört die ganze zupackende Handfestigkeit der neuen Frauenliteratur abrupt auf. Da werden die Autorinnen ganz einsilbig und sprachlich so diffus wie der softeste Softporno. Zwar ist Sex das einzige Ziel der Romane, aber wie weiland zu Großmutters Zeiten nur in Verbindung mit Ehe oder ziemlich langer Beziehung (zwei bis drei Monate) oder wenigstens mit »Seinem« Versprechen, daß es nicht bei diesem einzigen Aufhüpfer bleiben wird. Denn wir Männer sind göttlich. Und die Frau will uns haben, haben, haben.

Dafür tun die Frauen alles. Sie hungern sich ihre fetten Hintern weg, rasieren sich pausenlos die Beine, malträtieren sich mit Pickelcreme und haben Minderwertigkeitskomplexe, wenn ihre Brüste zu klein sind. So soll es sein. Im postfreudianischen Zeitalter fragen wir schon lange nicht mehr, was die Frau wohl will, wir sagen es ihr einfach! Und wir haben ihr gesagt, wir mögen keine fetten, verpickelten Weiber mit behaarten Beinen, deren Brüste zu klein sind! Überwunden sind endlich die gräßlichen Zeiten, als die erst strenge, später sogar bittere Karin Struck uns indoktrinieren wollte. Die gute alte Klassenliebe. Männer und Frauen sollten sich quer durch alle Schönheits- und Einkommensschichten lieben. Ganz ausgeschlossen.

Die neuen Frauen haben das eingesehen. In den

potthäßlichen, hochverschuldeten Handwerker von nebenan würden sie sich nie verlieben. Sie lieben nur sich selbst, nein, ihresgleichen natürlich. Die Malerin liebt den Galeristen, die Schriftstellerin den Schriftsteller, die Geschäftsfrau den Geschäftsmann. Überfordert wird keiner: Autorinnen und Heldinnen denken identisch, denn Frauen lieben und schreiben gefühlsecht. »Ich habe meiner Mutter eine Putzfrau geschenkt«, sagt Gaby Hauptmann ohne jede Ironie in einem Interview, zu dem auch Hera Lind und eine gewisse Tina Grube geladen waren (eine Frauenschriftstellerin allein, das ist einfach zu dünn, wird der »Stern« gedacht haben).

Auch Hera Linds Heldinnen trinken Champagner mit ihrem Anwalt, die Putzfrau kriegt nur Sekt. Klassendünkel, wohin man sieht. Einmal ist allen Ernstes von einer »Verkäuferin«(!) bei Aldi die Rede – die schreibenden Millionärinnen kaufen dort längst nicht mehr ein. Im wirklichen Leben hat Hera Lind ihrer Kinderfrau ein »Au-pair-Männchen« geschenkt, ein lettisches oder polnisches vielleicht, denn auch jedes nicht-deutsche Männchen soll lernen, daß es in der Familie mit anzupacken hat. Für diesen selbstlosen Einsatz bei der Erziehung eines Mannes zum Menschen hat Alice Schwarzer Hera Lind derart ins Herz geschlossen, daß sie Freundinnen wurden.

Frau Schwarzer kennt allerdings nur die halbe Wahrheit. Das Au-pair-Männchen soll nämlich nur aus dem einen Grund abgehärtet werden, damit es später in seiner Ehe nicht kriselt und damit die Glückliche, die dieses Männchen eingefangen hat, es nicht verliert. Ehe, Ehe über alles. Was fragen sich Frau Grube und Frau Hauptmann mit verlogener Besorgtheit, als sie sich zum ersten Mal treffen: »Sie haben keinen Mann?!« Und ob jede einen hatte, einer omnipotenter als der andere. Frau Lind blieb von der Frage verschont, denn daß sie einen Internisten ihr eigen nennt, weiß eh ganz Deutschland.

Der erste Beischlaf, den Hera Lind je schilderte, war von beschämender Keuschheit. In der Verfilmung wurde er ausgerechnet von Heiner Lauterbach gestaltet. »Ich möchte dich ganz spüren, ich dich auch, das kannst du mir glauben, jetzt und hier, jetzt und hier«, und dann geben beide nichts Zusammenhängendes mehr von sich, fügen aber sonst offenbar zusammen, was zusammengehört, denn anschließend hüpft die befriedigte Frau herum »wie ein übermütiges Kind«. Erneutes Rätselraten bei unserem Extraterrestrischen.

Frauen! Was sie schreiben, ist ein Spiegel ihrer Seele. Respekt vor Hera Lind, die ihre Kolleginnen als geschmacklos beschimpft, als sie ihre Höschen runterlassen und von jeglicher Scham unbeleckt ihre ganz persönlichen sexuellen Vorlieben diskutieren. Da streikt Frau Lind. Gaby Hauptmann ist nicht so zimperlich: Sie habe schon so viel Sex gehabt in ihrem Leben, daß es theoretisch reiche bis zum Lebensende. Und sie könne es »beispielsweise überhaupt nicht« leiden, wenn einer ankomme und habe schon »'nen Ständer«. Du lieber Himmel, wer könnte das wohl sein! Schon wieder Heiner Lauterbach?

Deswegen wünschte sich Frau Hauptmann für ihre Heldin auch so sehr einen impotenten Mann fürs Leben. Jaja, das Kuscheln. Es führt quasi subito zum »lesbischen Orgasmus«, doch da erwacht in der Heldin das schlechte Gewissen. Sie wäre ja so egoistisch wie früher nur ein Mann, wenn sie nicht auch ihn zum Höhepunkt triebe! Der Ständer des Mannes sei nicht ihr Problem, behauptete einmal patzig die Autorin, doch in Wahrheit kennen sie und ihre Heldin keine anderen. Die Florence Nightingales der französischen Betten. Traurig sind die dichtenden Frauen über die Verrisse. Sie amüsierten ihre Leserinnen doch ohne Nebenwirkungen, sagen sie trotzig. Ist Verblödung keine?

HAUSER: GLOTZT NICHT SO ROMANTISCH!

Ihr naht euch wieder, schwankende Gestalten von der Fernsehkritik, ihr ehrlichen Mäkler und Mahner mit euerem den eigenen digitalen Arbeitsplatz so komfortabel sichernden Kulturpessimismus. Euer Lieblingsfeindbild ist und bleibt das schleimige Monstermedium Television.

Seit die Kiste flimmert, lesen wir euere Weltuntergangsvisionen vom Medium als Message, von der geistlosen Glotze, die mit immer neuem Bildermüll die Realität zukleistere, bis vor lauter Tainment keine Info mehr übrig bleibe. Und vermutlich habt ihr sogar mit allem recht. Nur ändern könnt ihr daran nix – und auch davon geht die Welt nicht unter. Eher schon ihr wackeren Videosaurier.

Euere aktuelle Variante von »Fernsehen macht doof« lautet: Virtuelles Fernsehen, also Sendungen aus der Blue Box statt aus realen Kulissen, ist Pippifax, kindischer Schnickschnack, so teuer wie nutzlos, außerdem gefährlich, denn es ist der endgültige Triumph der Illusion über die Reflexion, der Form über den Inhalt – oder so ähnlich.

Am liebsten wäre es euch wohl, Ihr Schriftgelehrten von den Medienseiten, wenn Gottes Gebot wieder Gültigkeit bekäme – »Du sollst dir kein Bild machen« – auf daß das geschriebene Wort wieder in seine alten Rechte eingesetzt werde und wir nur noch glauben dürfen, was wir schwarz auf weiß besitzen.

Euer aktueller common nonsense: Angstmache vor den Taschenspielertricks der virtual reality. Fernsehen als digitale Fälscherwerkstatt, in der bald lauter computergestützte Michael Borns ihr Unwesen treiben, bis der Zuschauer alles für möglich und nichts mehr für wahr hält. Beschwörung einer Sintflut digitaler Bilder, der man sich entgegenstemmen müsse wie dem Hochwasser an der deutsch-polnischen Grenze.

Allein, die Deiche sind schon vor langer Zeit geborsten. Bilder wurden schon manipuliert, als Maler die Historie noch nach Gusto ihrer Fürsten pinseln mußten. Emotionalisiert und dramatisiert, geschönt und gestaltet wurde und wird mit Feder, Griffel, Schreibmaschine, Mikrofon und Kamera, seit diese Handwerkszeuge für die Chronik der laufenden Ereignisse zum Einsatz kommen.

Die Nachricht im Zeitalter ihrer technischen Reproduzierbarkeit hat immer den möglichst eindrucksvollen Weg ins Bewußtsein der Massen gesucht und gefunden. Heute verwalten »Explosiv« und »Brisant«, was gestern noch die Domäne von »Bild« und »Super-Illu« war, nämlich das Erbe der Moritatensänger. News-Phlegmatiker schwören auf die »Tagesschau« und »heute«, Entspannungsgucker träumen von und mit Nina Ruge. Den Rest des Universums bzw. Perversums laden wir uns aus dem Internet auf den Bildschirm runter.

Seriöse Nachrichtengebung im Fernsehen ist von virtuellen Flaschengeistern ungefähr so bedroht wie weiland der Zeitungsjournalismus vom ersten Schwarzweißfoto. Oder der Fernsehkritiker vom ersten Computermonitor auf seinem Schreibtisch. »Es kommt immer darauf an, was man damit macht.« Aufhalten läßt sich die digitale Revolution so wenig wie die nächste Grippewelle oder der Fortschritt in der Gentechnik.

Wenn die Spiel- und Experimentierphase im virtuellen Studio erst einmal abgeschlossen ist, der Reiz des Neuen verflogen, die ganze Palette der Möglichkeiten erkannt und erkundet, dann wird die blaue Zauberkiste endlich nichts weiter sein als ein stinknormaler Arbeitsplatz für professionelle und phantasiebegabte Fernsehmacher.

Aber dann, ja dann werdet ihr Bedenkenträger von heute euch längst eifrig neuen Gefahren für die Menschheit zugewandt haben. Ich tippe mal auf die Bedrohung der geistigen Welt durch dreidimensionale Tamagotchis im Guildo-Horn-Look zum Selberklonen. Alles bleibt gut.

KIENZLE: THE ABSCHAUM FORMERLY KNOWN AS PRINTS

Schon Karl Kraus war der Meinung, das Wort »Familienbande« zeuge von tiefer Wahrheit. Dabei konnte er die Familie Prinz noch nicht kennen. Stellen wir uns einen Alten vor, der sein Leben lang die von Generationen gebauten Dämme einreißt, um fruchtbringendes Wasser auf seine Felder zu leiten und dort überreich zu ernten. Und dann kommt der Sohn mit der abgesägten Schrotflinte und bedroht jeden, der sich auf den bewässerten Feldern zu schaffen macht. Gab es je eine »famiglia« sizilianischer Prägung, die solche Arbeitsteilung besser hingekriegt hätte?

Günter Prinz ist seit spätestens 1962, als er stellvertretender Chefredakteur der Illustrierten »Quick« wurde, und mehr noch seit 1971, als er zum Chefredakteur von »Bild« aufstieg und es bis 1981 blieb, einer der, wenn nicht schlechthin der Vorreiter einer Art von Berichterstattung, die mit Journalismus nur wenig zu tun hat. Er durchbrach die Dämme der Seriosität zugunsten von Schlüssellochguckern, Hörensagern und Gerüchteköchen. Er machte aus der Redaktion eine »professionelle Fälscherwerkstatt«, wie der Schriftsteller und Journalist Günter Wallraff nach dem Urteil deutscher Gerichte ungestraft sagen darf. Er nahm zumindest Verhaltensweisen »billigend in Kauf«, die von Geschäftemachern zuvor als »professioneller Journalismus« – weil auflagensteigernd – beschrieben worden waren.

Günter Prinz hat solche Unsitten hoffähig gemacht. Die Bemerkung von Kurt Tucholsky: »Korrupt ist die Presse, die den niedrigsten und schmierigsten Instinkten ihrer Leser soweit entgegenkommt, daß sie ihre Hunde auf die Jagd schickt«, kann er nie gehört oder gelesen haben. Unerbittlich schickte er seine Hunde auf die Jagd. Er hat – wie selbstverständlich – Fotos und Stories aus der Intimsphäre anderer veröffentlicht. Ihn rührte nichts. Prinz war erfolgreich. Er führte die Auflage von »Bild« in schwindelerregende Höhen. Er heiligte den Satz des katholischen Moraltheologen Hermann Busenbaum (1600–1668): »Wenn der Zweck erlaubt ist, sind auch die Mittel erlaubt«, aus dem andere »Der Zweck heiligt die Mittel« gemacht haben. Daß Busenbaum unlautere Mittel ausdrücklich ausschloß, scherte ihn offensichtlich wenig.

Immer häufiger mißachteten seit Prinzens Cheftagen Journalisten völlig ungestört und ungerührt die ethischen Prinzipien des Gewerbes. Über Rügen des Presserates grinsten sie nur. Strafen oder Bußgelder, die – selten genug – erklagt worden waren, zahlten die Verlage händereibend aus der Portokasse. Günter Prinz ging als steinreicher Mann in den Ruhestand. Und die nach ihm kamen, erwiesen sich als würdige Zauberlehrlinge. Der Alte konnte richtig stolz sein auf seine Brut.

Bis zum Tag, als der Junior kam. Seit sein ältester Sohn Matthias den einträglichen Beruf des Advokaten erlernte und sich dabei offensichtlich der Karriere seines Vaters erinnert hat, ist es zu Ende mit der Ruhe in Kreisen deutscher Schlüssellochvoyeure, Hörensagenschreiber und Gerüchteköche. Matthias Prinz stellt auf ähnlich erfolgreiche Weise, wie sein Erzeuger »journalistisches Rowdytum« betrieb, auf der Gegenseite den Leumund und das Ansehen prominenter oder populärer, stets indessen zahlungskräftiger Mandanten wieder her. Er achtet streng darauf, daß sie das Recht am eigenen Bild behalten. Andernfalls sorgt er dafür, daß die Gerichte die Medien kräftigst zur Kasse bitten. Daß Matthias Prinz sich in der Stadt der Pfeffersäcke auch auf gepfefferte Honorare versteht, darf nicht weiter verwundern. Daß er in der Öffentlichkeit lieber den Rächer der Erben abgibt als den der Enterbten, macht den Sohn nicht gerade sympathischer als den Vater.

Nur ein Gebrauchtwagenhändler kann sich davor schützen, von Trickbetrügern über den Tisch gezogen zu werden. Und keiner kennt die Gepflogenheiten, die seit Günter Prinz im Journalismus eingerissen sind, besser als sein Sohn. Sein Weg in die väterliche Einkommensliga scheint also unaufhaltsam. Dem könnte allenfalls der Bundesgerichtshof ein Ende bereiten. Dessen Urteil zur Klage des brandenburgischen Ministerpräsidenten Manfred Stolpe (SPD) gegen den Berliner CDU-Lokalpolitiker Uwe Lehmann-Brauns besagt, die Äußerung Lehmanns, Stolpe habe 20 Jahre lang als »IM Sekretär« im Dienst des DDR-Ministerium für Staatssicherheit gestanden, sei »vom Grundrecht auf Meinungsfreiheit gedeckt«. Und das, obwohl keine der Beschuldigungen, die gegen den ehemaligen Konsistorialpräsidenten der evangelischen Kirche Berlin-Brandenburgs erhoben worden sind, gerichtlich geklärt, gar bewiesen worden wäre. Sollte sich diese Rechtssicht auch auf »Personen des öffentlichen Lebens« erstrecken, die aus Adels- oder Geldadelskreisen kommen, dann allerdings müßte Wohlmeinenden ums Aus- und Fortkommen des Advokaten Prinz angst und bange werden.

Noch aber können die Reichen und die Schönen wählen, ob sie von den Zauberlehrlingen des alten Prinzen niedergemacht oder vom Junior beschützt werden wollen. Wofür immer sie sich entscheiden, die Firma Prinz wird eine Lösung für sie bereithalten.

Stars im Knast
Hauser: Konstantin Wecker

Wecker findet es sehr schön von seiner blutjungen Frau, daß man sie fast zwingen müsse, der Presse mal einen Satz zu sagen. Wie recht er hat. Besser, wenn das Gesülze des früh vergreisten Ex-Junkies über das Phänomen Liebe von Annik Wecker nicht kommentiert wird. »Liebe kann wie ein Verwandler wirken, alchimistisch geradezu.« Wecker kann gar nicht verstehen, warum sich seine Frau in ihn verliebt hat. Wo er doch damals so greislich aussah, daß er alle Spiegel in seinem Haus zugehängt hat. Warum aber hat er sich in sie verliebt? Er schnippte einfach mit den Fingern und zeigte auf sie. Die Betreuer, die auf den verkoksten Barden und seine »sieben Zwerge« aufpaßten, holten Klein-Annik hinter die Bühne. Dadurch gewann Groß-Conny nicht nur eine kindliche Frau, sondern auch einen Schwiegervater, der schon gern mal selbst zum Telefonhörer greift, um den Schwiegersohn rauszuhauen. Seinen Hauptwohnsitz hat Wecker nach Niedersachsen verlegt, weil die Gefängnisse dort angenehmer sind als die in Stoibers Revier. In Wahrheit lebt Familienvater Wecker in einem bayerischen Bauernhof und freut sich, daß seine Frau im Kopf alt, aber am Körper jung ist. »Sie hat nicht diese typisch jugendlichen Bedürfnisse.« Ist doch schön. Mal sehen, was sie sagt, wenn er 60 und sie 33 Jahre alt ist. Unter all unseren Lieblingskriminellen ist Wecker der beste Selbsttäuscher. Er könnte mit Badeschlappen und Trainingsanzug morgens zum Einkaufen gehen, nachmittags sein Auto waschen und die Gartenzwerge abschrubben und würde sich immer noch für einen Aufrührer halten. »Bei mir war es ein ausgesprochen revolutionärer Akt zu heiraten, bei anderen ist es ein ausgesprochen spießiger Akt.« Deswegen hat Rudolf Scharping wohl auch keine Lust gehabt, die Einladung zur Hochzeit anzunehmen. In der Berufung ist das alte Urteil wegen Drogenkonsums bestätigt worden. Und Wecker ist immer noch so weinerlich wie damals. »Was habe ich den Leuten Böses getan? Ich habe ihnen 20 Jahre lang Lieder gegeben und habe selbst im Zustand der Krankheit versucht, sie mit meinen Konzerten zu befriedigen.« Heiliger Wecker, wir danken dir. Tiefbefriedigt natürlich.

Kienzle: René Weller

Der schöne René. Schon zweimal wegen Hehlerei verurteilt und jetzt von so einer blöden Mieze von Polizeispitzelin beim Drogenhandel erwischt. Aber den Frauen konnte der »Ledermacho«, »Rolexmann« oder »Diamanten-Dandy« aus Pforzheim eben noch nie widerstehen; die Undercover-Agentin legte allerdings nur Hand im Haushalt an und kam ihm dadurch näher. Im Haushalt? Ja, hat er denn keine Frau? Doch, eine neue Freundin, aber sie ist nur Journalistin, und man weiß ja, was die im Haushalt ... Schwamm drüber. Verheiratet war Weller nie, und nach 21 Jahren hat er sich gerade von seiner Lebensgefährtin und Mutter seiner beiden Kinder getrennt. Doch auch ohne Ehefrau war Weller immer perfekt frisiert und posierte mit vollkommener Natürlichkeit – warum auch nicht! – halbnackt vor den Kameras, den Mund stets ein wenig geöffnet, als sei er selbst die Blondine. Die hielt er aber meistens nur im Arm. Ganz entgegen dem Trend, doch aus gutem Grund waren die Mädchen zwar hübsch und verfügbar, aber eher kleinbrüstig. Seit in Amerika ein argloser Barbesucher von den Brüsten einer halbnackten Frau fast totgeboxt worden sein will, verstehen wir, warum Weller eher nach den kleineren Körbchen griff. Mit seiner Traumfigur von nur 60 Kilo hat er viele Prominente glücklich gemacht. Margarethe Schreinemakers und Heiner Lauterbach mögen ihn, haben sie doch beide dieselbe Neigung zum »Milieu«. In hautengen Seidenhosen brillierte Weller einst im Boxring und siegte auch noch: 53 Profikämpfe, davon 50 Siege, zuvor als Amateur 335 Kämpfe und 298 Siege. Und jetzt das! Knockout durch die Staatsanwaltschaft! Dabei wollte René nur ein kleines Geschäft mit fünf Kilo Kokain machen, das ihm gerade mal eine halbe Million Mark eingebracht hätte. Der Pforzheimer, Weltmeister im Super-Federgewicht, hatte die letzten Jahre vom Handel mit Schmuck und Lederwaren überleben müssen. Jetzt kann er erst einmal wieder trainieren. In der Justizvollzugsanstalt Karlsruhe wurde schon ein Kraftraum eingerichtet.

Hauser: Marcel Avram

So machen sie's alle, aber ihn hat man sich rausgepickt. Um seinen teuren Stars weiter ihren hohen Lebensstandard zu ermöglichen, wird Marcel Avram vorgeworfen, ihre Gagen an deutschen Finanzämtern vorbei nach Holland gesteuert zu haben, so daß die offenbar vom Existenzminimum bedrohten Millionäre überhaupt keine Steuern bezahlen mußten. Sogar Marek Lieberberg, Avrams Ex-Partner und Konkurrent, kommentierte vorsichtig: »Er ist wohl Opfer des Versuchs geworden, seine Künstler in Schutz zu nehmen.« Und darum besuchen ihn seine lieben, schuldbewußten Künstler im Gefängnis in Stadelheim. Joe Cocker war da und vor allem Michael Jackson, der sich wohl einmal ansehen wollte, was ihm in den Staaten entgangen ist, als er sich für die andere Lösung entschied: zahlen statt einsitzen. Deshalb wohl äußerte sich Jackson so besonders verständnislos: Avram habe doch bezahlt, weshalb die Aufregung? Michael Jacksons Scheinheiligkeit erbittert natürlich alle Avram-Sympathisanten, die sich fragen, was die Stars wohl mit der Kohle anfangen mögen, die Avram unter Aufopferung seiner persönlichen Freiheit für sie einspart. Seit Michael Jackson einem kleinen Freund viele Millionen Dollar spendierte, damit der keine Details über Jacksons intimste Zonen ausplauderte, ist der Star ja so klamm, daß er nicht mal die Entbindungskosten für seine eigenen Kinder bezahlen kann und sich im Billigland Polen eine Bleibe sucht. Was sanktioniert die westliche Gesellschaft eigentlich strenger, Kindesmißbrauch oder Steuerhinterziehung? Die Antwort ist kindereinfach: Avram sitzt im Knast, Michael Jackson ist frei.

Politik ohne Bauch

Dicke Dinger
Come in here, dear boy, have a cigar
You're gonna go far, fly high
You're never gonna die...
zap!
Schröder
Seit Schröder find' ich Havannas zum Abkotzen!
Zigarrenrauchen ist revolutionär. Also links.

Nein, Zigarrenrauchen ist politisch unkorrekt. Also rechts.
Eine Cohiba kostet auch nicht mehr als 'ne CD.
Dröhnt nur viel schlechter.
Ich war schon voll auf Cohiba, da hast du noch beim Anblick von Schokoladenzigarren Durchfall gekriegt.
Ich hab' schon Beluga-Trips geschmissen, da hieß Methadon im Osten noch Rotkäppchensekt.
Ich hab' Erstausgaben von allen kubanischen Zigarren seit der Invasion in der Schweinebucht.

Cartoon: Rolf Kutschera

HAUSER: LINKS, WO DAS TUCH STECKT

Schon manchen haben manche Märchen manches gelehrt. Solcher Nutzen jedoch, wie der, den der deutsche Berufspolitiker Gerhard Schröder aus der Geschichte »Des Kaisers neue Kleider« des dänischen Märchenerzählers Hans-Christian Andersen gezogen hat, solcher Nutzen ist selten. Einst ein langzottelig behaarter, leicht schmuddelig wirkender Derwisch, Bauart Jungsozialist, auch »Juso« genannt, zieht er mittlerweile seine Kreise in einer Weise, die die Vermutung nahelegt, er habe sich zwischendurch entweder der Lektüre des erwähnten Märchens oder von Gottfried Kellers Erzählung »Kleider machen Leute« hingegeben. Schnieke. Gelackt. Flott. Gekonnt. Herausgeputzt. Gestylt. Designt. Das sind Vokabeln, die unvoreingenommenen Betrachtern bei seinem Erscheinen durch den Kopf gehen.

An Politik denkt kaum jemand, wenn Gerhard Schröder einen Raum betritt. An Kino, Entertainment, Seifenopern, Emporkommen, an Bip, den Clown mit den riesigen, schillernden Seifenblasen, indessen mancher. So war's doch auch mit dem Andersenschen Monarchen. Der »hielt so ungeheuer viel auf neue Kleider..., daß er all sein Geld dafür ausgab, um recht geputzt zu sein.« Märchenfreunde wissen, daß er sich »nicht um seine Soldaten«, nicht »um das Theater«, knapp gesagt, um rein gar nichts kümmerte, außer um Äußerlichkeiten. »Er hatte einen Rock für jede Stunde des Tages, und so, wie man von einem König sagt, er ist im Rate, sagte man von ihm immer: ›Der Kaiser ist in der Garderobe‹.«

Nun kamen da eines Tages zwei Betrüger, die sich als Weber ausgaben und behaupteten, sie verstünden es, »den schönsten Stoff zu weben, den man sich denken könne«. Farben und Muster dieser Stoffe besäßen die wunderbare Eigenschaft, »daß sie für jeden Menschen unsichtbar wären, der nicht für sein Amt tauge oder unverzeihlich dumm sei«. Ganz von dieser Art sind die Kleidungsstücke des Niedersachsen Gerhard Schröder nicht. Niedersachsen ist das Bundesland, aus dem schon Karl Friedrich Hieronymus Freiherr von Münchhausen, der »Lügenbaron« kam. Aber das nur ganz nebenbei bemerkt. Schröders »Outfit« und Auftritt blenden sogar Leute, die sonst den Durchblick haben.

Dafür, daß der Mann einmal Bahnbeamter werden wollte und auch so gekleidet war, hat er einen außerordentlich guten Geschmack entwickelt. Oder bei der Auswahl seiner Stylisten einen guten Griff getan. Das muß der Neid ihm lassen. Er sieht in seinen Giorgio-Armani-, Hugo-Boss- und Brioni-Fummeln wahrhaftig aus, als seien sie für ihn gemacht. Auch seine seidenen Krawatten sind mit Bedacht und in Kenntnis der Farbenlehre ausgewählt. Das bewies er besonders eindrucksvoll, als er in seinem Amtszimmer in Hannover vor Jahr und Tag, vor allem aber als er Politik noch mit Hilfe von Oskar Lafontaine betrieb von den ZDF-Redakteuren Klaus Bresser und Thomas Bellut mit der Frage: »Was nun, Herr Schröder?« zu aktuellen Fragen in Sachen Politik einvernommen werden sollte. Glänzend, glänzend – das farbliche Zusammenspiel von Anzug, Hemd, Krawatte, Tapete, Kunstwerken an der Wand und dem Braunton von Gesicht und Händen, sowie dem unwiderstehlichen Borretschblau seiner Augen. Politisch kam bei dieser Gelegenheit wieder nicht viel über die Rampe, aber der Anblick, der Anblick war ein Augenschmaus. Dazu die guttural angelegte volle Stimme, die Nachdenklichkeit andeutenden vertikalen Falten zwischen den Augen, das schelmenhaft-jugendliche Lächeln – diesem Politvertreter hätten selbst hartleibig mißtrauische Menschen einen uralten, rostigen Gebrauchtwagen abgekauft. Dieser Hauch von Seriosität und Jugendlichkeit, von Leichtigkeit und Gedankenschwere, von Kompetenz und Unverdrossenheit – Hut ab vor solchen Gewandmeistern, Maskenbildnern und Rhetoriklehrern.

Solch ein Mann muß nicht beweisen, daß er mit einem Handy umzugehen versteht, daß er in der Lage ist, ohne Mühe im Internet zu surfen, daß er einen elektronischen Taschenkalender bedient, daß er Tennis spielt. Auch, daß er mit Klaus Meine, dem Sänger der »Scorpions« befreundet ist, daß er »moderne Kunst« mag, daß ihn Manfred Bissinger, der Chefredakteur von »Die Woche«, der Boß der Telekom, Ron Sommer, VW-Chef Ferdinand Piëch und Udo Lindenberg umgeben, nimmt ihm nicht nur jede deutsche Mutter, sondern auch mancher intellektuelle Zweifler ab. Das liegt nicht nur an seinem Motto: »Carpe diem« (Nutze den Tag), das hängt zusammen mit dem Geruch der großen weiten Welt, der ihn umgibt, obwohl Spaghetti al arrabiata und eine deftige Currywurst zu seinen Lieblingsgerichten zählen.

Auch, daß Gerhard Schröder sich öffentlich dazu bekennt, er könne »ohne Ausfälle« 15 Bier verzehren – »Das Land muß mit der Leber regiert werden« –, hat seinem Ansehen keinen Abbruch getan. Er steht nach Ansicht des Modedesigners Werner Baldessarini trotzdem auf einer Stufe mit Rainer Barzel, Berthold Beitz, Otto Wolff von Amerongen und Prinz Charles. Seine Art, das »Bleu« zu tragen – Blau ist seine Lieblingsfarbe –, inspiriert viele zu vielem. Ganze Partyzelte werden von Arbeitgebern so ausgestattet, wenn sie wissen, daß er »vorbeischaut«. Seine Anwesenheit verleiht ihnen das Gefühl, er sei einer von ihnen. Was sich aus der Tatsache erklären läßt, daß auch er – natürlich – Havannas raucht. Oft indessen löst sich dieses Gefühl, sobald er gegangen ist, in Rauch auf. Und das, obwohl er den Anschein erweckt, sich mit Motoröl zu parfümieren. Er nennt sich einen »Automann«, sein ehemaliger Parteivorsitzender hält ihn für einen »Auto-Didakten in Sachen Politik«.

Mittlerweile haben nicht nur die Kinder, sondern selbst sämtliche Kindsköpfe im Lande bemerkt: »Der hat ja nur 'n schicken Anzug an und sonst nichts bei sich. Nicht mal 'ne Idee.« Und ihm das schriftlich in Form von Kreuzen auf Wahlzetteln mitgeteilt.

KIENZLE: DAS HEDONISTISCHE MANIFEST

Im Anfang war der Held. Der einfache deutsche Held. Der Kriegsheld. Sein Motto: Süß und ehrenvoll ist es, fürs Vaterland zu sterben. Und so starben sie denn: Mit dem Deutschlandlied auf den Lippen marschierten unsere Helden 1914 bei Langemarck in den Tod. 1940 fuhren sie von Todessehnsucht getrieben im U-Boot die Themse hinauf. Mit Rilke im Seesack. »Fahren, fahren, fahren. Durch den Tag durch die Nacht durch den Tag.« Diese Tour ist längst »abgefahren«.

Helden sehen heute ganz anders aus. Da sind z. B. stämmige Millionarios, die es mehr in den Beinen als im Kopf haben. Oder rasende Litfaßsäulen, die für Abermillionen im Kreis herumfahren, Werbeträger für eine neue Religion, die Marktwirtschaft. Sterben fürs Vaterland ist out, konsumieren ist die höchste Tugend. Descartes bleibt schon lange im Bücherschrank: »Ich konsumiere, also bin ich« heißt die Devise. Genießen ist zur höchsten bürgerlichen Tugend geworden. Eine Massenbewegung. Hedonismus ist dadurch eine der wirksamsten Waffen gegen nationale Anfechtungen geworden. Immerhin: 16 Jahre Kohl haben diese geistig-moralische Wende erst möglich gemacht. Chapeau!

Kohl hat ja viel für den Hedonismus getan, Kohl, ein wirklich vaterlandsloser Geselle. Er hat die D-Mark abgeschafft, die »Familie« richtig in die Krise gewirtschaftet und durch Zulassung des Privatfernsehens endlich Pornographie gesellschaftsfähig gemacht. Eine Revolution. So richtig gemerkt hat er zwar nicht, was er angestellt hat, das ist aber gleichgültig. Nur die Wirkung zählt. Die altehrwürdige Arbeits- und Leistungsideologie – sie wurde in der Ära Kohl immer bedeutungsloser. 4,5 Millionen Arbeitslose sind das beste Zeugnis. Die zunehmende Verschuldung der Deutschen, dieser locker-lateinische Umgang mit Geld, das alles kündet von einer neuen Leichtigkeit des Seins. Geld, das man gar nicht hat, wird ausgegeben, um ein gutes Leben zu führen.

Abnehmende Zahlungsmoral und häufiger Partnerwechsel erinnern an die Gebräuche des Rokoko, das Arbeit gar nicht schätzte. Der Müßiggang wird angesichts der vielen Arbeitslosen auch bei uns zum gesellschaftlichen Zukunftsmodell. Und da die Produktivität in einem nahezu gespenstischen Maße wächst, wird eines nicht allzu fernen Tages nur noch ein Teil der Gesellschaft gebraucht, um die Güter zu produzieren, die wir konsumieren. Immer weniger Leute produzieren immer mehr, schon deshalb wird unsere Vorstellung von Arbeit auf dem Müllhaufen der Geschichte landen.

Konsumismus und Hedonismus sind nicht aufzuhalten. Die alten Institutionen lösen sich auf. Partei-, Gewerkschafts- oder Kirchenmitglieder marschieren wohlorganisiert auf der Verliererstraße. Der Konsument gibt die Richtung an, obwohl er unberechenbar ist. Er legt sich immer weniger fest. Er wechselt die Marke, wenn das Angebot stimmt. Der Edel-Konsument ist völlig bescheuert. Er kauft mechanische Uhren zum Preis eines Kleinwagens. Mit seinem Porsche aus zweiter Hand fährt er bei Aldi vor, um kistenweise Billigchampagner zu kaufen.

Schön! Die Kunst des Konsumierens als zentraler Lebensinhalt. Der Konsument ist im wahrsten Sinn des Wortes »wählerisch« geworden.

Revolutionen sind mit ihm nicht mehr zu machen. Er konsumiert sie allenfalls im Film oder im Internet. Nach Liberalismus, Faschismus und Marxismus erobert der Konsumismus die Welt. Und das hedonistische Manifest lautet, frei nach Karl Marx: Morgens Fitneß-Frühstück, mittags McDonald's und abends ins Gourmetrestaurant. Schöne, neue Welt. Der Hedonist hat es längst aufgegeben, grüblerisch nach einer wahren Welt zu suchen. Sein Lebensinhalt ist die »Waren-Welt« und sein moralischer Imperativ heißt: »Ich genieße, also bin ich.«

Hauser: Müllennium

Wenn etwas den Nerv der Deutschen in den letzten zehn Jahren hundertprozentig getroffen hat, dann ist es die Mülltrennung. Ein einig Volk von Sammlern und Sortierern. Der grüne Punkt ist genau das, was sich der Deutsche im Herzinnersten schon immer ersehnt, worum er aber nie zu betteln gewagt hat. Und jetzt darf er sogar dafür bezahlen! Die Regierung wollte Müll vermeiden und schuf eine Quasi-Steuer namens Verpackungsverordnung. Zähneklappern bei der Industrie! Praktisch über Nacht stellte sie das Duale System auf die Beine, das den Kommunen Geld bezahlt, wenn die doch wieder mit ihrem Dreck alleine fertig werden. Und schon hatte der überglückliche Bürger eine gelbe Tonne vor dem Haus oder einen gelben Sack in der Küche.

Ach, was haben wir sie geliebt, die Debatten um die Löffelreinheit, die Stellungnahmen des damaligen Hamburger Umweltsenators Fritz Vahrenholt – »Wenn jeder Haushalt nur fünf Liter Wasser für die Reinigung seines Mülls benötigt, sind das in zwei Jahren 4,5 Millionen Liter.« –, und was haben wir die Sozialhilfeempfänger, praktisch die einzigen in unserer Gesellschaft ohne Spülmaschine, beneidet, weil sie und nur sie Gelegenheit hatten, ihre Joghurtbecher mit dem letzten Spülwasser sparsam, aber effizient zu reinigen! Umweltbewußte Spülmaschinenbesitzer denken natürlich nicht im Traum daran, irgendeinem dahergelaufenen Plastikbecher auch nur das kleinste Plätzchen zur Verfügung zu stellen. Ja, es muß gesagt werden, die schmutzigeren Dickmilchbecher kommen aus den besseren Häusern.

Deutschland, ein Volk von Müllspitzeln! Früher mußten ambitionierte Reporter die investigative Dreckarbeit erledigen und zum Beispiel Gottschalks Mülltonne durchsuchen, um die Ergebnisse ihrer knallharten Recherche dem baffen Publikum zu präsentieren: Gottschalk aß Diätkost! Heute genügt ein einfacher Gang um den Block. Schon weiß man, wo die fleißige Hausfrau wohnt, die ihr Gemüse selber putzt und in deren angenehm transparentem gelben Sack man niemals leere Dosen entdecken wird. Schon weiß man, bei welchen Nachbarskindern die schlechten Zähne auf allzu viele Fruchtzwerge zurückzuführen sind. Schon weiß man, welcher Hausgenosse schlicht zu doof ist, seinen Müll richtig zu sortieren. Verzweiflung in den Abfallämtern! Alle machen es falsch! Die Forderung nach Sackspionen wird immer lauter. Schade, denkt auch der korrekte Müllsammler traurig, schade, daß die meisten Säcke im Sommer so penetrant stinken. Es wäre sonst eine Freude, dem Nachbarn sämtliche Fehlwürfe fein säuberlich auf der Schwelle aufzureihen.

Diskussionen über das Wetter haben sich in der modernen deutschen Konversation völlig erübrigt: Zur Mülltrennung hat jeder etwas beizusteuern. Seltsam, daß der gelbe Sack immer schwerer und voller wird. Aber wie sagen die klassischen Müllforscher: »Müll zieht Müll magisch an.« Auch wenn Nachbarinnen wetteifern, welche von ihnen am wirksamsten Müll vermeidet. Schon gemerkt, daß die Aktentaschen der Männer seit Einführung der Mülltrennung immer sperriger aussehen? Die schicken Köfferchen sind randvoll mit Hausmüll, den der berufstätige Gatte heimlich an seinem Arbeitsplatz entsorgt. Vor allem die leeren Packungen der Diätgerichte.

Glascontainer, Papiercontainer, Plastikcontainer – und jetzt die Biotonne! In vielen bundesdeutschen Haushalten schon die Regel, jetzt bald flächendeckend eingeführt. Das gibt ein Fest. Nichts mehr bleibt für den Restmüll übrig. Sicher werden künftig auch noch Küchenabfälle für die Schweinehaltung eingesammelt, und Müttern, die sich der Baumwollwindel störrisch versagen, nimmt man die Babys weg.

Einer Müllforschungstheorie zufolge (Grassmuck-Unverzagt) brodelt und gärt es vor jeder Revolution im Volke wie auf einer Müllkippe. »Dann kommt der ganze Scheiß hoch, den die Politik zuvor angerichtet hat.« Gab es vor der Wende bei den Ossis Mülltrennung? Na, sehen Sie. Heute gärt und brodelt nix, alles wird sauber abgeräumt, die Bürger sind beschäftigt. Nicht von ungefähr kommt es, daß Frauen die Handelnden in der kommunalen Abfallwirtschaft sind. Sie haben sich ja schon immer mit Pipifax von den Fleischtöpfen der Gesellschaft weglocken lassen. So gesehen ist Mülltrennung die beste Taktik, die Frauenquote letzten Endes völlig unnötig zu machen. Weibliche Kompetenz erkennen wir natürlich an! Sämtliche freiwerdenden Stellen als Müllschnüffler können sie gerne haben.

KIENZLE: DEUTSCHER FRUCHTZWERG UND LYONER WÜRSTCHEN

Berti Vogts stand ruckartig auf und verschwand mit gesenktem Haupt schnurstracks in den Katakomben des Stadions von Lyon. Sein »Ich-bin-jetzt-beleidigt-Gesicht« signalisierte, daß Berti schwer angeschlagen war. 0:3 gegen den Fußballzwerg Kroatien, der bitterste Augenblick für den »kleinen Bundeskanzler«, wie die »Bunte« Berti Vogts etwas voreilig tituliert hatte. Eine Katastrophe für den deutschen Fußball und schlimmer noch: Bertis Steilvorlage für den Wahlkampf seines Männerfreundes Helmut war zu einem Fehlpaß mißraten. Vorbei die Hoffnung, ein Sieg der Deutschen werde die Stimmung im Wahlkampf zu Gunsten des Kanzlers wenden. Der hatte sich schon zu Beginn des Turniers der deutschen Mannschaft regelrecht aufgedrängt. Kohls Präsenz im Stadion habe der deutschen Mannschaft schon immer Glück gebracht, hatte Vogts vor dem alles entscheidenden Match gegen Kroatien geschleimt. Armer Berti! Die peinliche Niederlage würde jetzt nicht dazu beitragen seinen Männerfreund Kohl aus der demoskopischen

Patsche zu helfen. Schon eher schien sich eine alte Prophezeiung Rudolf Scharpings zu bewahrheiten: Berti und Helmut, zwei Auslaufmodelle.

Im Augenblick der Niederlage entpuppte sich der Bundesberti dann als echter deutscher Fruchtzwerg. Würde- und taktlos verabschiedete er sich von der Weltmeisterschaft. Ohne seinem Kontrahenten zu gratulieren. Er witterte gar eine Weltverschwörung gegen die Deutschen. Wieder einmal demonstrierte er die Unfähigkeit, in außergewöhnlicher Lage Klugheit und kühlen Kopf zu bewahren. Politik und Fußball. Deutsche Nationalkicker haben schon immer Epochen markiert. Die 54er-Weltmeister konnten den Deutschen wieder ein Stück Selbstachtung zurückgeben. Nach dem verlorenen Weltkrieg. Ebenso die Weltmeister von 1990. Sie triumphierten in den Zeiten der Vereinigungseuphorie. Als noch nicht zusammen kickte, was nicht zusammengehörte. Fußball sozusagen als nationale Psychotherapie.

Doch 1998 war alles anders: Wo waren sie denn geblieben, die deutschen Tugenden? Die Willenskraft, die Einsatzbereitschaft, der Fleiß, die Ordnung und der vielbeschworene Kampfgeist. Klar! Vogts und seine Mannen (Memmen?) suchten die Schuld erst gar nicht bei sich selbst. Die deutsche Kampfmaschine konnte nur einer internationalen Verschwörung zum Opfer gefallen sein. Ende! Aus! Ein Neuanfang nicht in Sicht. Das werden die alten Männer im DFB schon zu verhindern wissen. Eher dürfte es eine demokratische Rebellion im Vatikan geben als Selbstkritik im Deutschen Fußballbund. Leistung muß sich nicht mehr lohnen. Nicht beim DFB.

Hatte sich denn Berti nicht genügend gequält? Auf dem Platz und vor den Mikrofonen. Sich quälen – das ist das Schlüsselwort, das seine Seelenlage erklärte. So hatte er nach dem Spiel die Mannschaft in den höchsten Tönen gelobt, »weil sie bereit gewesen war, alles zu geben und sich zu quälen«. Das Ergebnis war deutscher Quälfußball gewesen. Masochistengekicke. Quälen! Sich. Die Gegner. Die Nerven der Zuschauer.

Wie Helmut. Quälend war im Sommer 1998 auch die Abschiedstournee des Medienfossils aus Oggersheim. Unübersehbar die Parallelen. Regierte Helmut Kohl nicht, wie die Nationalelf spielte? Verbraucht, verbiestert, uninspiriert. Der Bundeskanzler und der Bundestrainer, Brüder im Geiste. Berti war mit einem schwachen Mittelfeld gescheitert. Helmut hatte gar die Neue Mitte verloren. Und irgendwie war es wunderbar mitanzusehen, wie das massigste Maskottchen der Nationalmannschaft ihrer Entzauberung beiwohnte. In 90 Minuten waren aus hochgejubelten Zeitungshelden Lyoner Würstchen geworden. Eines hatten sie nicht trainiert. Verlieren zu können. Auch das will schließlich gelernt sein. Eines aber muß die Fairness dem Fetten aus Dingsda lassen: Als das Wahlpublikum ihm und seiner Gang die rote Karte zeigte, verabschiedete er sich anders als sein Sportskamerad honorig. Gratulierte gar seinem Gegner. Inzwischen allerdings geht er vor allem seinen Partei-»Freunden« mit seinem wiedererwachten Kanzlergehabe ungemein auf den Zeitgeist.

Fussball: Hooligans

Hauser:
Noch Fragen, Kienzle?

Kienzle:
Ja, Hauser, wer war eigentlich zuerst da, der Fußball oder der Hooligan?

Hauser:
Ich nehm' mal an: der Fußball.

Kienzle:
Falsch. Hooligan ist ein alter irischer Name wie Müller oder Hauser. Und die ersten Hooligans, die zogen schon vor 100 Jahren saufend und raufend durch London.

Hauser:
Bei den Briten hat eben alles Tradition. Auch der Vandalismus.

Kienzle:
Vielleicht ist Fußball ja eine Erfindung der Hooligans – und nicht umgekehrt.

Hauser:
Lassen Sie mich in Ruhe mit Ihrer Dreigroschen-Soziologie, Kienzle. Ich weiß ganz genau, worauf Sie wieder hinauswollen.

Kienzle:
So – worauf denn?

Hauser:
Sie wollen mir einreden, daß Fußball und Rowdytum einander bedingen – und daß wieder mal die Gesellschaft an allem schuld ist.

Kienzle:
Nein, Hauser. Fußball ist die Fortsetzung von Hooliganismus mit anderen Mitteln.

Hauser:
Lächerlich!

Kienzle:
Im Fall Paul Gascoigne und David Beckham sogar die Fortsetzung mit genau denselben Mitteln.

Hauser:
Kienzle, nach Ihrer Theorie wäre ja jede Fußballübertragung Schmuddelfernsehen und müßte sofort verboten werden.

Kienzle:
Das haben jetzt Sie gesagt, Hauser.

Hauser:
Aber Sie haben damit angefangen.

Kienzle:
Sehen Sie, Hauser, jetzt sind wir wieder bei meiner ersten Frage: Wer war früher da – der Fußball oder der Hooligan?

Hauser:
Na, dann ist der Fall für mich erledigt!

Kienzle: Das Rehhagel-Prinzip für Deutschland

Die geistig-moralische Wende des Jahres 1982 hat eine Horde von 80 Millionen selbstsüchtigen Deutschen heranwachsen lassen. Kaum Menschen, nur Leute. Egomanen, denen Geld und Macht mehr bedeutet, als alles andere auf der Welt. Typen, die den Wert eines Menschen an der Höhe seines Bankkontos messen. Spießbürger, die volkstümliche Bekanntheit – Popularität – mit dem Herausragen aus dumpfer

Masse – Prominenz – verwechseln. Lakaien, die Kameraderie mit Solidarität gleichsetzen. Kreaturen, die den Unterschied zwischen Schläue und Klugheit nicht kennen. Fliegenbeinzähler, die davon ausgehen, daß es sich nicht lohne, ein Risiko einzugehen. Die sich statt dessen zu den Hosenträgern einen Gürtel umschnallen, um danach die Hose mit einer Sicherheitsnadel am Hemd festzustecken. Aufgeblasenheiten, die Erfolg und Können ausschließlich als eine Einheit betrachten. Schlaumeier, die meinen, der »Einzelkampf« sei dem Teamgeist vorzuziehen.

Kurzum: Die geistig-moralische Wende hat gegriffen. Sie hat ein Volk, das gerade begonnen hatte, zum ersten Mal zu fühlen, andere zu verstehen, bescheiden zu sein, anstatt dickbramsig aufzutreten, Frieden zu stiften, den Stellenwert des Geldes zurechtzurücken, Bildung als ein Gut anzusehen, das allen zusteht, »Gerechtigkeit gegen jedermann zu üben«, zu verstehen, daß »Eigentum verpflichtet«, mit einem Wort: Sie hat aus einem Volk, das auf dem besten Wege war, wieder eine geldgierige, machtgeile, brutale, skrupellose Rotte gemacht. Eine Bande von Ochsenfröschen, Scharlatanen, Sackschlitzern, Strandräubern, Rufmördern und Brunnenvergiftern. Eine Gesellschaft in der Herrenschneider, Haarschneider, Damenschneider, Couponschneider, Ehrabschneider und – die an vorderer Stelle – Aufschneider das Sagen haben. Was für eine Gesellschaft!

Die geistig-moralische Wende hat bewirkt, daß das Motto: »Jeder ist sich selbst der Nächste« bis in die kleinste Sozialbauwohnung hinein beherzigt wird. Leuchtendes, lebendes Beispiel für das Verludern der Sitten ist der FC Bayern. Repräsentiert durch seinen Vorstand, sein Management, die Spieler seiner ersten Bundesligamannchaft und seine Fans. Sie verkörpern den Niedergang jedweder Moral, des letzten Restes von Unrechtsbewußtsein und gesunder Selbsteinschätzung. Der FC Bayern ist das Produkt erster Klasse der geistig-moralischen Wende!

Sein Präsident, Franz Beckenbauer, ein ehemaliger

Berufsfußballspieler, sein Manager, Uli Hoeneß, ebenfalls ein Ex-Profi-Kicker, und sein langjähriger Star, der professionelle Balltreter Lothar Matthäus, verkörpern deutsche Großmannssucht. Alle drei kostet es große Anstrengung, einen zusammenhängenden Satz zu bauen. Das, was über ihre Lippen kommt, falls es ihnen am Ende dann doch gelingt, zeugt von Selbstgefälligkeit, Selbstüberschätzung, Eitelkeit, Dummheit, Machtgeilheit, Raffgier, Brutalität und Abgesichertsein. Ihr Gefühl für das Fühlen anderer ist noch geringer entwickelt, als ihre Fähigkeit logisch zu denken und das Gedachte zu Sätzen zuammenzufügen. Andere Menschen sind für sie Material, wenn nicht Müll. Als sie nach kurzem Gastspiel den teamfähigen Trainer Otto Rehhagel – der auch über andere Dinge als Fußball sprechen kann und das in klaren deutschen Sätzen – aus dem Verein schmissen, prahlte Hoeneß hinter ihm her, Rehhagel möge ein Trainer für sämtliche Fußballvereine der Welt sein. Für einen Weltverein, wie den FC Bayern, reiche das jedoch nicht aus.

Otto Rehhagel, der kurz darauf zum Zweitligisten 1. FC Kaiserslautern wechselte, gelang etwas, das von der deutschen Sportjournaille als eine Art Wunder, zumindest aber als »ein- oder erstmalig« beschrieben wurde: Er führte die von ihm trainierte Mannschaft in glattem Durchgang vom Aufstieg zur Deutschen Fußballmeisterschaft der Saison 1997/98. Fachkundige Beobachter behaupten, daß das nur geschehen konnte, »weil Rehhagel in jedem einzelnen Spieler einen Menschen und ein Talent sieht und weil es ihm deshalb möglich ist, aus unterschiedlichen Einzelpersönlichkeiten ein Team mit einem gemeinschaftlichen Ziel zu bilden«. Rehhagel machte zwar Reklame für die CDU, er widersetzte sich aber der Maxime der geistig-moralischen Wende, daß jeder sich selbst der Nächste zu sein habe. Anders als die Bayern-Clique aus puren Egomanen, spielen die Lauterer Fußballer nicht nur für sich. Sie ackern auch für andere. Insofern besteht Hoffnung für das Land und sein Volk. Noch bleibt Zeit für eine Umkehr. Otto Rehhagel hat's im Fußball bewiesen.

HAUSER: POLITIK OHNE BAUCH

Als er vor Jahren nach Bonn kam, bezeichnete er die Abgeordneten noch als »unglaubliche Alkoholikerversammlung«, doch dann schlug er jahrelang selbst zu. Beim Trinken. Seinerzeit schlug der heutige Kosovo- und Osttimor-Pazifist nicht so gerne. Tat es nie. Einmal wurde er von anderen Hausbesetzern als anerkannter Macho dazu auserkoren, einen Vergewaltiger in den eigenen Reihen zu verprügeln; die Polizei sei in dieser Lage schlecht zu Hilfe zu rufen. Doch das Prügeln fiel ihm schwer. Lieber drischt er verbal, tat es schon immer. Der Gegner prallte an ihm ab. Joschka Fischer: »Mein Bauch war mein Panzer.«

Kampf der Giganten! Jedenfalls solange Fischer noch nicht abgespeckt hatte und Kohl noch nicht »drei Zentner fleischgewordene Vergangenheit« nannte.

Was ist aus Joschka geworden? Ein abgezehrter, übellauniger Außenminister. 31 Kilo leichter bewegt er sich geschmeidig in edlen Klamotten, bevorzugt in Schwarz oder in grauem Tuch – mit Weste natürlich – und wirkt als Asket par excellence. Und erzählt jedem, auf welche Genüsse er inzwischen verzichtet, auf Fleisch und auf Alkohol, tierische Fette und andere Sauereien. Alfred Biolek geriet darüber in helle Aufregung und konnte von Fischer nur mühsam wieder beruhigt werden. Auf alle Zeiten habe er dem Wein nicht abgeschworen. Da war Bio unsagbar erleichtert.

Ob im Rotwein nun Glückshormone drin seien, fragten sich Alfred und Joseph in voraußenministerialen Zeiten und warfen sich Schlafzimmerblicke zu, als Bio nach Fischers Glauben an die große Liebe fragte? Der formulierte weise: »Es endet doch immer wieder im irdischen Jammertal, was göttlich begann.« Der Mann muß die Wahlergebnisse des Jahres 1999 gemeint haben. Aber deswegen muß man doch nicht gleich das Essen einstellen! Ausgerechnet der runde, öfter als Helmut Kohl mit Buddha verglichene Politstar begibt sich auf den Askesetrip, und nur, weil ihm die Frau weggelaufen ist.

Jetzt läuft er selber. Marathon ohne Ende, nach deren Bewältigung er doch nur von Frau Müller angehimmelt wird. Ja, lohnt sich denn das? Fischer ernährt sich von Obst, Gemüse, ein wenig Fisch, trinkt Mineralwasser – tja, Mädels, schmeißt eure Diätdrinks weg, Joschka ist der beste Beweis, daß FdH die seligmachende Methode ist. Faszinierend ohne Zweifel: Fischers Physiognomie. Sieht immer noch aus wie aus Quark gemeißelt.

Dabei hatte Joschka kulinarisch in seinem Leben schon so viel gelernt. War er als 18jähriger noch mit einem kleinen Vorrat an Zungenwurst nach Paris getrampt und hatte auf Amsterdamer Provo-Booten glücklich Zwiebelbrote gemampft, so brachte ihm Cohn-Bendit in Frankfurt 1968 das Austernessen bei. Eine Offenbarung für den jungen Mann, der Weihrauch schon für eine Einstiegsdroge gehalten hatte! Die Revolution hat auch ihre guten Seiten. In der gleichen Zeit brachte er sich lustvoll Englisch bei, indem er unter Pseudonym Edelpornos übersetzte. Und dieser Mann hat fleischlichen Lüsten abgeschworen!

Ein herber Verlust für alle Hedonisten, und ein Schlag ins Gesicht von allen, die nur einmal im Jahr ein paar Tage lang in Bad Gastein entschlacken. In unser aller Namen wollte Bio wissen, ob Joschka nun glücklicher sei. »Ist das noch eine Kategorie? Mit fünfzig?« fragte Fischer zurück. Joseph le fataliste? In Hessen hatte man sich schon daran gewöhnt, daß Fischer seinem Chef Holger Börner immer ähnlicher wurde. Und jetzt soll ganz Deutschland sich damit abfinden, daß Joschka aussieht wie Mr. Bean?

Abends sitzt er allein zu Haus und hört Opernarien, bevorzugt Mozart. Bio, der es wissen muß, warnte ihn schon davor, kauzig zu werden. Aber ist es nicht schon zu spät? Joschka! Junge! Iß doch was!!!

Der andere Fischer

Kienzle:

Ottfried Fischer tritt dauernd beim Starkbieranstich auf dem Münchner Nockherberg auf.

Hauser:

Es wird Ihnen nicht gelingen, ihn deswegen als Rechten zu diffamieren, Kienzle.

Kienzle:

Den Otti hab' ich schon lange durchschaut. Das ist ein verkappter Rechter, der sich als linker Freigeist tarnt.

Hauser:

Nein, er ist das personifizierte Wirtschaftswunder. Weil sich jeder in der Wirtschaft wundert, was in den alles reingeht.

Kienzle:

Er hat leider Ihre Appelle zum Maßhalten falsch verstanden, Hauser. Seitdem hält er dauernd eine Maß in der Hand.

Hauser:

Kienzle, ich merke schon, Sie wollen sich um ein klares Plädoyer für die Frühjahrsdiät drücken.

Kienzle:
Ich brauche keine Diät. Im Gegensatz zu Ihnen, Hauser: Sie sind das Resultat des Menschenversuchs »20 Jahre ZDF-Kantine«.

Hauser:
Sie tun immer so volksnah, Kienzle, in Wirklichkeit essen Sie jeden Tag im ZDF-Casino.

Kienzle:
Aber mit dem richtigen Bewußtsein, Hauser!

Hauser:
Na, dann ist der Fall für mich erledigt.

Kienzle: Endzeit mit »Titanic« und Viagra

Die paar Leute, die »Titanic« nicht gesehen hatten, erschraken bei der Oscar-Verleihung zu Tode, als ein hagerer Mann mit fleckigem Bart und irren Augen plötzlich schrie: »I am the king of the world!« Dann fuchtelte er mit seinem Oscar herum, und die Leute applaudierten wie verrückt, als ob das alles ganz normal sei. Noch ein geistig Kranker, der es bis nach Hollywood geschafft hatte? Das kann letzten Endes nur James Camerons Psychiater entscheiden, doch in diesem Moment zitierte sein Patient nur den Brunstschrei des »Titanic«-Helden. Cameron ist ein erfahrener Hollywood-Regisseur, der bis dahin vor allem Action- und Horrorfilme gedreht hatte, »Aliens«, »Der Terminator« und »Abyss«, letzterer auch schon unter Wasser. Als beim Dreh von »Titanic« die Kosten explodierten, verzichtete er auf sein Regiehonorar, doch als die Milliarden zu fließen begannen, erwogen die Produzenten gerührt, ihn trotzdem an den phänomenalen Einspielergebnissen zu beteiligen.

Dabei schien es zunächst nur ein Katastrophenfilm unter vielen zu werden, die die Amerikaner so perfekt beherrschen. Flugzeuge stürzen ab, Hochhäuser brennen, Dämme brechen – Hollywood ist immer dabei. Ein Teil der Menschheit liebt es offenbar, dem anderen beim Sterben zuzusehen. »Es hat noch lange keine Not/ich lebe ja und du bist tot«, sagte Fontane. Doch selten klappte das Marketing so gut wie bei diesem Film. Und das Publikum war berechenbar. Die Mädchen kamen wegen Dicaprio; seit »Romeo und Julia« war er ein verläßlicher Faktor. Die Jungs kriegte man mit den zahllosen »Makings of«, denn so perfekt war der Dampfer noch nie im Film geborsten. Begeisterung allenthalben.

Doch die Liebesgeschichte war das einzige, was wirklich zählte. Das waren noch Zeiten, als Schiffe als unsinkbar galten, Frauen sich noch wie Frauen benahmen und Mädchen sich nach unten schliefen. Heute ist das nicht mehr drin.

Denn heute sind die »Ladettes« da. Früher hießen sie »Garçonnes«, aber da gab es weder Pille noch Spirale, und irgendwann wurde jede Garçonne schwanger, wenn sie sich nicht von den Monsieurs fernhielt. Die Ladettes lesen Männerzeitschriften und betrügen ihren Boyfriend, ohne ihn deswegen gleich zu verlassen. Im Haushalt sind sie die letzten Schlampen, denn die Hausarbeit törnt sie genauso ab wie jeden anderen Kerl. Sie trinken Bier aus Humpen und kuscheln sich lieber unter die Bettdecke als unter einen Mann.

Kate Winslet war so ganz anders. Sie zog Dicaprio mütterlich an ihre weiche Brust und über ihre ausladenden Hüften, und Dicaprio zitterte. Vor Lust. Das war 1912. Heute zittern die Männer höchstens vor Angst, sagen die Psychologen, denn sie fürchten die Frau, die alles kann und alles hat: eigenes Auto, eigene Wohnung, eigenen Pferdepfleger, regelmäßiges Einkommen, Viagra! Viagra ist auch eine Antwort auf die »Titanic«, die sich wie ein letzter Abschiedsgruß männlicher Schaffenskraft noch einmal phallisch aufbäumte, nur um dann elend abzusaufen. Darum war Leonardo Dicaprio die ideale Besetzung. Nicht ganz Mann, nicht mehr ganz kleiner Junge, liebte er sich in eine unsichere Zukunft hinein. Und die Frau dankte es ihm mit ihrer grenzenlosen Liebe. Die Rose von heute vernascht ihren Jack, falls der dazu in der Lage ist, und eilt im nächsten Hafen zum nächsten Kandidaten. »Sydney«, sagt sie dann träumerisch, »dort hatte ich mal ein Bier, aber hallo…« Damit ist auch endlich die törichte Frage vom Tisch: warum die Titanic, warum nicht die Estonia?

»Titanic« ist Nostalgie pur. Ein krampfhafter Versuch, nicht die Toten, sondern das Vergangene wiederzubeleben. Das letzte Dinner wird nachgekocht, die letzte Musik nachgespielt, für 25 Dollar bekommt man Kohlebrocken aus dem Wrack und für knapp 60 000 Mark kann man in einem Mini-U-Boot hinuntertauchen. Wer so arm ist, wie Jack Dawson es war, ist immerhin noch mit einer Büchse Titanic-Ice-Bier dabei. Und die ganz Kleinen bauen das Boot in Pappe nach. Doch auch die Filmrequisiten bringen bestes Geld. 63 000 Mark wurden für ein Kleid von Kate Winslet bezahlt, gut 16 000 für den Anzug von Dicaprio. Ein cleverer Geschäftsmann ergatterte günstig ein morsches Rettungsboot und kassierte 45 000 Mark dafür. Nur ein kleiner Wermutstropfen trübt das Glück: »Titanic II« wird es niemals geben.

PRO 7:
Börsengang mit roter Zahl

Kienzle:
Soll man sich wirklich PRO 7-Aktien kaufen?

Hauser:
Also ich weiß nicht, Kienzle, ein Privatsender, der als Markenzeichen eine rote Zahl hat, der weckt nicht gerade meine Spekulationslust.

Kienzle:
Außerdem gibt es bei PRO 7 nur Aktien ohne Stimmrecht für die Aktionäre. Die dürfen mitgewinnen und mitverlieren, aber nicht mitreden.

Hauser:
Sie glauben doch nicht, daß Leo Kirch an die Börse geht, damit ihm dann der Kleinaktionär Kienzle in sein Unternehmen reinredet?

Kienzle:
Darum heißt die PRO 7-Aktie ja auch Vorzugsaktie: Sie hat für den, der sie ausgibt, nur Vorzüge. Für den Käufer ist sie aber eher eine Nachteilsaktie – weil ohne jedes Stimmrecht.

Hauser:
Ganz anders bei den großen Publikumsgesellschaften ARD und ZDF. Wir gehören allen, und für eine geringe monatliche Gebühr darf bei uns jeder mitreden.

Kienzle:
Warum gehen wir eigentlich mit unserer Sendung nicht längst an die Börse? *Frontal* ist doch Marktführer...

Hauser:
Weil niemand eine Aktie kauft, deren Kurs von Analysten zu 50 Prozent als riskant eingestuft wird.

Kienzle:
Ich könnte Sie mir so gut als DAX vorstellen, Hauser. Völlig überbewertet!

Hauser:
Leute wie Sie steckt sich keiner freiwillig ins Portofolio.

Kienzle:
Sie sind auch nicht gerade das, was man eine Vorzugsaktie nennt.

Hauser:
Sie wandelnder Optionsschein! Immer auf Wechselkurs, aber ohne Rücknahmegarantie.

Kienzle:
Sie mit Ihren fragwürdigen Anleihen aller Art gehen höchstens als Junk-Bodo durch.

Hauser:
Mit Ihnen erlebe ich jede Woche Schwarzen Dienstag.

Kienzle:
Sie Bullenbeißer!

Hauser:
Sie Bärenaufbinder!

Kienzle:
Ich sehe schon, Hauser, mit Ihnen ist heute keine Rendite zu machen.

Hauser:
Kienzle, Sie kennen doch noch nicht mal den Unterschied zwischen Umlaufrendite und Untermiete.

Kienzle:
Kommen wir also zum Schlußfixing.

Hauser:
Behauptet – auf niedrigem Niveau.

HAUSER: DUMMHEIT MACHT FREY!

Die Welt der Zukunft wird weitgehend virtuell sein. Digitale Parteien werden ihre Spielchen treiben. Eine davon ist schon in diesem Jahrhundert gestartet. Sie hat kein Programm, nur einige Parolen. Sie hat keinen Parteiführer, da sie von einem Geschäftsmann erfunden wurde. Sie hat keine tragenden Figuren, denn sobald irgendwelche Leute in den Landtagen sitzen, lösen sie sich in viele kleine Partikel auf. Und sie hat keine Organisation, sondern nur eine Münchner Büro-Adresse. Sie hat nicht einmal einen richtigen Namen, sondern nur ein Buchstabenkürzel. Sie heißt DVU.

Man täuscht sich, wenn man in dieser Partei ohne Eigenschaften ein defizitäres Gebilde sieht. Vielleicht besteht ihre Stärke genau in dem, was wir für ihre Schwächen halten. Ein Parteiprogramm, so populär es auch immer formuliert wird, erfordert vom Konsumenten ein gewisses Minimum an intellektueller Anstrengung. Wer nur seinen Haß ejakulieren möchte, ist dazu nicht fähig oder auch nicht willens. Wozu brauche ich einen Parteiführer oder ein fatal an die »Systemparteien« erinnerndes mittleres Management, wenn es mir nur um ein paar simple Parolen geht. Was sollen Leute in Landtagen, in denen sowieso nichts passiert? Und viele unserer Mitbürger haben von den sattsam bekannten Zutaten »christlich«, »sozial«, »liberal«, »demokratisch«, die zu immer neuen Mixturen zusammengerührt werden, »die Schnauze voll«.

Eines Tages wird es vielleicht heißen: »Ich kenne keine Parteien mehr, ich kenne nur noch Kürzel.« Und der Protagonist wird dann eine männliche Lara Croft sein.

KIENZLE: FÜHRER ODER SPÄTER

Rechtsradikale haben eine Macke. Sie schwören auf das Führerprinzip. Das Problem besteht für sie nun darin, daß jeder ein Führer sein will, es gibt zu viele Häuptlinge und zu wenig Indianer. Daher kommt die ewige, von allen Rechten bejammerte »Zerrissenheit des nationalen Lagers«. Demokraten pflegen darüber zu feixen. Und im Augenblick können sie das auch noch. Denn das Charisma der Herren von Thadden (wer erinnert sich noch), Schönhuber und Frey war und ist durchaus begrenzt.

Im neuen Jahrhundert aber wird einer mit »Führer«-Qualitäten kommen. Der wird ganz anders aussehen und reden als Adolf Hitler, der ja in seinen expressivsten Momenten eher dem Cabinet des Dr. Caligari entlaufen schien. Und seine »Bräune« mag er wie der Haider Jörgl dem Solarium verdanken. Er wird der Ausdruck dessen sein, was der rechte Rand, der dann nicht mehr »Rand«, sondern »rechte Mitte« ist, denkt und fühlt. Beispielsweise über den Euro, der dann längst seinen Pferdefuß gezeigt hat.

Anders als in Frankreich war in Deutschland die intellektuelle Rechte schon immer ein bißchen schwach auf der Brust. Das muß nicht so bleiben. Und so wie die radikalen Linken den Weltenlauf »wissenschaftlich« zu erklären gedachten, so werden das auch die radikalen Rechten eines Tages tun. Niemand bestreitet, daß der Darwinismus ein wissenschaftlich überprüfbares Phänomen ist. Die kommenden weltweiten Verteilungskämpfe werden den Eindruck erwecken, als stützten sie die »neuen«, alten Politikentwürfe. Dann wird ultrarechtes Denken »salonfähig«, Teil des nationalen Diskurses.

Hinter der Schwelle, die in das neue Jahrtausend führt, wird es verdammt bunt zugehen. Erst dann wird sich zeigen, ob das demokratische Konzept in Deutschland trägt. Demokraten werden sich warm anziehen müssen. Gelegentlich wird einer nostalgisch an die »roten Socken« zurückdenken. Die aber wärmen dann schon lange niemanden mehr.

Hauser: Der neue Prolet-Arier-Nachweis

Wie haben wir uns das immer vorgestellt? Der Urahn wurde von Bismarcks Sozialistengesetzen gepiesackt, der Großvater von den Nazis mehrmals verwarnt, der Vater war im Vorstand des Ortsvereins und ging regelmäßig auf Schalke. Der Sprößling mußte gar nicht erst in die SPD eintreten, er wurde in sie hineingeboren.

Bis zu »New Labour« hat es bei der Partei der Neuen Mitte zwar bei weitem noch nicht gereicht, und doch tut gut daran, seinen Stammbaum zu revidieren, wer

Stammbaum für die Neue Mitte

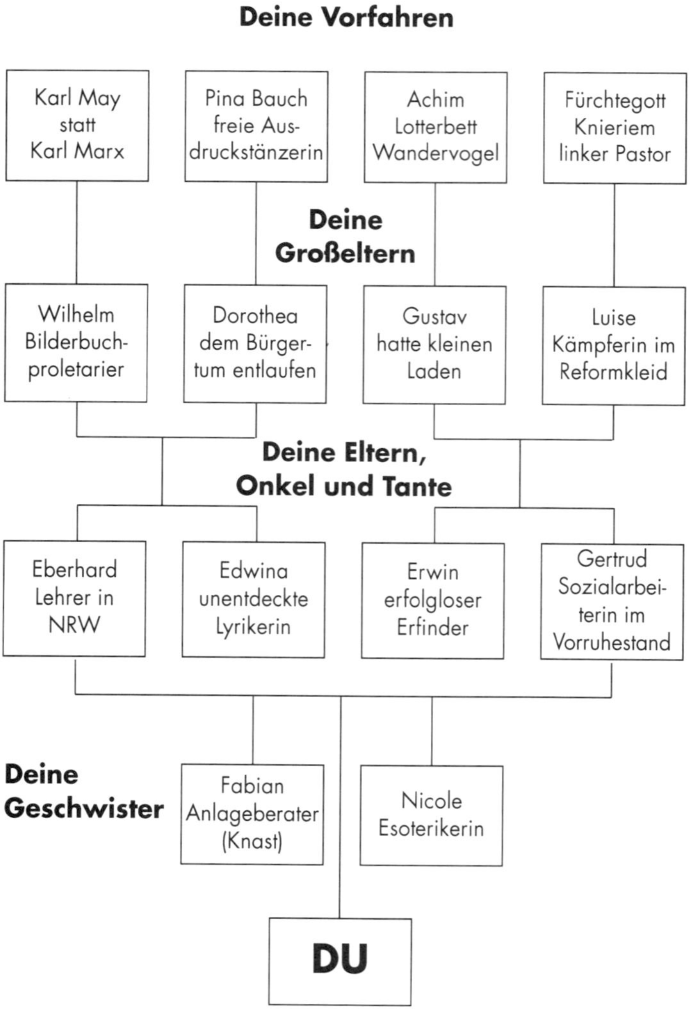

heute in der SPD etwas werden will. »Stallgeruch« muß nach wie vor sein, der Wind des Wandels aber läßt ihn heute anders miefen. Hier eine kleine genealogische Orientierungshilfe für die Polit-Karriere in Schröderland.

Deine Vorfahren

Karl May

Karl Marx war ein Stubengelehrter, der mit dem real existierenden demokratischen Sozialismus wenig Berührungspunkte hatte. Wie anders doch Karl May. Hier bündelt sich alles, was in einer späteren SPD einmal Rang und Namen haben wird. Da ist die überaus arme, subproletarische Herkunft. Wie oft klopfte der Hunger mit dürrem Knöchel an die brüchig gewordene Tür des kleinen Karl. Sein Vater war nicht Rechtsanwalt wie der des Namensvetters. Und so griff die Staatsmacht brutal zu, als sich der junge May an fremdem Eigentum verging. Wer hätte nachhaltiger als er den Satz »Eigentum ist Diebstahl« verinnerlichen können? Und doch schimmerte vom Ende des Tunnels her das warme Licht der Utopie. Karl May hat sein Paradies gesehen, ob er es nun den »Wilden Westen«, das »Wilde Kurdistan« oder einfach nur die »Wüste« nannte. Wer den berühmten »Stutzen« führt, stimmt auch für die Kriegskredite. Erst in der zweiten Lebenshälfte fand er Anerkennung beim Establishment, konnte sich Reisen ins Ausland leisten, die Welt anschauen, wie sie wirklich war und nicht wie er sie sich jahrzehntelang erträumt hatte. Sozialdemokratischer als Karl May war keiner.

Fürchtegott Knieriem

Hier nun tut sich eine andere Quelle sozialdemokratischer Zukunftsgewißheit auf. In Pastor Knieriems Predigten, die bald von den stadtbekannten Bütteln der Obrigkeit fleißig notiert wurden, erblühte die Geschichte zur Heilsgeschichte. Darin nimmt wie weiland der Gottesknecht bei Jeremiah das geschundene und geknechtete Proletariat alles Leid auf seine breiten Schultern, um durch geduldiges Ertragen die ganze unerlöste Schöpfung zu erlösen. Die gewaltige Rede des linken Geistlichen ließ nicht nur die Kanzel erbeben, drei nichteheliche Kinder zeugen von des Pastors Feuer. Sie aber wurden nicht Sozialdemokraten. Denn sie kamen ins Waisenhaus und wurden daselbst zu gottesfürchtigen Menschen erzogen. Knieriem brachte in die Partei die Bibelsprüche des Johannes Rau und einen erstaunlich unverkrampften Pietismus.

Achim Lotterbett

Der ewige Wandervogel mit der Klampfe führte das Poetische in die immer neuen Parteiprogramme ein, den bezaubernd freien Umgang mit den Fakten. Lotterbett hat der SPD über seine Gene beigebogen, daß das Gute und das Schöne zugleich das Wahre ist. Auf ihn ist es zurückzuführen, daß man auf Parteitagen »Wann wir schreiten Seit' an Seit'« oder gar – Gott behüte –»Die Internationale« gesungen hat. Für die bombastischen Musikteppiche beim Einzug der Gladiatoren zu den Krönungsmessen darf man ihn aber nicht verantwortlich machen. He did it his way. Das Unruhige des Wandervogels treibt noch einen Scharping auf das Fahrrad und macht Schröder zum »Automann«. Auch Lotterbett hatte sich auf seine alten

Tage – wie Schröder – das Haar ein bißchen zu braun gefärbt.

Pina Bauch
Um gleich einen möglichen Verdacht auszuräumen. An den unbeholfenen Verrenkungen eines Lafontaine beim Raven mit Jungsozialistinnen hat die Ausdruckstänzerin von der Künstlerkolonie »Vogelflug« keine Schuld. Sie hat den Traum geträumt vom wilden, freien Leben, einem reißenden Fluß, den die Funktionäre aber den Zwängen des Systems gehorchend immer wieder in das eheliche Bett leiten. Daher muß Schröder vom »Scheitern eines Lebensentwurfs« faseln, wenn er sich eine Neue zulegt. Ein Abglanz der alten Künstlerkolonie ist die »Toskana«, die für eine Fraktion der SPD das geworden ist, was der Untergrund für die »Rote-Armee-Fraktion« hätte sein sollen, das lustvolle selbstbestimmte Leben. In Franz Münteferings Frisur verlieren sich die allerletzten Ausläufer der Bauchschen Erbmasse.

DEINE GROSSELTERN

Großvater Wilhelm
In dieser Proletarier-Partei war er der erste Proletarier-Darsteller, dem noch viele folgen sollten. Keinem saß die speckigste aller speckigen Mützen schiefer auf dem Hinterkopf, keiner riß das Hemd weiter auf, um mit freier Brust freie Luft zu atmen, keiner ließ bei hochgerollten Hemdsärmeln mehr Muskeln spielen, keiner schaute beim Reden dem Volk so auf das Maul und keiner trank am 1. Mai so viel Bier wie der Großvater. Leider nicht nur am 1. Mai, SPD-Mann

Wilhelm war dem Dämon Alkohol verfallen und ward daher schon als Jungarbeiter von den Herrschenden brutal ausgemustert. Ihm verdankt die Partei den Proletkult und einige ihrer Macher einen gelegentlichen Drang zu den zugelassenen Drogen, bei heftiger Verteufelung der nicht zugelassenen.

Großmutter Dorothea

Die Bürgerstochter war, wie könnte es anders sein, vom Stunt-Proletarier Wilhelm so tief beeindruckt, daß sie sich vergaß und in Schande von ihrer Familie ausgestoßen wurde. Da man sie auch enterbte, mußte ihr Gatte leider Prolet bleiben, und sie machte an seiner Seite ziemlich harte Zeiten mit. Auf allen Stufen ihres gesellschaftlichen Abstiegs hielt sie an ihren Kindheitserinnerungen aus einer bürgerlichen Welt mit Bücherschrank, Klavier und Schonbezügen über den Sesseln der »Guten Stube« fest. Sie hat dem Kellerkind SPD die ewigen, bürgerlichen Sehnsüchte vererbt, die aber inzwischen zur »Kultur für alle«, dem Horror von Stadtteilfesten mit Multi-Kulti-Dönern degenerierten. Die »Büchergilde Gutenberg«, Gott hab sie selig, kommt von ihr und der »lesende Arbeiter«, der aber leider nur »Bild« liest.

Großvater Gustav

Mit seinem Kolonialwarengeschäft, das man den »Onkel-Gustav-Laden« nennen konnte, da zu diesen Zeiten noch niemand die »Tante Emma« kannte, war er auf der ersten Stufe der Leiter, die ins Licht führt. Nebenbei reparierte er Fahrräder und hätte mit Sicherheit in einer Garage den ersten Kleincomputer gebaut, wenn es damals schon Computer gegeben und er eine Garage gehabt hätte. Aber die Verhältnisse, sie waren nicht so! Er ist dafür verantwortlich, daß Peter Glotz immerfort den »Ingenieur bei Siemens« im Munde führte. Wollte kein »vaterlandsloser Geselle« sein, war aber während des Krieges im Widerstand und bekam das EK-1 daher nur wegen seines tapferen Einsatzes an der Gulaschkanone. Als in Wiedensal-Biedenbrück der SPD-Ortsverein aus den Trümmern neu erstand, kramte er mit Tränen in den Augen als erster das alte Parteibuch heraus. Wurde zum Kassierer gewählt und dreht seitdem jeden Arbeitergroschen zehnmal um. Da er den Namen Bodo Hombach noch nie gehört hat, wundert er sich darüber, daß die Partei Kürbisse plakatiert.

Großmutter Luise

Ihr Hobby war die Natur. Sie trug ungebleichte und fast schon nicht zugeschnittene Reformkleider, ernährte sich aus dem Reformhaus und versuchte vergeblich, ihren Mann zu reformieren. Ihr Interesse am Dinkel nannte er »dinkelhaft«, und er schmiß das Getreide aus seinem Regal, als es sich nicht schnell genug umsetzte. Luise wanderte gern, und wäre auch mal über Nacht weggeblieben, wenn der arme Opa nicht immer mitgelaufen wäre. Er wußte selbst nicht, warum er das tat, denn im Grunde seines Herzens mochte er sie nicht, was in diesem Fall aber auf Gegenseitigkeit beruhte. Wie man unschwer erkennen kann, haben die beiden den rot-grünen Dauerkonflikt begründet, der durch das dritte Jahrtausend hallen wird. Im Alter sank die Zahl ihrer roten Blutkörperchen drastisch. Als sie das lebensnotwendige Maß unterschritten hatten, verstarb Luise sanft und in Frieden.

Deine Eltern, Onkel und Tante

Vater Eberhard

Mit Vater Eberhard tritt der Stammbaum in den Bereich der verschärften Kontrollierbarkeit ein. Deshalb ist jetzt Schluß mit der Flunkerei, und das nackte SPD-Elend tritt an das Tageslicht. Eberhard ist Lehrer in NRW.

Mutter Gertrud

Sie ist Sozialpädagogin im Vorruhestand. Ihre Ehe mit Eberhard ist ein Steuersparmodell. In großen Zeitabständen haben sie einander sexuell mißbraucht, so kam es zum DIN-genormten SPDler-»Du«.

Interessanter und deshalb nicht in der SPD

Tante Edwina

Die Schwester von Vater Eberhard ist Lyrikerin, zur Zeit allerdings mit null Veröffentlichungen. Hauptberuflich jobbt sie in einer Boutique für Indien-Textilien. In ihr ist angelegt, was Parteipoeten zu Formulierungen wie »Bündnis für Arbeit« veranlaßt.

Onkel Erwin

Mutter Gertruds Bruder macht ständig phantastische Erfindungen, die aber von der Umwelt entweder gar nicht oder nur mit hochgezogenen Augenbrauen registriert werden. Gilt als Spinner. Der Spin-Doctor Bodo

Hombach möchte inzwischen eine ganze Partei neu erfinden.

Deine Geschwister

Schwester Nicole

Obwohl die Esoterikerin pendelt, ist sie nicht einmal Wechselwählerin. Sie trägt ein Amulett gegen den bösen Blick, so etwas wie Bebels Taschenuhr. Sie glaubt an Bachblüten und ähnelt darin einer Partei, deren Blütenträume immer wieder den Bach runtergingen.

Bruder Fabian

Der unternehmerische Elan, der die Partei und ihre organisatorischen Hintersassen von Zeit zu Zeit ergreift und beispielsweise die »Neue Heimat« und »co-op« aufblühen ließ, verheddert sich bei Bruder Fabian nicht in irgendwelchem roten Filz. Daher wird sein Dauerknast nur von gelegentlichen Freiheitsschüben unterbrochen, die er zu neuen Taten nutzt.

DU

Du bist Besserverdiener mit zügig abgeschlossenem Journalistikstudium. Mitgerissen vom Multimedia-Boom, hast du eine kleine Computerfirma aufgebaut, die ihren Umsatz ausschließlich mit pflegeleichten freien Mitarbeitern ohne Betriebsrat macht. Deine Verbundenheit mit der Arbeiterklasse manifestiert sich in deiner aus Trägheit nie gekündigten Mitgliedschaft bei der IG Medien. Als Workoholic bist du dort geistig ausgetreten, als die Genossen dich aufforderten, mit ihnen für die 35-Stunden-Woche einzutreten. Während der Kohl-Ära hast du der »Tagesschau« die Treue gehalten, das »Manager Magazin« abonniert und gelegentlich die Kommentarseite der »Süddeutschen Zeitung« überflogen. Das reicht für eine Karriere in der Neuen Mitte. Mit deinem astreinen Stammbaum, abgerundet vielleicht noch durch ein Probe-Abo der »Woche«, kann dir in Schröderland nix mehr passieren.

Rent-A-Laus
Ihr Kinderlein kommet...
Alle Jahre wieder wunder ich mich, daß jemand wie du beim Nikolaus-Schnelldienst vermittelbar ist.
Selber! Von Kerlen, die aussehen wie du, sollten Kinder normalerweise keine Schokolade annehmen.
Diesmal schicken sie uns nach Meck-Pomm.
Brutal, ey!
Zweimal Knecht Ruprecht

Dann müssen wir sofort mit dem Training anfangen.
Training?
ZOIING!
Skinheads klatschen!